管理这么做
团队更高效

照着做，就能把庸才变为干将

齐杰 ◎ 著

中国华侨出版社

前言

　　人人都渴望当领导，但却非人人都会当领导。这是因为一个人在当上了领导之后，管理的义务也会随之而来。

　　管理是一门学问，更是一门艺术。这也就是说，管理并不是一件简单的事。如果你做不好管理，那么别人就不会依照你的安排去工作，那么你这个领导当得也就名不副实了。

　　究竟要怎样去做管理，别人才会愿意听我们的话呢？其实，只要你能掌握有效的管理方法，并且愿意依此去进行管理，那么你的管理就会变得有效起来。人心都是肉长的，人都是感性的动物，而有效的管理方法就是去重视、了解员工们的内心需要，这样一定可以获得员工们的由衷支持，员工们也会支持你的工作。

举例来说。我们知道，很多人都会把升职加薪作为自己的愿望。因此，我们在管理的过程中就可以将升职加薪作为激励员工努力工作的手段。员工要想实现升职加薪的愿望，就必须要按照我们的要求努力工作才行，这样一来，我们的管理也就收到了应有的成效。

再举个例子。我们知道，每一个员工内心当中都希望自己跟随的是一个在工作上身先士卒，在管理上诚实无欺的好领导。那么如果我们能够做到员工们期望的样子，员工自然就会对我们心服口服，我们所安排的工作，我们所说的话，员工自然也就乐意去做了。

看吧，这就是管理的秘密，只要你能了解员工的所思所想，那么你的管理自然就会有效果，你的话员工自然就会听。本书《管理这么做，团队更高效》从威望、激励、授权、沟通等总共 11 个方面详细论述了"如何才能让你的管理变得卓有成效"这个问题，在论述的过程中，作者处处紧扣人心，力求帮助读者看透员工内心的奥秘，并提出针对性的管理措施，让你可以真正成为一个"得人心，善管心"的优秀管理者。

目录
Contents

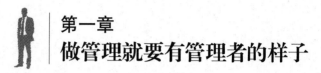

第一章
做管理就要有管理者的样子

建立自己的权威是管理者的"硬功夫"。管理者就要有管理者的样子，如果你没有足够的"领导范儿"，没有强大到足以震慑下属的气场，又怎么能够带领你的团队创造辉煌的业绩呢？

以身作则，做员工学习的楷模

毕业于名牌大学的苏斌在某家大型企业任市场营销部主任一职，由于在学校时养成了一些比较懒散的习惯，比如上课喜欢迟到、早退等，参加工作后他也不自觉地将这种习惯带进了工作中，而且肆无忌惮。久而久之，员工也跟着他迟到早退，部门的销售量日益减少，坠入了谷底。

不料，这时候苏斌没有从自身找原因，反而觉得是因为下面的员工不努力工作才造成现在这种困境的，经常严厉地责备、批评员工们迟到早退、做事不力。结果，员工们纷纷怨声喋喋："我们之所以迟到早退，还不是跟着你学的"、"他自己都做不好，还说我们呢？他有资格吗？"……

就这样，谁都不服从苏斌的领导了，他的工作越来越难做。

宋人范晔有曰："以身教者从，以言教者讼。"这句话的意思是说：以自己的行动教导别人，别人就会接受你的教化。自己做不到却以言论教导别人，说一套做一套，别人不仅不听你的教导，反而会生出是非。

"以身教者从，以言教者讼"，此句通俗平易而说理深刻，着实反映了榜样的作用——身教重于言教，强调管理者们一定要重视自己的言行德化。的确，在一家企业、一个单位，甚至一个部门当中，管理者是员工最直接、最有效的效仿标准，其一言一行往往决定着员工们的行为方式。

美国大器晚成的女企业家玛丽·凯非常注重企业组织中经理的榜样作用，她认为："经理作为一个部门的负责人，其行为受到整个工作部门员工的关注。人们往往模仿经理的工作习惯和修养，甚至可以说是如法炮制，而不管其工作习惯和修养是好还是坏。"

事实上，管理者的行为本身就是一把尺子，而员工就是用这把尺子来衡量自己的。管理者处处为员工树立一个高标准的榜样，员工们才会做得更好。拥有了好作风的领导和员工，公司就不愁得不到发展壮大的机会。反之，管理者的行为不检就会有上梁不正下梁歪的危机，那么企业想稳立市场就是一件极其困难的事。

永远记住，你是员工的效仿标准。

一个真正优秀的管理者绝对不是以下达命令的方式管理员工，而是要在工作中为员工起到表率作用，用自己的行动感化员工、带动员工，这可以在潜移默化中达到说教无法达到的效果，即得到员工由衷的认可和尊敬，进而激起员工的工作动力，使员工任劳任怨地为企业做出更多贡献。

仅短短三年的时间，在某一大型电子企业就职的王皓就从一名默默无闻的科技研究部的部长，晋升为了公司的高级主管，薪水翻了几倍。他有什么管理秘诀吗？对此，王皓给出的回答是："哪有什么秘诀，无非是我善于以身作则罢了。"

身为一名部长，王皓没有天天坐在办公室里挥东指西，也没有像别的领导一样双手交叉在胸前视察员工的工作进程，而是每天把工作日程安排完后，就会在流水线上直接参与产品的生产情况，争取把每一个工作细节都了解透彻。每当来了新员工不会做时，他都会上前手把手地教给他们，或坐在一边和他们一起干流水线上的工作。当手下看到王皓如此认真工作时，他们也就会认真地把工作做好。

有一次，王皓所管理的部门中由于一个员工的疏忽，导致产品出现大批量的质量问题，面临客户要求退货，甚至解约的危险。作为部长的王皓承受的压力可想而知，但是他并没有一味地责怪那个犯错的员工，而是亲自带队，带领员工尽力努力修复出现问题的产品。每天下班，他并不拖延员工的下班时间，而是自己和一些组长来加班。这些员工看在眼里非常感动，也主动留下来加班。就这样，通过几天的努力，这批产品最终在客户验货之前赶了出来，并且顺利通过了对方的质检。

正是凭借着这种以身作则的行为，王皓博得了员工们的认可和拥戴，从部长，到主管，再到高级主管，他领导下的员工们做起事来都争先恐后，毫不畏缩。有如此优秀的领导和得力的员工，这家公司如鱼得水，发展飞快。

看到这里，有人不禁会提出疑问了，为什么员工们会受到管理者的影响呢？要解释这一问题，就不得不提一句古话："近朱者赤，近墨者黑。"从遗传学来说，一个人的秉性是无法改变的，但是当一个人走进新的工作环境里，首先会以学习为主，所以领导的一言一行都会受到员工的关注和效仿。

教育学家陶行知说得好："好学是传染的，一人好学，可以染起许多人好学。就地位论，好学的教师最为重要。想有好学的学生，须有好学的先生。换句话说，要想学生好学，必须先生好学。唯有学而不厌的先生才能教出学而不厌的学生。"在企业中，员工就是"学生"，管理者则是"先生"。

因此，如果你想做好员工的激励工作，想做一个优秀的管理者，就要少一些口头教化，多一些实际行动，以身作则，使自己拥有良好的工作作风和品质，给员工们提供一个可以效仿的标准，相信这种方法定能调动员工的积极性，使管理工作卓有成效，而且这也是管理者自我进步的最便捷之道。

以身作则并不是一件难事，它体现在工作中的每一个细节里。为此，你不妨时常拿以下这些问题问问自己："我希望自己的团队具有哪些品质呢？那么我的个人习惯能够体现我所期望的团队品质吗？""我希望员工对客户说话正确得体，可是我说话时是否达到了同样的标准呢？""虽然我一整天都坐在办公室里，但我的着装是否能和直接面对客户的员工一样端庄得体呢？"……

"跟我来"而不是"给我上"

森林里燃起了熊熊烈火，头狼沉着地掩护狼群撤退，但是一道悬崖切断了它们的逃命之路。这道悬崖说宽不算宽，说窄也不算窄，狼群两次腾跃就可以跃过了，但要命的是，悬崖中间没有第二次腾跃的蹬足点。

大火肆无忌惮地蔓延着，眼看就要烧到狼群了，情况万分紧急。这时，头狼将几只老狼聚集在一起，交头接耳了一番，向狼群发出了命令："现在你们立即分成两队，一队是身强力壮者，一队是身老体弱者。后者看我怎么做，跟着我来。"

结成对子后，头狼和另一只年轻的狼同时跃起。只见，在它们同时下降的瞬间，头狼将自己的身躯垫在了另一只狼的脚下，后者借助这个蹬足点跃到了对岸，而头狼却坠下了山崖。就这样，一对接一对地，所有年轻的狼都跃上了悬崖的对岸。

面对生命危险，头狼泰然处之，身先士卒，踏路探险，一肩扛起所有的责任，最后不惜牺牲自己保全狼群，正是这种大无畏的负责精神，使它的狼群感觉到它是一个可以信任的领导，如此就有了上下一心，同仇敌忾。

这个故事告诉我们：管理者应有超乎一般的远见卓识，他的任务就是告诉追随者们应该选择哪一条路，应该朝哪个方向前进；当遇到问题、困难和风险，在大家四顾茫然的重要时刻，他还应该及时地喊一声"跟我来"。

现实工作中，有些管理者在与员工一起共事时，总是习惯指挥员工怎样做，遇到问题就退避三舍，关键时刻没有实力和勇气承担责任，把"包袱"扔给员工，让员工自己来做，当员工做不好时又只会指责员工无能，殊不知这样不仅不能有效地激励员工，反而只能受到员工们的怨恨和抵制。

的确，当一支队伍陷入黑暗时，想要看到光明，就必须要有一个善于牺牲自我的领袖，站在员工的最前面身先士卒，为下面的人做出"跟我来"的表率，而不是对员工喊"给我上"。只有这样，下面的员工才能从心里折服，心甘情愿地付出，你才能带领团队齐心奋进，才能吹响胜利的号角。

色诺芬将军不仅是古希腊优秀的哲学家，而且还是一名优秀的军事家，26岁时他便经常在沙场上带兵作战。在一次战斗中，色诺芬将军的军队被敌人两面夹击，前面是战斗力极强的土著人，后面是波斯的追兵，情况十分危急。此时，军队只有加快速度抢占制高点才有可能赢得一丝生机。

色诺芬将军骑在马上，大声地鼓励他的军队："亲爱的士兵们！请你们加快速度！快一点，再快一点吧！要知道你们现在是在为希腊而战，为你们的妻儿而战！稍加努力，前方的路就会畅通无阻！"

正在此时，一位士兵站出来反驳道："色诺芬将军，您一直骑在马背上，而我们却拿着沉重的盾牌步行，早已疲惫不堪，想走也走不动啊。"

听了该士兵的话，色诺芬立即跳下马背，拿过他的盾牌，然后徒步前行。

这一下，士兵们再也没有话说了，士气高昂地向前冲击，最终他们先于敌人到达了制高点，成功地进入底格里斯河边肥沃的平原。

企业是一个整体，管理者的举动就像一个导航仪，导航仪驶向何方员工就会走向何方。在关键时刻管理者只有为员工做出榜样，起到表率作用，才能有效地激励员工。色诺芬将军的这种举动是值得每一个企业管理人员学习的。

说白了，关键时刻说声"跟我来"是一种勇于奉献的精神，是一种勇于承担责任的表现。

一位伟人曾说过这样一段话："人生所有的履历，都必须排在勇于负责的精神之后。责任是使命，责任是动力，一个具有强烈事业心、责任感的人，才可能有强烈的使命感和强大的内在动力，才能做好本职工作，才能勇于担当；而一个没有事业心和责任感的人，是不可能勇于担当的。"

如果你还在为自己不会管理而烦心，为没有机会做管理者而抱怨，那么你不妨先问问自己以下三个问题。

在面对困难时，我是退避三舍，还是迎难而上？

在面对风险时，我是逃之夭夭，还是勇于挑战？

在面对失败时，我是将责任推诿给别人，还是勇于承担责任？

你是否能够做好管理者，做好员工的激励工作，就决定于此刻的选择。

重信守诺，绝不食言

　　战国时期的秦国为了改变落后局面，秦孝公任命商鞅实行新政。为了让全国的子民信任他，商鞅在秦国都城咸阳的南门外竖了一根碗口粗的木头，对围观的人们说："谁要是能够将这根木头从南门搬到北门，赏赐50金。"

　　当时的50金对一个普通家庭来说简直就是天文数字，有些人一年的收入都没有这么多。这根木头只要稍微有点儿力气的人都能搬得动，但是没有人上前，百姓们对官府并不信任，都觉得这是官府戏弄百姓的把戏。

　　就在大家犹豫不决的时候，围观人群中走出来一个大汉，他将木头按照商鞅的命令搬到了北门。而商鞅也依照诺言给了那个大汉50金的赏赐。这件事情，让商鞅在百姓当中树立起了威信，对他颁布的法令，大家也都愿意遵守，新法很快执行起来了。

　　商鞅的做法就是建立一种"承诺"机制，这种机制建立后，就会形成一股强大的影响力。看重承诺，以诚信对待员工，是企业用人的第一大法宝。作为企业的管理者，如果不能用诚信待人，就会使得员工心灰意冷，进而对企业失望。

　　身为管理者，就要有"君子一言，驷马难追"的魄力，如果说得出，就要能够兑现，如果没有十足的把握实现，就不要随便许诺，因为一时的承诺换来的只是员工的片刻欢喜，但时间久了，就会让员工失望。诚信待人，是在告诫企业的管理者，说出来的话就要落实，决不能反悔，也就是言出必行。这不光是做人的基本原则，也是作为管理者应该有的品行。

很多的企业管理者为了笼络人才和鼓励员工，会不假思索地对员工许下承诺，比如："今天要是能够超额完成任务，大家到月底就可以拿到多少多少的分成"、"只要你们努力工作，我们公司只要一上市，大家到时候人人都是公司的股东……"可是当公司逐渐地步入正轨后，员工得到的不是承诺，而是看了一场镜中看花的戏，做了一个水中捞月的梦，如此一来，公司管理者的作为很容易在员工心中留下"不守信用"的印象。时间久了，员工就对这样的企业失去信心，不愿再在这样的企业中为这样不守信用的领导效力。

一个财主在自己家中养了一些门客。有一年，年景不好，财主家里收入低，财主感到如果还像以前那样供养这么多门客就有些困难了，于是只好跟门客们将实情说出，说明在未来的一年内，每位门客的供奉将会减少很多，不过承诺如果来年收成好了，一定会将欠下大家的供奉双倍补偿。

门客们听到这些话，有些人很不满意。没办法，财主为了留住每一个门客，只好准备实行第二套方案，到亲朋家中借点儿钱过来填补，以保证每个门客的供奉不变，但是却要求这些钱的利息由门客们分担。这个消息传开后，门客当中依然有人不满。这下老财主就为难了，只好去请教一位老学者。

老学者听完财主的话后，微笑道："你可曾注意到面对你第一套方案不满的都是些年纪较大的门客？对第二套方案不满的多是些年轻的门客？"财主摇摇头。老学者笑着说："上了年纪的人，基本上都没什么雄心大志了，都是些过了今天还不知道有没有明天的人。他们很在乎眼下所得。而对那些年轻人来说，他们刚刚来到你这里，正是他们踌躇满志的时候，都希望能够在你手底下大有作为。眼下的困难对他们来说不算什么，但是他们不愿意给自己加上一个负担。所以他们会反对第二个方案。所以，你给他们的待遇，不能采取一个相同的模式，对那些年岁大的人，应该保障他们眼前的既得利益，对那些年轻的人，应该看重他们未来的发展。"

财主按照老学究所说的，回到家里重新调整了一下对门客们的待遇，果然令大家十分满意。大家齐心协力，帮助老财主渡过了这一个难关。

有很多领导常常感到困惑，他们经常通过各种手段来刺激员工的工作积极性，当工作目标真的实现的时候，他们的承诺也会兑现，可为什么目标还是常常达不到呢？

在这里就要告诫企业的管理者们，任何企业的发展都要有一个清晰明确的发展目标和规划。同时，这个目标一定要立足于现实的基础上，不切实际的目标就好比水中月、镜中花。那么，作为企业管理者应该如何赢得员工们的信任呢？

第一，利益的分配要因人而异。

从正常的角度来看，管理者实现了对员工的承诺，员工们才会对自己信任，继而提升整个团队的合作精神和融洽的气氛。但是，这里还有一个"众口难调"的问题，也就是怎么分配下属们的利益，如何分配才能让大家都感觉满意？

在这里，企业的管理者还要掌握一个小窍门，就是要"因人而异"。这里的因人而异不是要管理者偏袒某些人，而是要根据功劳和付出的大小对利益进行分配。如果把握不好这一点的话，就会让员工觉得自己的领导做事不能够"一视同仁"，同样会让员工对领导失望。

第二，制定科学的企业发展战略。

任何事物的发展都有一个循序渐进的过程，可是总有些企业管理者想着一步登天，想要一口吃个大胖子，让自己的企业迅速地获得发展。于是，这个月签下一大笔订单，就希望月月都能够这样，订单源源不断，同时要求员工们如何去做，并许下年终奖会有多少多少。总之，企业不能扎扎实实地一步步迈进，到头来，目标实现不了，给员工的承诺也实现不了，可能会让大家有种被忽悠的感觉，觉得领导说的话很不靠谱。正确的做法是，扎扎实实，不浮夸求进，任何目标都要依照现实去制定。

第三，许下的承诺需要反复思考再行。

都说"三思而后行"，管理者在给企业员工许下承诺的时候，必须要用心思考。有些管理者做事情比较冲动，常常脑门一热，就给员工许下"空头支票"。这些未经过深思熟虑就随便"蹦"出口的承诺，兑现的可能性很小。一旦不能够真正地兑现，就会让下属觉得自己的管理者说话很不靠谱。这样一来，就会影响到企业的发展进步。

所以，作为企业的管理者，如果不能够实现承诺，就不能轻易地去承诺。如果承诺真的许下，就要想方设法地去兑现。如果真的发生了很多棘手的问题，而造成承诺要打折扣，就需要和下属及时地进行沟通，让他们知道，这一次没能实现诺言，实在是情非得已。如果只是偶尔一次因为某些特殊的原因没能实现承诺而进行及时地沟通，这会让员工觉得你是一个值得信赖的好领导。

总之，对员工最好的承诺，就是让他们能够看到切实的利益。这是对企业管理者的最大考验。那些将口号喊得震天响的管理者，拿不出像样的成绩来，只会让员工产生很大的不满，只有让员工觉得自己的利益得到了保障，他们才会勤勤恳恳地帮助领导完成企业的生产、发展任务。

严格自律，方能服人

　　几年前，方宇在一家电器生产公司做销售工作，那时他还是一名基层的业务员，每天晚睡早起，早到晚退，经常加班到深夜，每逢休息日也坚持工作。经过几年的不懈努力，他终于以公司第一销售量的业绩博得了老板的认可，被老板提拔为区域经理，带领一支团队做销售业务。

　　最初带领团队的时候，方宇还很自律，坚持和以前一样的工作习惯，员工们看到经理做得这么好，他们也信心十足，每个人对工作都充满激情，工作很努力。但是后来，方宇没有了以前的上进心，对自己的要求放松了，渐渐变得懒惰起来，每天迟到早退，工作的时间也只是坐在办公室里喝茶看报，悠闲得很，只是催促员工们要努力工作，自己则享受起"胜利果实"来。

　　很快，员工们对方宇有意见了，他们认为作为部门主管，方宇应该帮助团队里的每一个人进步，带领团队一起成长，可是他倒好，开始坐享其成了。因此，员工们开始对方宇阳奉阴违起来，导致整个部门的业绩直线下降。在做业绩测评的时候，方宇带领的团队排名垫底，结果上层领导直接撤销了方宇的区域经理一职，他又一下子回到了原点，只能从头开始更加艰苦地奋斗。

　　人最难战胜的是自己，自律是最难获得的品质之一，因为自律就是要求我们每个人管住自己，战胜自己。担负着"管人"职责的管理者如果缺乏自律力，纵容了自己，任由今天的工作拖到明天，任由自己的坏脾气随便发作等，那么就会在员工那里失去威信，失去尊重，也就失去了影响力。

通过自身不懈的努力，方宇被老板提拔为了区域经理，在这种情况下他为什么会失败？最大的问题是：他缺乏自律能力，在功成名就面前头脑发热，骄傲自满，在工作上不能严格要求自己，这样的领导是得不到员工的支持和信任的，如此员工们也就不会积极主动地支持他的工作，最终失败。

谈起自律，也许大家认为它是一种思想意识层面的东西，说起来有点空洞，其实，对于企业管理者来说，自律不仅是一种态度，更是一种必备的能力。自律的本意是指通过自己要求自己，变被动为主动，来约束自己的一言一行。在这里，我们对自律的定义是：为达成组织目标而对自己的要求。

俗话说"律己方能律人"，一个人只有管得住自己才能管好别人，只有身体力行才能树立权威。因此，要想打造自己的权威性和影响力，激励员工更好地在自己的领导下，管理者就必须要学会自律，不断提高个人的道德修养，自觉抵制各种不良诱惑，尤其是要学会控制自己的性格缺陷和心理欲望。

《荷马史诗》中，有这样一则故事。

俄底修斯船长要带领船队经过一个神秘海域，此处一个海岛上住着三个女海妖，她们有着乌黑的秀发、苗条的身姿和醉人的歌喉，只要听到她们的歌声，不论是谁，都会身不由己地靠拢她们，最后被引到一块沼泽地杀死。

为了抵御海妖的诱惑，在经过那片神秘海域时，身为船长的俄底修斯率先用绳子牢牢捆住自己的手脚，他让船上的水手们也照做，并命令他们任凭自己痛苦地哭泣、哀求、挣扎都不许松绑。美妙的歌声传来时，俄底修斯和水手们坚持住了，结果他们的船队安全驶过了那片神秘海域。

面对航行途中难以回避的诱惑，俄底修斯船长始终不忘肩负的使命和责任，以身作则，率先将自己的手脚捆绑了起来，带领大家一道抵御住了诱惑，保全了性命。这个故事告诉我们了一个真谛：管理者的严格自律、率先垂范是多么的重要！

现如今社会竞争异常激烈，各种诱惑无处不在，管理者肩负着更多的责任，为了企业和员工的利益，更要有一定的自制能力，勇于严格要求自己，战胜各种困难，不断取得新业绩，做出良好的表率。

美国得克萨斯州有一位"石油大王"，名为保罗·盖蒂。他在1976年去世，享年84岁。他生前是世界最大富豪之一，他本人就是一个非常自律的人，而他正是依靠自律取得成功的典型。

有段时间，盖蒂吸香烟吸得成瘾，有时候烟瘾上来不吸就无法做别的事情。有一次，他在法国一个小城的旅馆里过夜。半夜两点钟的时候，盖蒂醒来后烟瘾犯了，他想抽烟的时候发现烟盒空了。怎么办呢？这时候，旅馆的餐厅、酒吧早就关门了，而且外面还下着大雨，要想抽烟，除非冒雨到几条街外的火车站那里去买。

盖蒂穿好了衣服，在拿雨衣准备出门的时候，他突然问自己：我这是在干什么？他反思自己，一个所谓相当成功的商人，一个自以为有足够理智还领导着一群下属的人，竟要在三更半夜从床上爬起来，冒着大雨走过几条街，仅仅是为了得到一支香烟？他突然发现，他的行动多么不合乎逻辑，甚至荒谬。

于是，盖蒂把那个仍然放在桌上的空烟盒丢进了废纸篓里，然后换上睡衣回到了床上，他仿佛得到了解脱一样，只用了几分钟就进入了梦乡。自从那天晚上后他再也没有抽过一支烟，也没有抽烟的欲望。"管住自己，也就能管住了一切"，后来凭借此信念，盖蒂的事业越做越大，终成世界顶尖富豪之一。

可见，虽然自律是一种难得的品性，却是可以培养出来的。对大多数人来说，自律的养成是一个长期的过程，不是一朝一夕的事情。像保罗·盖蒂那样的顿悟容易出现，但是坚持却不容易，这需要强大的意志力做支撑。

果断是管理者的优秀品质

小张是一家企业的高层领导，但是小张有个毛病，就是决策起来优柔寡断，对方案很难抉择。有一次，小张吩咐下属小李、小王分别制作一个销售方案，小张看过小李的方案后感觉很好，但是又说不出哪里好。看过小王的方案后，也觉得不错，面对两人的方案，小张是左右为难，结果在讨论会上的时候都没有选好，给员工们留下了不好的印象，同时对小张的自身能力持有怀疑的态度。

身为企业的领导人，几乎每天都会下达指示、做出决定。这些指示，有些是日常性的，有些则会影响到企业的发展和进步，需要企业的管理者进行全盘的考虑。有些管理者会像小张一样，表现得犹豫不决，或者拖拖拉拉、举棋不定，如此只会削弱管理者在下属员工心中的权威。

这样的管理者遇到什么事情，常常要召开一次大型会议，对问题进行进一步的商讨。又或者因为害怕遭受巨大的损失，而要进一步观察局势的发展。这类管理者都是一些害怕承担责任的人，他们在一些事情上很难做出正确的决定。这种左右为难的性格，常常会进行传染，甚至使整个组织都沾染上这种毛病，让人在处理问题时常常犹豫不决，造成管理上的混乱。

这样的管理者会让下属觉得很没有魄力，即使成为管理者，也是短暂的，因为时间会证明，在一段时间后，就会发现被扔到一个没有发展前途的位置，最后不得不离开，到其他公司去找工作，周而复始。如果不想自己被上级列入不合格员工的行列，就需要管理者能够及时发挥正确的领导能力。为此，管理者要尽力营造出一种让员工们感到必须要服从的氛围。

在上海，有一位女性，因为她独到的眼光和果断的决策，使她成为商业上的一颗明星，她就是许涛芳。她发现了防辐射服市场，通过多年的钻研和销售，最终立足商场。

2002 年的时候，许涛芳刚刚毕业，当时只有 21 岁，也许是受到家族服装企业的影响，她对服饰十分敏感。在她留学期间，发现很多的怀孕妇女都在穿防辐射的孕妇装，敏感的她立马觉得这将是一个庞大的市场。在如花似玉的年华里，许涛芳放弃了恋爱，放弃了继承家族传统服装行业，转而创办了自己的公司，选择走一条坎坷的道路。

开创一个新行业固然可占尽先机，也正因开创之"新"，更需精准定位。与老一辈的商人比较，许涛芳并不缺少果断。在 2002 年企业创办之际，防辐射服装只是面临小人群的产品，并且原材料需要进口，单件成衣价格超过1600 元。确定了主打产品，销售渠道在哪里呢？许涛芳决定：起步阶段，专攻妇婴用品店，让准妈妈们最爱逛的小店成为"添香"的首批销售点。

一年之后，许涛芳又加入了电子销售模式，使产品进驻网络，让"添香防辐射"成为"孕妇装"的衍生关键词。

其实，许涛芳能够成功，关键就在于果断，如果她对市场犹犹豫豫，企业又怎么能够发展起来呢？正是这一原因，使得"添香"防辐射孕妇装打开了市场之门。

企业的管理者要常常能够征求别人的意见，收集各种信息之后，最后做出自己的决定。同时，要让上级知道自己仍在掌控着整体局面。如果一个管理者有下面一种表现的话，就需要彻底改变自己的工作思路：

第一，没有全局性的眼光，做事情主观武断，听不进别人的意见；第二，公私兼顾，在最终的决策中，掺杂个人的好恶；第三，对一件事情，自己没有看法，一味地听从别人的意见；第四，前怕狼后怕虎，犹豫不断，错失时机，不能够当机立断；第五，总是想着一劳永逸地解决问题，以为这件事情之后就万事大吉了。

犹豫不决是实现成功的大敌，优秀的企业管理者不应被其束缚住手脚，拿出魄力与果断的决心，向成功奋勇迈进吧。

采取措施，加强权威

《三国演义》第一回记载：曹操20岁的时候，就担任了都尉职务。对于这位十分年轻的军官，很多人表面上恭敬，内心却并不信任这个年轻的军官。

曹操十分清楚，要想让下属信服，就必须在下属面前树立自己的权威。

于是，曹操决定从"令出必行"下手，宣布执法必严。他亲自做了一套五色棒，将这个具有执法威严的刑具放在四个城门的城头，并宣布，凡是有人违反禁令，就算是亲朋好友、皇亲贵胄也不会徇私，违者一律以五色棒痛打。

有一天夜晚，曹操在带人巡夜的时候发现有人违反政令，带刀夜行，于是便将这个人抓到，之后发现这个人身份极高，是当时掌管朝政的中常侍蹇硕的叔叔。曹操的手下为此不知所措，只好将人交给曹操处理。曹操想都没想，下令用五色棒痛打此人。打过之后，再也没有人敢违反曹操的政令了。

企业当中难免会有个别"害群之马"，这类人在员工中有一股无形的吸引力。比如迟到问题，一个员工迟到了，或许在隔天的时候就会有另一个员工迟到，一个月中，从来没有出现过全体员工满勤的情况。身为企业的管理者，就要发挥领导的作用，拿出"杀一儆百"的气魄，对迟到的人进行处罚，为企业、为自己树立起权威。

有一个成语"法不责众"，如果你对整个团队都进行指责的话，就会使大家产生分散责任的错觉，他们大多是不会受到太多的触动的。他们甚至会有这样的想法："反正出了什么事情，大家一起兜着，怕什么？"所以，面对这种情况，一定要抓一个代表出来，狠狠地给予惩罚。只有这样，才能引起其他人的警觉。

家住在广东的李女士，一年前在广东省东莞市的一家民营高科技企业担任行政人事主管一职，主要负责公司的行政、人事、办公室、后勤等各项职务。

上任之初，这家公司存在着很多的问题，大多数的员工工作的时候没有热情，上班时，用公司电脑打游戏的情况常常出现。从普通的员工到一些部门的主管，他们都沉迷于游戏当中，他们都喜欢玩一些积分、升级、角色等游戏。有些员工玩得十分入迷，他们通宵达旦地玩游戏，作为员工，只要不影响工作是不要紧的，但是员工们在上班的时候偷偷玩，就有些影响工作了。

而在李女士上任之前，该公司的管理制度也是漏洞百出，根本找不到关于禁止员工上班时间玩游戏的条例。为了进一步弄清公司的情况，李女士通过两个月时间，对公司进行了一番明察暗访，终于弄清了公司的情况。在了解了公司的情况后，接下来李女士就在公司的宣传栏上贴出了动员全体员工提出修改管理制度的布告，开始修改公司的管理方法。一个星期后，李女士从布告栏上的建议里选取了一些有用的，特别增加了"公司计算机管理"部分，通过严明的纪律规章，严禁在公司的电脑当中下载、安装电脑游戏，如果有违反的，第一次记大过，第二次扣发全年奖金，第三次开除处理。对李女士的建议，公司的管理者经过审阅后，除了对几个小问题进行了修改之外，宣布开始实行。

然而，长期懒散惯了的员工只是收敛了几天，就故态萌发，玩电脑游戏的风气依旧未能改变。李女士对此很是头疼，经过再一次调查才发现，原来员工们之所以敢于这样疯狂地玩游戏，全离不开一些"带头者"，其中包括好几个部门的领导。普通员工看到领导都这个样子玩游戏，自然是"上梁不正下梁歪"，针对这些情况，李女士下定了决心。

一天早上，李女士和一些公司的执法人员到办公室进行突击检查，果然抓捕到一些正在手忙脚乱关闭游戏画面的情景，李女士毫不犹豫地对那些敢于置公司制度于不顾的主管、领导予以处分。在见到了领导都受到惩罚之后，员工们再也不敢在上班的时候玩游戏了。

从上面的例子可以看出一股"跟风"的潮流，一个人玩游戏，其他人就接踵而上，有领导在上面跟着玩，自然是肆无忌惮。李女士的做法无疑是有效果的，目的无疑是让员工们改掉上班时间玩游戏的恶习，重整工作氛围。

一味地退让，就会让下属察觉出软弱，进而使自身的威望随时殆尽。但如果能够及时地采取果断的措施，处置那些敢于扰乱纪律、不服管教的害群之马，威望很快会被树立起来。反之，如果做事处处显得优柔寡断，那么，形象、威信就将会降到最低。

纪律是维持秩序的必要手段，在必要的时候，用它来打击那些不听话的企业员工是正确的选择。但是，在杀一儆百之后，也要善于用人情去感化那些被处理过的人。

企业管理者应该记住，管理也要用人情感动下属。我们常说："情理法。"情排在最前头。没有人情味的管理制度，再好的管理制度也是失败的。

对待员工要刚柔并济

有一次，松下幸之助手下的一个员工犯了一个大错，对此，他十分生气，一边用挑火棒敲着地板，一边用最严厉的言语骂他。骂完之后，松下幸之助看着手中的挑火棒说道："我骂你骂得这么激动，连挑火棒都弄弯了，你能不能帮我把它弄直？"

这真是一个绝妙的要求，下属只能遵命，把挑火棒弄直了。松下幸之助又笑着说："看来你的手挺巧的嘛。"随后态度来了一个180度的大转弯，对这个员工大加赞赏。

松下幸之助的一喜一怒，让这个员工心底对老板的怒火顿时烟消云散，对松下的用人方式，心服口服。更让这个员工感激的是，他刚回到家中，就发现妻子准备了丰富的酒菜，等着他共进晚餐，就惊奇地问："这是怎么回事？"

他妻子解释说："刚才松下先生到我们家里来了一趟，说你今天回到家的时候，心情一定非常糟糕，让我准备些好吃好喝的为你排解一下。"从此，这个员工就更加拼命、认真地给松下幸之助工作了。

管理其实是一门很深的学问，越是钻研，越能得到启发。

每个人都有自己的价值观，所以对待事物的态度都不相同。《水浒传》中，到江州渔船上抢鱼的李逵是蛮不讲理，好话听不进。而浪里白条张顺把他诱骗到了水里，张顺用水上功夫，硬是把李逵折腾得死去活来。李逵尝到了苦头之后，再也不敢下水了，因为在水里的李逵实在是英雄无用武之地。张顺一招轻轻松松地收服了李逵。其实，作为当代企业的管理者，也可以学学张顺这招"擒拿手"。

从客观上，人们在交际活动中，软与硬是相辅相成、密不可分的。

在这方面，曹操的造诣很高，他是怎样做的呢？

曹操对部下赏罚得当，赏罚必行。这样做一方面充分调动了部下的积极性，让部下更加有干劲，另一方面又使部下对他敬畏有加，服服帖帖、忠心耿耿。

当年曹操出兵攻打南边的张绣，打了败仗，为了保存实力，只好带领部队先行撤退，曹操部下首领夏侯惇所率领的青州部队（属于曹操嫡系部队）中的部分士兵借着这个机会到老百姓家哄抢粮食、牲畜，霸占民女、抢人钱财、杀人放火，无恶不作。军法中提到，遇到这样祸害老百姓的士兵将从重、从严惩处，格杀勿论。面对青州兵的违法乱纪行为，身为首领的于禁当机立断命令自己的部队对祸害百姓的士兵就地剿杀，以泄民愤，好给受害百姓一个交代。没想到，青州部队倚仗自己是曹操的嫡系部队，平时优待惯了，不但不自我反省，反而还心怀怨恨，不知羞愧地恶人先告状，在曹操面前装无辜，还诬陷于禁，说他对曹操的领导不满意，要造反。曹操听到嫡系部队首领的这些煽风点火的话，怒发冲冠，马上带领着大部队向于禁兴师问罪。

于禁在遭到曹操的质问后，并没有急着为自己辩解，而是先去忙着安营扎寨，以做好防御敌人的准备。果然，他刚刚把部队安置妥当，张绣的两路大军就杀气腾腾地冲过来了。由于他准备充分，这一次终于打退了追兵，并且又夺回一百多里失地，打了一个大胜仗，曹操也因此反败为胜了。在战斗结束后，曹操找到于禁，向他问及事情的来龙去脉，于禁将事情原委一一陈述。曹操这才恍然大悟，他拉着于禁的手，连连称赞于禁是自己不可多得的将才，并且还主动向于禁道歉，深刻地表达了自己的诚意。不仅如此，曹操又赏了他很多金银珠宝，还给他升了官。而对于那些诬陷于禁的嫡系部队里的官兵，曹操一点儿也不手软，统统给予军法处置。当于禁了解了这件事后，更加对曹操感恩戴德，并发誓要对曹操尽忠到底。曹操就这样成功地笼络住了自己手下将领的心，并整肃了军队的纪律，以警示那些将军法不放在心上、散漫惯了的属下。

可见，曹操处事的英明之处。部下们看到他如此公正严明，自然在心中对他是更加敬佩。

西洛斯·梅考克是美国国际农机商用公司的老板，他在用人原则上过于刻薄、坚持。如果有人违反了公司的制度，他一定依照公司的规章制度严格处罚。但这并不意味着他不讲人情味儿，相反，他能够关心员工的疾苦，设身处地地为员工的利益着想。

有一天，跟着他工作十多年的老员工违反了公司的制度，他借酒闹事，经常迟到早退，还因此顶撞上级领导，这在公司的制度当中是绝对不能容忍的事情。当这位老员工在公司闹事的事情报告给梅考克的时候，他只是迟疑了一下，立刻提笔写下了"立即开除"四个字。

　　但是梅考克毕竟和这位员工有过患难之交，本想下班之后到这位老员工家中好好地对他进行一番安抚，没想到，那位老员工接到自己被开除的通知后，怒火万丈地跑到梅考克面前气呼呼地说道："当年你的公司负债累累，濒临倒闭，是我和你患难与共，三个月不拿工资，我也心甘情愿，如今就犯了这一点点的错误，你就将我开除，难道就一点儿情分也不讲吗？"

　　听完老员工的这番话后，梅考克平静了下来，说道："你也是公司的老员工了，公司的规章制度你又不是不知道，作为公司的骨干人员，你应该带头遵守才是。我和你的私人恩怨，不能影响到公司的规章制度，任何事情我都要按规矩办事。"

　　梅考克接着又仔细地询问了老员工闹事的原因。从交谈中，梅考克才知道老员工的妻子去世了，留下了两个儿子，一个孩子因为跌断了一条腿而住院，另外一个孩子因吃不到母亲的奶而面黄肌瘦。老员工在极度的痛苦当中，整日借酒浇愁，才造成了他整日上班迟到的。

　　了解到他家中的情况后，梅考克十分震惊，他接着安慰老员工说："现在你什么都不用想，赶紧回家，为你的夫人准备后事，好好地照顾两个儿子。我们是好朋友，我是不会将你逼上绝境的。"说着掏出一沓钞票递到他手中。老员工感激得热泪盈眶，梅考克又嘱咐老员工："安心回家照顾孩子，不必担心工作。"

　　老员工转忧为喜，问道："你是想撤销开除我的命令吗？"梅考克问："你希望我这么做吗？"老员工摇摇头："我不希望你为我破坏公司的规章制度。"梅考克拍着他的肩头，笑道："这才是和我同甘共苦的好朋友，你安心地回家照顾孩子，一切的事情我会做出合理安排的。"

于是，梅考克坚决执行他的开除命令，以维持公司的纪律和制度，同时将这位老员工安排到一家牧场，负责牧场的管理工作。梅考克的解决方法，在解决了这位员工的困难的同时，又解决了员工的生活困难，由此赢得了员工的心，大家都将梅考克当成了一个关心下属的好老板，是一个值得信任的管理者。从此，这位老员工更加努力地为梅考克工作，为公司创造了一个又一个的辉煌业绩。

有人曾说，作为企业的管理者要善于"以母亲的手，握着宝剑"，这是一个十分形象的比喻。这意思是说，管理者既要有母亲般的慈爱和温和，时时刻刻给员工真诚无私的爱意，同时又要"手握利剑"，对员工的各种过错决不能迁就，将恩和威放到同一高度。如果能够做到这一点，就会让员工对你又感激又尊重，决不会擅自行动。

平易近人而非脱略形迹

小张和公司的王经理是好朋友，两人在一家企业上班，并且是上下级关系。一天晚上，两人下班后，到酒店里喝酒，推杯换盏，两人聊得很是开心，不想第二日，小张上班迟到了，这就让王经理很是为难。公司里谁不知道他们两个是关系很铁的铁哥们儿？不罚吧，难免让其他人不服，认为这是在默许和自己关系好的人可以不顾公司的纪律；罚吧，显得太不近人情，小张心里难保不会想："哼，昨天还跟我称兄道弟，转眼间就不近人情了。"

经过几番思考，王经理觉得自己作为公司的管理者，决不能让下属觉得自己处事偏袒，不能因为小张一个人而破坏公司的各种制度和规章，进而影响到整个公司的工作效率。最终，王经理按照公司的规章制度惩罚了小张。公司的员工看到王经理处事如此严厉，都不敢再违反公司的制度了，对王经理打心底里尊敬。

我们常说，距离产生美。诚然，若即若离的关系，会对人与人之间的和谐相处起到一定的作用。作为一个企业的管理者，应该明白一个道理：不即不离，亲疏有度。和员工尽量保持一个较"和谐"的关系，做到在工作和私下的关系不冲突、不影响。

作为企业的管理者，和下属员工保持适度的距离是有好处的，这样做的话，会让员工觉得平易近人。同时，也能感受到你身上的威严和权威。

谈恋爱时，恋人之间需要保持距离感，如此才能有"距离产生美"的效应。同样，在企业管理的时候，管理者也要同员工保持距离，做到亲疏有度。当然，"亲疏有度"、"若即若离"是需要一个尺度的，倘若管理者令人"望而生畏"、"神圣不可接近"，似乎让员工们很难买账。

那么，什么样的距离才刚刚好呢？所谓距离有以下几种。

第一种，心理距离。

这种心理距离其实就是内心的一种距离意识，管理者所做的一切，与群众关系密切也好，打成一片也好，都是为了保障工作有效地运行，同时也为了巩固自己的地位，以及维护自己的权威。

第二种，实际接触距离。

这种距离的定位是由远近和频次来决定的。管理者和员工接触得太近或者太频繁，会给工作带来影响，让下属觉得能在领导面前肆无忌惮。

企业管理者可以一直以"和群众打成一片"的形象出现，也可以允许他们在非正式的场合随意一点儿，但是绝对不能让他们没有上下级的观念，也不能允许下属太过放肆，得让下属清楚，领导永远是领导，无论领导多么平易近人，在工作上是不允许下属故意犯错误的。

想成为一个合格的管理者，又想获得员工的尊敬，就要做到亲疏有度，在和员工保持一定距离的同时，也要让下属觉得你平易近人。

制度是权威的保障

作为公司的员工，每一个都受到公司制度的约束。规章制度是保障一个企业良好发展的必要因素。作为企业的管理者，更应该懂得用规章制度的力量来提升自己在员工心中的权威。要让每一个员工都知道，必须按照企业的规章制度来约束自己。

我们常说："无规矩不成方圆。"没有规章制度的企业就是一盘散沙的企业。没有规章制度，或者不能按照规章制度严格办事的企业，势必不能端正员工的工作态度，也就不能改变公司的整体形象。

一个有智慧的企业管理者，不光要懂得公司制度的建设，更要懂得很好地实施这些制度，因为制度本身就是工作管理中的一部分。不同的管理者之间有不同的管理观念，但是，相同的是，对于那些无视公司纪律的员工，一定会毫不留情地予以清除，因为这些人只会威胁企业的生存和发展。

一些有远见的管理者必须对违反公司制度的员工施以适当的处置，给他们以警示，如果他们还一意孤行，管理者就不能再听之任之，而要拿出严格的惩罚措施维护自己和制度的权威。

日本伊藤洋货行的董事长伊藤雅俊就是一个行事严谨的企业家。他给人的印象向来是彬彬有礼，有股儒雅之风。但是在企业的管理上，他却从来不靠个人感情做事。他要求员工不能因为对企业的贡献、功劳而自傲，凡是达不到工作要求的员工，他都会毫不留情地将他们清除出员工队列。

岸信一雄本来是东食公司的员工，后来跳槽到伊藤洋货行。东食公司是一家以生产食品为主的公司，所以，他对食品的经营极有经验。因此，他的出现为伊藤洋货公司带来了一股发展活力。在此后的十多年当中，他为公司做出极大的贡献。

面对取得的骄人成绩，岸信一雄有些居功自傲，并在一些经营理念上和伊藤发生冲突。而在人际交往当中，岸信一雄更加放任自己，常常一派目中无人的形象。他的行为和伊藤洋货行的管理风格再一次形成冲突。

伊藤雅俊也无法接受岸信一雄的做法，要求他立刻改变工作态度。但是岸信一雄却对此不屑一顾，做事情依然我行我素，伊藤批评得狠了，他就说："你没有看到我的工作业绩在不断上升吗？"

在无可奈何之下，为了维护公司的制度，伊藤雅俊决定解雇岸信一雄。虽然他很心痛，但是岸信一雄的做法给企业内部造成了一种不良影响，导致管理上出现真空的局面，如果任由它发展下去，就会给整个企业带来厄运。

当解雇岸信一雄的消息传出后，公司内部很多人感到惊讶，不少人为岸信一雄求情。可是伊藤雅俊就说了一句话："制度是企业的生命，如果不对不遵守制度的人进行惩罚，会对企业造成危害。即使这种惩罚会给企业造成一定的损失，我也是在所不惜。"

在伊藤雅俊看来，企业的管理者要懂得知人善任。而知人善任，是要看他能不能在公司的制度下发挥自己的才能，只有这样，一个企业才能形成真正的良性竞争机制。他时时刻刻地警示自己手下的员工：企业要想发展，只有实现奉献精神和自我价值观，而不是权力的滥用和毫无章法的自我主义。

规章制度是企业的秩序和行为规范，严格地遵守企业的规章制度，才能有利于企业管理者的识人、用人，才能确保企业的健康发展。任何企业的规章制度不能成为摆设，而应该以有效的手段保证它的落实。如果有人试图违反制度，就绝对不能姑息迁就。

那么，怎样才能最大限度地提升用人效果，建立起自己的威信呢？

第一，先严后宽。

千万不要让自己手下的员工认为规章制度只是在领导口中，而没有任何的约束性。在企业的管理当中，一定要将丑话说在前头，遵守规章制度的给予奖励，反之则罚。经过这些奖惩，使员工养成自觉遵守规章制度的良好行为。使以后即使没有人监督，员工们也能主动地遵守企业的规章制度。

第二，制度民主化。

要让自己的每一位员工知道，自己企业的规章制度是经过了一定的民主程序形成的。但是如果没能有效地告知员工怎样去遵守，那么它存在的合法性就会大打折扣。在企业的生产实践当中也有这种现象的出现。当规章制度出台之后，却不能告知每一个员工，当员工犯了错误才想起来用规章制度来处罚员工，是不对的行为。因为，"不知者不为过"。

第三，对事不对人。

很多企业当中，不乏出现这样的现象：某些员工违反了企业的制度，但是由于出错的是某些处于中层的领导干部，大家为了维护他们的领导威信而网开一面，免于处罚。如果这样的话，只会使得规章制度失去权威，就不能让大家信服了。所以，要想有效地维护规章制度的权威性，就需要一视同仁，任何人都不能例外。

第四，从小事着手规范管理。

打个比方，当员工在用餐时，领导可以进行检查，看他们吃饭是否浪费了粮食，等等。如果有这样的问题的话，就要求他们随时纠正自己的错误。同时，加强监督，发现了错误后，告诉他们要如何去改正错误，从小事上帮助他们养成服从管理的习惯。

第五，适时改动内容。

无论多么完善的规章制度，从出台的那一天开始就注定会老化的，因为一个企业是不断发展的，员工也是不停更换的，同时环境也是不断在变迁的，这就需要公司的管理制度也能够与时俱进，随同企业的发展适时地做出更改。只有这样，才能发挥出作用。

制度能够激发员工的积极性，制度也能让管理者更加方便地去管理。同时，制度能强化管理者的权威，在管理上达到事半功倍的效果。

第二章
不得人心，管理必败

　　有能力的人大多有个性，有才华的人大多不服管。在《西游记》里，能力超强的孙悟空却有叛逆心理、猢狲性格。沙僧倒是勤勤恳恳，最好管理，但能力平平，难当大任。因此，身为管理者的你要想让真正的人才为你所用，就一定要用真诚赢得员工的全心爱戴。

想得到员工的心，就把员工放在心上

韩信在平定了齐国之后，就派使者请求刘邦封他为齐王。刘邦当时正被项羽围困在荥阳城，得知这事后，刘邦大怒，后来多亏张良进言，刘邦才答应册封韩信为齐王。他的册封，让韩信大为感激，于是尽心尽力，以自己的军事才能为汉王朝立下了汗马功劳。

古往今来，既要马儿跑，又不给马儿吃饱的事情还很少，用人却不给予物质利益刺激的却并不少见。这个世界上，任何一个人的进取心和事业心都直接和利益相关联。有的人是为了建功立业，有的人为的就是财富。所以，想要收获忠诚，就必须要将员工的利益放在心上。

我们都明白，国家之间的关系建立在利益之上，同样，人与人之间的关系也与利益分不开。一个员工一次为企业做出贡献，企业管理者可以不给予奖励，第二次做出贡献也可以不奖励，但是第三次，或者多次以后，就会发现员工在做事上缺乏了积极性。所以，有时候利益会激发员工们的潜力。同时，给予员工利益，将员工的利益放在心上，也会获得他们的忠诚。

小张是某个服装企业的销售部经理，在企业年会上，因为小张部门业绩突出，公司给予了奖励。会议结束后，小张拿着奖金回到部门，他没有将奖金全部收入囊中，而是拿出一大部分奖励手下的员工。

员工们拿着奖金，虽然金额不多，但是个个喜滋滋的。有其他部门的经理就不明白了，于是问小张："老板发的奖金是给你的，没有说要给手下人分，你怎么舍得分一大半给他们呢？"

小张却说道："用这点儿奖金换来手下人的努力工作，你觉得我还愁拿不到更多的奖金吗？"

小张给予下属利益，换来的是他们的努力工作。对小张的下属来说，奖励是多是少不是关键，最关键的是小张将下属们的利益放在了心上。通常，真正有才能的人，提出某些利益要求，其实并不过分，他们所要求的多为处尊位、扬其名。这里的利益也是有尺度的，这些利益不过分，很合乎常理，倘若狮子大开口，那么只能说明其"人才"心思不正了。

曹操死后，曹丕篡汉称魏，在蜀中刚刚立足不久的刘备，他的下属这个时候也纷纷劝他称帝，以求兴复汉室。但刘备觉得很不妥，坚持不肯答应。于是诸葛亮上前进谏，刘备这才欣然称帝。诸葛亮的说辞其实很简单，说的是无数兵将跟着刘备出生入死，不辞艰辛，为的就是能够建功立业，有尺寸之封。

诸葛亮说过："天下英雄喁喁，冀有所望。如果你不就帝位，这些士大夫就会重寻明主，没有一个人敢于追随你了。"于是，刘备听从诸葛亮的话，分封有功之臣，于是人心安定，更加忠心地为刘备效力。

能够公正地封赏功臣，在于用人者的眼光和宽广的心胸。吝啬的人心胸狭窄，总是将自己闯出来的事业当作他一人、一家的天下，生怕别人抢了自己的位子，好像他手底下的人都是吃闲饭的，那他就只能让人为他卖命，却没有尺寸的封赏，最后只会离心离德，落得一个孤家寡人的下场。只有心胸开阔的人，才能够与他人共享天下，才能与贤能之士同甘苦、共患难。

要想收获员工的忠诚，首先要把员工的利益放在心上，适当地对员工加以恩宠，可以激发员工的工作积极性。看到员工们开心，看到员工们为企业尽心尽力地做事，作为企业管理者看到这样和谐的画面，何乐而不为呢？

让集体成为家庭，让领导成为家长

拿破仑亲率法军进攻意大利的时候，行军途中，部队因为感染瘟疫，很多士兵悲惨地死去，导致军队减员严重。再加上部队长途跋涉，很是辛苦，不得不在路上多次停留。一天晚上，拿破仑依照往常惯例外出查哨，却发现哨兵在偷偷睡觉。于是，他就站在哨兵旁边帮着哨兵站岗。半个小时后，哨兵醒了，见到皇帝在帮助自己站岗，一下子吓得腿都软了，连忙磕头求饶，拿破仑微笑着说："没关系，你放哨辛苦了，可以理解，但是下不为例。"

科学显示，人类的情感最为丰富，而人对感情也是相互的。你对我好三分，我便对你好十分。于是，很多企业管理者，对员工展开了"家庭式"管理，给予员工家庭般的感觉，抚慰员工的心灵。

家庭对人们来说是一个温馨的存在，每当人们感觉疲劳、无助、孤独的时候，都会想起家庭。家庭内没有永久的矛盾和隔夜的仇恨，正因为如此，才让很多企业选择"家庭式"的管理方法。像联想企业，该企业努力做到让员工们有家庭的感觉，使用亲情文化管理。前执行董事柳传志在外发表演讲的时候，亲切地将自己的接班人比喻成自己的儿子，从中不难发现柳传志对"家庭式"管理的看重。

著名企业家费雷得·德卢加也有过一段自主创业的经历。1964年，他开了一家肯德基三明治快餐店。短短几年的时间，他就将这家快餐店发展成世界上很有名气的肯德基连锁店。

那么德卢加的成功有什么诀窍呢？很重要的一点：像家人一样关心自己的下属。

德卢加招聘员工的要求比较严格。一天晚上，他在忙完自己的事情后依照常列，亲自到肯德基店进行检查工作。他进入了一间肯德基的餐厅后，发现这间餐厅的柜台十分凌乱，柜上的食品放得杂乱无章。看到这种情形，德卢加自然火冒三丈，对正在干活的一名员工大声喝骂，责令他马上将整个餐厅收拾干净，并亲自帮助员工整理起来，干完活后，德卢加留下一句"下不为例"，就走出了餐厅。

第二天，当德卢加在店中查看销售记录时，十分吃惊地发现，昨天被他批评的那名员工所在的分店，销售量远远地超出了近期销售纪录。他这时候才反应过来，那家餐厅之所以乱，就是因为那家餐厅顾客太多，但人手却不够，不是那位员工的责任，他是一个十分称职的员工，一直在尽心尽力地为企业工作。想到这件事情，德卢加心里很不踏实，觉得自己对不住这名尽责的员工。

当天晚上，德卢加专程又来到了这家店，并亲自向这位员工道歉，没想到这位员工对德卢加的道歉丝毫没有放在心上，只是随口回应了一句没关系，德卢加感觉到，这位员工并没有说出自己的心里话。

德卢加觉得这样可不行，不能让自己的员工带着情绪做事。如果不能处理好这件事，会影响到整家店的销售业绩。于是，德卢加就对这位员工进行了进一步试探，并鼓励这位员工能够将自己的心里话说出来，德卢加为自己昨晚发生的事情真诚地表示内疚。

在德卢加的引导下，这位员工终于肯说话了。他承认自己的的确确还在生老板的气，想想看，任谁无缘无故地受了这么大的气，要不生气，那才是怪事。自己辛辛苦苦、任劳任怨地为老板工作，没有得到老板的表扬也就算了，却因为误会，白白地被训了一顿。他向德卢加说出了自己的委屈，他说："您骂过我之后，我的确心里很不满，我不知道该怎么样才能够发泄心里的愤懑，就在您离开餐厅后，悄悄地到储藏间，拿了一加仑的食用油，狠狠地倒入了排水沟当中……"

这件事情引起了德卢加进一步的深思：是不是自己的疏忽、多疑，蒙蔽了自己的眼睛？进而导致判断失误，批评了一位尽职尽责的好员工呢？如果不能处理好这件事情，那损失的就不单单是一加仑的食用油了，而是一个人才。

在以后的管理当中，德卢加不光学会了如何关心下属，并懂得处处为下属着想，和下属的关系也越来越融洽，让他们更加积极地为自己的老板做事情。

管理者需要换位思考，适当地给予员工们关心和理解，让他们有种被家庭关爱的感觉。"家庭式"管理有很多的益处。

第一，员工们会更加热忱地为企业做事。

家庭是家庭成员们共同栖息的地方，为家庭付出是理所当然的，运用家庭式管理，即便员工们感觉累了，也会尽心尽力地为企业做好事。并且，家庭式管理让员工们的工作效率大大提高，员工们会付出自己的热情，做起事来也是事半功倍。

第二，员工内部团结一致。

让员工们团结一致地为企业付出，似乎成为企业管理者比较头疼的问题，因为企业中总有那么一些不恪尽职守的员工存在。有这样一个小例子：小米是一家企业的搬运工，在上班的时候，他完成自己的工作就下班了，从来没有想过帮助自己的同事。有一回老板过来查询，发现小米再次早早离开，于是便朝小米家走去。走到门口，发现小米家其实也是做生意的，卖的是米。老板瞧见小米干得激情四射，小米瞧见自己的父亲提不起一袋米，二话不说便自己扛着。老板深深地想到，自己的企业也需要这种"家庭式"的管理，如此才能让员工们团结一致。

成功的企业管理者都懂得去关心自己的员工，因为他们知道自己一路由普通员工走来的辛酸，知道员工也是有感情的，知道员工也需要领导们的关心和理解。给予员工家庭般的感觉，用"家"的情感来抚慰员工的心灵，是当今企业管理者必修的课程。

给你的员工一个灿烂的微笑

日本一家著名公司总经理的办公室里挂着这样一幅画：两张人的嘴，其中一张嘴的嘴角下撇，像个倒扣的勺子，结果从上面掉下的金银珠宝都顺着

"勺底"滑到了地上；而另一张嘴却是嘴角上翘，笑眯眯的样子，整个嘴巴就像一个正放的勺子，结果从上面掉下的金银珠宝一个不漏地落进了嘴里。这家公司对这幅画的解释是：微笑是财富的源泉，可以直接决定一个企业的生死存亡。

微笑是一种向人主动示好的表现，它能使人产生一种安全感、亲切感、愉快感，正如英国诗人雪莱所说的："微笑是仁爱的象征，快乐的源泉，亲近别人的媒介。有了笑，人类的感情就沟通了。"微笑也是一种掌控员工、抓住人心的"非常"手段，管理者在平时的工作中一定不能忽略这一点。

虽然微笑不能代替有效的管理制度和方法，但微笑却有任何好制度、好方法都无法企及的大作用。微笑会如同阳光一样，能够给你的员工带来温暖，使他们对你产生谦和、平易近人的良好印象；能够缩短你与员工间的距离，让你们在心理上产生共鸣，如此激励的效果也就实现了。换位思考一下，假如让你作为员工，你是喜欢笑脸常开的领导，还是喜欢整天板着脸、面无表情的领导呢？

可以想象，如果企业领导整天板着一副严肃、生硬的面孔，员工们整天战战兢兢地在紧张的心理状态下工作，哪里还能积极、主动地发挥自己的本事，哪里还能保证做好工作？在这种情况下，无论企业的管理制度、管理方法怎么完美无缺，也都难以创造出一个令人满意的业绩来。

但若是企业管理者时刻都在用微笑面对每个员工，就会在企业内创造出一个和谐融洽的气氛，驱散上下级之间、同事之间可能存在的阴霾。员工心情舒畅，不仅每个人尽心尽力、积极主动地工作，而且还相互支持、相互帮助，形成一个所向披靡的高效团队。这样的团队，就算遇到的困难再大，也是能够轻易克服的。这也就直接构成了企业的核心竞争力，能够有效地保证企业持续稳定发展。

美国钢铁和国民蒸馏器公司的子公司 RMI，坐落在俄亥俄州的奈尔斯。一段时间里，RMI 公司的工作效率低，生产率和利润率也上不去。后来，一个名叫大吉姆·丹尼尔的人出任公司总经理，他认为，重视员工、开发员工的潜力是振兴公司的根本，并且最终扭转了公司的困境。

大吉姆·丹尼尔没有什么特殊的管理办法，他只是在工厂里到处贴上了如下标语："如果你看到一个人没有笑容，请把你的笑容分给他。"这些标语下面都签有名字："大吉姆"。大吉姆·丹尼尔所做的还不只是这些，他还让公司设计人员制作了一个特殊的厂徽：一张笑脸。并将这张笑脸绘在公司办公用品上、工厂大门上、厂内板牌上，甚至在员工的安全帽上，明确要求各级领导对员工们时刻保持微笑。于是，在 RMI 公司，人们常常可以看到大吉姆·丹尼尔满面春风地向人们征询意见，喊着员工的名字打招呼。即便是和工会主席列席会议的时候，大吉姆·丹尼尔也常常面带着笑容。

微笑不仅使 RMI 公司率先渡过了这个难关，不到三年的时间，RMI 公司没有增加一分钱的投资，生产率却惊人地提高了近 8%。而且，还带来了巨大的经济效益，资产总值达数十亿美元。后来，RMI 公司的厂徽，也就是"大吉姆"式的笑脸，被美国人称为"俄亥俄的笑容"。《华尔街日报》称 RMI 为，"它是纯威士忌酒——柔情的口号、感情的交流和充满微笑的混合物"。

看到了吗？这就是微笑的力量。既然如此，身为管理者的你为何不投大家之所好，充分利用微笑这一"武器"，帮助自己进行管理呢？

比起其他激励方法，微笑管理还是一个不需要增加投入的管理，它不需要任何人力、物力、财力的投入，需要的只是管理者轻轻地运动面部肌肉而已。也许，你会质疑，不就是对着人微笑吗？谁不会啊！其实不然。

微笑，不能理解成打哈哈的无原则的笑，也不能理解成笑里藏刀的笑面虎。打哈哈的无原则的笑，只会让你的员工觉得你毫无内涵，虚伪又做作，从而对你的印象大打折扣；笑面虎的笑是暗含恶意的笑，员工往往会认为这笑容下隐藏着不可告人的动机，是为了达到某种目的的虚伪之笑。

管理者所应推崇的微笑管理，应该是真挚的、发自内心的，是自己乐观心态的真实体现，是发自内心地尊重、信任和关怀员工，还应把真诚乐观的情绪传染给身边的每一位员工，让他们时刻保持着愉悦的心态，这样才能抓住他们的心，让他们充分发挥自己的才能，为公司获取利益。

不过，发自内心的灿烂微笑也是可以修炼而成的，只要你愿意随时都可以。比如，你可以穿一件自己喜欢的衣服，有意地自我打扮一番；多和自己说"今天我很开心"、"我的微笑很迷人"之类的话，不断对自己进行积极地自我暗示；想象一些比较开心的事情，像一部电视片一样对自己播放。

嘿，开始微笑吧。

批评可以，但不能侮辱

三国时期，刘备在争霸天下的过程中，经历了无数次大大小小的战役。这些战役中有胜利、有失败。遇到战败的时候，刘备会因为战略不佳而给予军事意见，或者因为人员伤亡惨重，给予军法处置。就好比张飞，因为其鲁莽的性格，经常被刘备惩罚，但是惩罚过后，刘备和军师以及众将士依旧相处融洽，刘备、关羽、张飞，三人依旧是桃园三结义的好兄弟。

刘备在处罚将士的时候，没有因为兄弟的身份而手下留情，他是真正地对事不对人，事情过后便雨过天晴。作为管理人员，就该有刘备的气魄，无论怎样心烦，都应该记住，训导只应该针对工作情况，而不是针对某一个人，要记住"对事不对人"的准则。

常言说："金无足赤，人无完人。"任何一个人都不是完美的、万能的，任何人都会不可避免地犯下一些错误。因此，当自己的下属做错事情的时候，作为管理者，不论怎样愤怒，都应该牢记"对事不对人"。

2005年的时候，一家网络公司迅速崛起，但是在发展的时候遇到了两个大问题。网络公司在面对流量用户的同时，还需要为其他网站提供服务。当时，该公司的负责人几乎天天盯着服务器，面临的压力可想而知。

正在这个时候，销售部的工作人员又谈成了新的门户网站，但新门户希望能够使用自己网站的搜索引擎。负责人对此事十分头疼，他很清楚，这个服务器运行速度会跟不上，如果再新添服务的话，极有可能造成服务器的崩溃。经过多番思索，负责人因为很多原因，还是选择合作。果然，就像他先前预料的一样，服务器十分不稳，最后只得紧急下线。

为此，负责人在不安当中过了好几天。他十分清楚，以领导的性子，是绝不允许他出现这样大的失误的。让他没有想到的是，领导并没有因为这个重大的失误而大发雷霆，在公司的例会上，他十分平静地对负责人说道："你的职责，是保证公司服务器的稳定，发生这件事情，你有很大的责任，需要好好地反省一下。"接着话锋一转，说道："现在问题的关键，是怎样解决这个问题，而不是追究责任的时候。大家赶紧讨论一下解决方法吧。"

随后，负责人在大会上说出了自己的解决方案，领导一边认真地听，一边赞许地点头，觉得他的解决方案很好，也很全面，很快地投入讨论当中。负责人见到这种情况，心中的压力便慢慢散开了。在大会之后，负责人见到领导，还是会觉得很不好意思，没想到领导就像忘记了这件事情一样，主动过来跟他说道："这个周末有空吗？"

看到领导脸上无尽的期盼神情，负责人乐了起来，说道："你是不是又想将大家聚在一块儿，出去玩玩？"就这样，负责人又恢复了以往的工作热情。

对于案例中的管理者，可以用"宽容"、"仁慈"来形容，在处理事情的时候，管理者没有一口咬着失误不放，或者是针对负责人犯下过失的行为进行严厉指责，他首先做的就是想着补救方案。管理者"对事不对人"的方法得到了员工尽心尽力地工作。

有时候，管理者可能真的压抑不住内心的火气，对着员工一顿发泄，但需要记住的是，火气应该朝着事情去发泄，而不是对着员工去发泄，不能因为员工的过失而扯上尊严、人格、个人行为等问题。假如"对人不对事"地责罚，最终会使上下级不同心，出现隔阂，为公司的发展埋下地雷。

那么，上级应该怎样做到对事不对人呢？

第一，分清行为问题和自身问题。

训导下属，应该指责下属的行为，而不是下属自身的问题。比如，一个下属在上班的时候常常迟到，那么只应该指责他的行为造成了问题，影响了整个企业的工作效率，而不应该只是指责这个人自身的问题，不该说出"不负责任"或者"自私自利"的话。管理者要处罚的话，也只能处罚他违反规章制度的行为。

第二，用沟通去化解，做到具体问题具体分析。

"训导应该对事不对人"，这个道理说起来容易，真正实行起来可就难了。哲学里提到，所有的事物都是矛盾的，那么处理问题的时候就该做到具体问题具体分析，不能对自己的最终做法不负责任。企业领导要为自己说过的话、做过的事负责，不要等到事情过后才后悔，那样也于事无补。员工犯下错误，肯定是无心的，有谁希望自己的工作生涯上出现污点呢？企业领导应该把错误看为一种经验，所谓"吃一堑，长一智"，下回遇上类似的问题，员工们就能轻松解决了。

同时，也要用交流去化解彼此的矛盾，在训导过后，不能让员工内心产生隔阂，带着情绪做事，那样只会越做越糟，事倍功半。

第三，做到就事论事，不牵扯他人。

管理者要懂得帮助下属提高自己的工作能力，改正错误的方式，做好思想工作，不应该因为员工一时的失误就去翻旧账。这种翻旧账的行为，只会伤到下属的自尊心，也是管理者的一大忌讳。同时，也要考虑到员工的自尊心，再怎么批评下属，都不要说到伤害他们自尊心的字眼儿。再次就是不要牵扯上他人。现代企业都是分为部门和小组办事，出现问题通常都是"连坐罪"，这对付出努力和艰辛的员工是不公平的，会对员工的积极性造成打击，影响日后办事效率。

第四，树立正确的价值观。

每个人的价值观不同，企业管理者在训导下属时，一定要树立正确的价值观，表明训导的目的。如果下属真的无能，训导就可能起不了实质的作用。比如，一个下属因为忘记定好闹钟而迟到，企业管理者这个时候就可以进行训诫。但如果迟到的原因是因为上班路上地铁突然坏了，这个时候批评他是没有意义的。因为这种事情，不是一个人可以控制的。

常言道"天子犯法与庶民同罪"，古时候就有了"对事不对人"的观点，作为现代企业的管理者，更应该苦修"对事不对人"的课程，做到公平公正，如此企业才会立于不败之地。

用真诚换取员工的真心

莉莉是一家媒体公司的策划，在公司一直恪尽职守，部门经理老杨吩咐她办的事儿都完成得很好。有一回，老杨带着莉莉策划的方案去开会，等把资料传给大老板时，老板发现预算出来的金额多了好几个零。原来，莉莉在预算的时候忘记加上小数点了。

老板当时很不留情面地批评了老杨，并且扣除了其当月的奖金。回到组内后，很多人以为老杨会让莉莉承担责任，出乎意料的是，老杨连提都没有提。

莉莉拿着修改后的方案进了老杨的办公室，老杨被罚的事儿她已经知道了，于是疑惑地问道："经理为什么没有把责任推给我？"明明是因为她的疏忽才造成纰漏的，责任理应是由她承担。

老杨却笑着说道："你是我的下属，你犯了错误，做上级的难辞其咎。以后仔细点儿便好了。"从那以后，莉莉是真心佩服老杨了，工作起来更加拼命，为老杨的部门做出了很多的贡献。

人是一种奇妙的情感动物，很多人在看感情剧的时候都忍不住地落下眼泪，表达内心的喜怒哀乐。这从侧面说明人是用心感知世界的。你用真心对待别人，换来的也是他人对你的真心。你对别人好一分，或许别人会对你好二分。我们常常听人说："人同此心，心同此理，将心比心。"所以，无论是在企业还是普通的生活当中，都需要拿出自己的真心去对待他人，如此才能换来别人的真心。

在企业当中，管理者赢得员工的真心是一场难打的耐力战，急于求成只会使事情呈现出相反的一面，所以，需要拿出耐心，从点点滴滴的小事做起。

日本著名企业家松下幸之助素来有"经营之神"之称，有一次，他在一家餐厅当中招待六位客人，他们都点了牛排。等他们吃完饭后，松下幸之助让自己的助手将负责烹饪牛排的主厨找了过来，他还特地强调："不是找你们经理，而是要找你们的主厨。"助理这时候才注意到，松下眼前的牛排只吃了一半，心想下面的局面肯定会很尴尬。果然，主厨过来的时候，面部表情很紧张，因为他知道客人的来头不小，生怕自己做的牛排不能让他们满意。

松下笑着说："你烹调牛排的技术已经不成问题了，只是我只能吃一半，这不是因为你厨艺的问题，你的牛排确实十分好吃。但是我已经有八十多岁了，上了年纪的人，胃口已经很不好了。"

主厨和六位客人都是面面相觑，不明白松下幸之助把这位主厨找过来，说的这番话到底是什么意思。松下幸之助解释说："你不用误会，我找你过来，只是想要将这些跟你说清楚。我怕等会儿将只吃了一半的牛排端回厨房间的时候，你看到剩下大半的牛排会很伤心。"

松下幸之助如此关心一个主厨的心里想法，更不用说对自己属下的人才了。不得不说，松下幸之助的成功，跟他善于待人是分不开的。

在现代企业当中，有多少老板能够将员工的心思放在心上呢？又有多少老板能够去探索员工们的心思，为员工着想？松下幸之助在事业上之所以能够成功，这和他"以心换心"的管理方法密切相关。也许在很多老板眼中，例子中的厨师只是一家餐厅的小厨师而已，就算自己吃不完也没有必要说明原因，但松下幸之助不赞同，他的一个小小的解释，换来的是员工的真心。

有句话叫作"种瓜得瓜"，如果能将你的关心送给下属，下属肯定会以十倍、百倍的热情来回报你。张瑞敏曾经说过："人心是这个世界上最无价的东西，花再多的钱也买不来。而要赢得别人的心，只有拿自己的心去交换。这跟谈恋爱是同样的道理。要让员工能够更加真心地为你做事，企业的管理者就必须惦记着自己身边的员工，要让员工对企业负责，企业就要首先热爱自己的员工。"

1998年，新春之初，山东青岛瑞雪天降，海尔冷柜、电热本部等部门主管屠武铨一家人怎么也没能想到，在新年之初，海尔公司总裁张瑞敏竟然亲自踏雪前来，给自己全家人拜年。

已经72岁高龄的屠武铨紧紧握住了张瑞敏的手，对他连声道谢，对总裁百忙之中能够亲自来探望他全家十分感激。除了张瑞敏外，还没有其他的公司领导人到自己家里拜过年。

屠武铨十分感激地说："非常感谢总裁能够在新年的第一天就来探视我全家，这不光是对我个人的重视，还是总裁您对我、对我所在部门的重视。来年，我手下的工作部门一定进一步提高自主管理的意识，做出最好的产品出来，总之决不会辜负总裁对我们的期望。"

1997年，具有甩干功能的新型洗衣机畅销市场，迅速红遍大江南北。而这款洗衣机的成功跟屠武铨的付出是息息相关的。他带领整个部门的员工，吃睡都在工厂当中，早、午、晚三班倒，才圆满地完成了公司交给他们的重要任务。

用自己的真心去对待自己的员工，换来的必定是员工们的真心。能够得到员工的真心，会给企业带来意想不到的好处。比如增强员工们的工作积极性，使得员工上上下下团结一致，朝着同一个目标前进，同时也为管理者在名声问题上带来胜利。

我们都说："人心是肉长的。"你诚信待人，别人不可能不知道感激。你付出真心，下属就会拥戴你，他们就会心甘情愿地为你效力，用实际的付出来回报企业，进而推动企业的发展。

向失意的员工伸出援助之手

王强在一家房地产公司做销售已经两三年了，每天都是最早到公司，最晚离开，工作很努力，也很辛苦，但业绩始终平平。眼看着和自己同时进公司的同事们个个都升职加薪，还被评为了年度的销售精英，心里不免有些失落。销售部刘经理看出了小王的失意，便在一次下班后留下了他，与他进行了长达两个小时的谈话，为他分析了工作中的难题和自己的优势与不足，并为他制作了详细的工作规划。在此后的一段时间，他还对王强的工作进行了悉心的指导，王强的销售业绩也有了大幅度的提升。

人生的道路起起伏伏，有欢笑，有泪水，有失意。但是这些都是人生的组成部分，因为有了它们的存在，才显得生动有趣。没有人会拍着胸脯勇敢地说，我的一生都是战无不胜、攻无不克的，只会有人说失败的次数小于成功的次数。商场如战场，有人成功，有人失败，作为企业的管理者，在遇到失意的员工时，不应该去打击他们，而是要向他们伸出援助之手。

作为企业的管理者，遇到失意的人必定不在少数，有些落泊寒酸的人，他们其实怀有大志向，但是时运不济，没有伯乐，最后穷困潦倒，自生自灭。在这个时候，最需要的就是有人能够伸出援助之手，给他们一次东山再起的机会。

这个世界上，人不可能永远一帆风顺，挫折、伤痛、懊恼、泪水，伴随着一个人的成长。如果失意了，有人会说"跌倒了，那就努力爬起来，鼓足勇气面对一切"。但是这话说起来很简单，但真正做起来就不容易了。尤其是在周围的人冷嘲热讽的时候，谁能保证自己能够握紧拳头站起来呢？但是适当予以扶持，就可获取忠心，这对企业管理者来说何乐而不为呢？

小林工作成绩突出，因而受到公司领导的重视，被派到一家分公司担任管理者。没想到，这家分公司内部分成诸多个派系，这些派系之间的内争造成公司业绩直线下滑。小林刚刚上任，就被分到了某一派系当中。

这些派系当中的明争暗斗给公司的管理造成了很多的障碍，一些派系还用上一些攻击性的手段，一步步削弱小林的管理威望。当时，小林的对立派领导是生产部的马主管。马主管这个人做事十分认真，而且能吃苦耐劳，对公司绝对是忠心耿耿。但是马主管身上有一个很大的缺点，那就是喜欢拉帮结派，凡是自己看着不顺眼的人，马主管就用尽一切办法狠整那个人。所以，在这家分公司当中，上上下下都很怕他，所有的人都不敢得罪他。

有一次，马主管犯了很大的一个错误，公司大多数的领导都希望能够将他开除。而马主管也意识到自己所犯错误的严重性，已经做好了被开除的准备。

小林觉得开除马主管是一件大事，就开会商议。可在会上，所有的部门主管都好像约定好了一样，众口一词，一致认定马主管应该被开除，他们甚至列出了一大堆马主管的"罪状"。对于同事们的检举，马主管没有任何的反驳。

最后，大家的目光都放到小林身上，看看他会说什么，小林说道："我认为看一个人，不能光看一个人的表面，不能只看到一个人的缺点，大家也应该看到他身上所蕴藏的优点。为什么马主管身上的优点，大家都看不到呢？马主管身上那种对工作的干劲，恐怕在座的各位都达不到，他的这种对工作的负责精神，对一个团体来说，能起到很好的领头作用。仅凭这一点，我们就应该将马主管留下来。这样的职员是不好找的。这次错误并不是他主观上犯下的错误，而是无意犯的错。这样的过错可大可小，可能他这次的错误给公司带来了不小的损失。但是请大家相信我，给马主管一次机会，我相信在以后的工作中，马主管会更加认真努力地工作，将这次公司的损失弥补回来。"

小林这一番话让整个现场都变得鸦雀无声。马主管从没有想过，给他解围的是曾经和自己针锋相对的小林，马主管顿时感动得热泪盈眶。在小林的坚持下，马主管最终留在了公司里。

小林在最关键的时候帮了马主管一把，让马主管对自己十分感激，以后对小林十分上心，在日后的工作中，成为小林管理好公司的好帮手。

人人都会有失意的时候，当下属遇到困难的时候，作为企业的管理者能够帮助下属渡过难关，会让下属更加信任你；落井下石，只会让下属更加记恨。

有时候，给失意的下属一些鼓励，虽然没有鲜花的艳丽，也没有太阳般的光华，但那一点点的鼓励却能像一滴雨露，滋润下属的心田。给失意的下属一点儿鼓励，就像一株风雨中的幼苗，守护黑暗中的一点儿亮光，呵护绝望时的一线生机。

善待有功老员工

一群鸬鹚跟着渔民在海边生活了几十年，为渔民能够养家糊口立下了很大的功劳。日子一天天地过去，这群鸬鹚慢慢地老了，它们的眼睛花了，腿脚酸了，不能再像以前那样帮着渔民下海捕鱼了。

没办法，为了能够继续养家糊口，渔民不得不从市场上买来几只小鸬鹚。经过训练，这几只小鸬鹚具备了捕鱼的能力，然后就下海捕鱼了。它们很能干活，捕鱼的数量越来越多，渔民对此很满意，将最好的吃住条件都给了这群年轻的鸬鹚。而那些已经老了的鸬鹚，渔民就弃之不顾了，一只只饿得皮包骨头，奄奄一息，很是惨淡的样子。

有一天，新买来的那几只年轻的鸬鹚突然集体罢工，蜷缩在船头，任凭渔民呵斥，那些鸬鹚都不愿下海捕鱼。渔民没办法，就问它们："我给你们最好的待遇，将最嫩的鱼给你们吃，将最舒适的窝棚让给你们住，每隔三五天就给你们放两天假，你们为什么要这么待我呢？"其中一只鸬鹚说道："因为我们现在年轻，能够为你捕鱼，我们才能有吃有喝，等我们不能给你捕鱼了，我们的下场还不是像那些老鸬鹚一样？"

上面的小故事中，渔民就好比是企业的老板，而鸬鹚便是企业的员工。

我们可以发现，有些企业对待老员工们很是苛刻，但是有些企业对待老员工比新员工还要好。差别在于什么地方呢？前者企业人心不一，而后者企业则团结一致，员工的积极性比前者多出很多，效益自然悬殊。对企业管理者来说，给老员工们好的条件是必然的，如何对待老员工也是一门学问。

那么在企业的发展过程中，如何去对待老员工呢？

李嘉诚是每个商人学习的榜样，李嘉诚在创业的时候，有一批和他一起奋斗的员工，等到他功成名就之时，那些员工都一个个地老去了。李嘉诚没有将老员工们辞退，而是像亲人一样去对待他们，给予这些共同患难的老员工优厚的待遇，直到老员工们退休之后，也时刻关注他们的生活，给予贴心的慰问，这在长江实业公司是一段佳话。李嘉诚认为，企业内的老员工就是一笔财富，他们或许在行动上比不上年轻人，但是在经验上远远超过年轻人。

当今社会发展迅速，企业的员工制度和性质也发生了变化，企业流动性强，很少有哪一位员工在一个企业工作终生。这里面很大一部分原因是因为老板，他们觉得员工年纪变大，对企业的价值越来越小，做事不多，还要给予高工资，实在是浪费。

有这样一个例子，有一家美容机构，生意十分好，它是由一家名不见经传的小店发展起来的，如今已经有十几家的连锁店了。就在企业飞黄腾达的时候，问题出现了，有一款新产品推出之后，老板担心销售不好，于是就想到了给员工提成的方法。

产品是销售出去了，但是员工拿走的也不少，老板为此很心疼，钱都让员工拿走了，那怎么行呢？所以需要改变公司的管理政策，这一改就毁掉了自己经营多年的企业。老员工们纷纷提出辞职，出现这种现象的时候，老板没有检点自己在哪儿出了问题，也没有及时地挽留老员工，而是当着员工们的面说道："世界上什么都缺，就是不缺人。"

结果多米诺骨牌效应出现了，老员工们一个个都走了，同时带走了很多的老客户，而新员工也不能及时到位。就这样，一家很有希望做大的企业关掉了很多的连锁店。

这样的损失应该值得很多的老板们去深思。其实，员工才是企业的第一客户，没有了员工，又怎么能让企业运营呢？所以，企业管理者要善待老员工，将老员工们的利益放在心上，让老员工们教授新员工们经验，如此一来，企业才可能持续地发展。

企业的老员工当中，不乏经验丰富、德高望重的人，他们的存在，是企业一笔不可或缺的财富，如果能给他们真诚的关心，充分发挥他们身上残余的作用，说不定还可以激发他们身上的奉献余热，继续贡献才智，为企业的发展献上最后的一点儿力气。如果对那些老员工不能处理好，如何能让年轻员工全心全意地为企业工作？

在人格上与员工平等相处

拿破仑是法兰西第一帝国的缔造者，有一次，他得意扬扬地跟他的秘书说："布里昂，你要和我一样永垂不朽了。"他的秘书就十分不解，拿破仑就跟他解释说："你是我的秘书。"拿破仑话中的意思不言而喻：你要沾我的光了。作为帝国赫赫有名的皇帝，跟在他身边，自然会和皇帝一起名扬于世。

布里昂是一个自尊心极强的人，他觉得拿破仑的话是在打击自己的自尊心，他说："你知道亚历山大的秘书是谁呢？"他的回答，意思也是不言而喻。拿破仑没能回答得出来，不过拿破仑并没有因此怪罪布里昂，反而赞道："问得好啊！"布里昂用自己巧妙的回答不光为自己保存了自尊，也让拿破仑明白了自己的失言。

拿破仑的这番话任谁听了都不会高兴，在布里昂心中，没有谁沾着谁的光，而人与人也是平等的，不能因为职位高，就显得高人一等。其实在企业当中，犯了与拿破仑同样错误的管理者不在少数，一些上级总是凭着地位高而对下级摆出架子。

对员工摆架子，对企业带来的负面影响有很多，比如，管理者的形象会在员工心中大打折扣，也会让企业上上下下不万众一心。如果企业管理者摆着架子，不肯放下，不仅不能留住员工的心，反而会让员工无心工作。即使这样的管理者在其他方面的品质都十分优秀，但在员工面前却显得格格不入，没有支持者和追随者。

有一家大型企业，它的一位董事长讲述了他自己的一段经历。他说，在他年轻的时候，因为年轻气盛，处理事情的时候很是急躁冲动。在工作上，也总是急于求成，因此事情常常被弄得很糟。最后，他被总公司贬到分公司做经理去了。

到分公司上任的时候，因为不擅长人际交往，所以在欢迎酒宴上，他被很多老职工认为这个新上任的经理很不近人情。这种错误认识让公司很多年轻的职员对他避之唯恐不及。到了分公司的最初一段时间，他的工作一直都没能开展起来。

这种情况大约持续了半年之久，转眼新年到了，分公司举行晚宴，每个人都要即兴表演一个小节目。轮到他的时候，他唱了一段家乡小曲，赢得了下属们的热烈掌声，这是连他自己都没能想到的事情。

在这之后，先前对他一见面就掉头闪人的下属，和他关系突然好了很多。这位年轻的经理经过认真地总结之后，从中汲取了不少教训。过了年后，他在分公司内专门组织了一个业余的家乡戏团，用来给下属们解闷之用。

从此以后，下属们对他的态度转变得更大了。下属们除了喜欢和他进行接触，而且还很喜欢跟他闲谈。他本人也从一个令人望而生畏的管理者变成了一个和蔼可亲的管理者。于是，在这个分公司当中，不管出现什么很难解决的事情，只要他出面，就可以很快地获得解决。由于这个分公司的员工们能上上下下团结在一起，成绩突飞猛进，他本人也经常受到总公司领导的表扬。又过了几年，因为他的领导能力极强，就提升他当了总公司的董事长。

其实，企业的管理者只需要让下属明白自己的心思，让他们明白领导的做法有什么直接的目的。如果管理者在下属面前表现出"我是你的领导，你就得听我的"的那种架势，下属们就会疏远自己的领导，今后的工作就会很难继续下去，企业也将会遭受到更大的损失。

管理者和自己的下属之间一旦产生了很多难以逾越的鸿沟，上下级的合作就会更加困难。放下架子，做出平易近人的态度，这就使得企业管理者会在下属面前树立起一份亲和力，手下的员工就更加心甘情愿地服从指挥。

总之，要想成为一个真正有经验、有修养的上司，就要平易近人地和下属平等相处。只有这样的企业领导才能赢得下属的真心拥护和爱戴，只有这样才能真正收获员工的心。管理者要想做到这一点，就应该注意以下几个问题：

第一，与下属统一战线。

在企业当中，常常会出现类似于"领导嘴大，我们嘴小"、"胳膊拧不过大腿"的现象，这都是权力效应造成的消极情况，因为管理者往往觉得自己的权力大于下属，使得"真理面前人人平等"这句话成为一纸空文。真正有才能的企业管理者应该和下属站在同样的位置上，只有相互之间具有平等的人格关系，才能平等地进行商讨、争论。

第二，注意自身的生活习惯。

相互平等的表现，除了说话的内容外，还要通过语气、语调、动作、表情等方面体现出来。所以，不要忽视生活习惯，实际上，这些都直接关系到下级能否和你接近。

第三，注重平等。

管理者对人要随时随地地表现出随和、亲切的特点，不要随意地自抬身价，以示自己的权威，使得下属觉得自己总是高不可攀，这样一来，不但不能使人亲近，不能融洽员工关系，而管理者也会因为生活的孤寂，没有半分生机。同时，管理者和员工应该注重平等的原则，做到上下级之间人格平等。

管理者和下属之间的差别，只是工作的分工不同，没有人格上的高低贵贱之分。然而，"地位效应"在有些人心里还根深蒂固地存在着。在这些人心中，地位越高的人越尊贵，地位低下的人，就显得十分渺小。作为企业的管理者，应该时时刻刻都牢记，在人格上，所有的人都是平等的，这种平等不会因为人的地位而产生变化。

第四，尊重他人。

人人都希望自己能够得到尊重，都希望获得平等关系上的交流。在责备自己下属的时候，千万不要用到一些会伤害下属自尊心的词汇。一旦用上伤害下属自尊的词，下属可能会一辈子都记得自己这次受到的侮辱。同时，责备时间的长短也应该懂得控制，当下属知道错了，并且有了后悔的意思时，就不要再多责备了。

管理者必须学会放下架子，与下属平等相处。

将命令变成建议

有一个秘书曾经这样说自己的经理：我们经理从来不用命令的口气来指挥自己的下属。每天，他先将自己心中的想法说给下属听，然后再问下属："你们说，我这么做是否合适？"

假如他觉得自己手下的助手起草的文件需要做改动，就会用一种跟下属商量的口气说道："如果把这句话改成这个样子，可能会比较好一些。"他总是给手下的人有自己动手的机会，他从来不胡乱指挥下属应该如何如何去做，而是让他们在错误当中去提升自己。

从上面的例子中，我们不难想象，谁都希望能够在这样的管理者身边工作。在这样的管理者身边工作，一定会让人感觉到轻松愉快。作为企业的管理者，在与员工交涉的时候，应该使用建议的口吻，而不是命令的口吻，少一点儿权势压人，收获到的将会是员工们的忠诚和尽心尽力地工作。

"尊卑"这个词只出现在古代封建社会，那时候的人们被奴役着，被社会制度熏陶出奴性。但是如今是现代主义，不存在高级和低级之分，没有人可以随意践踏他人的自尊和心灵，也没有人可以用命令的口吻指挥他人去做事。在当今企业中，或许存在着上下属之分，权力上也有些悬殊，但是也只是一种责任上的悬殊，上下级的人格尊严是平等的，没有哪个员工喜好管理者用命令的口吻吩咐自己做事，这会导致员工心情压抑，办事效率不高。其实，好的管理者最有效的指令，是用建议的口吻下达任务。

作为企业的管理者，最重要的工作就是给自己的下属安排工作，如何确保自己的员工能够按照自己的命令，以最积极的心态去完成工作任务呢？问题的关键，是在企业管理者下达命令的方式。

著名的成功学家安东尼·罗宾的公司中，有一位叫作乔吉·可辛的中层管理者，他曾经有一个很典型的用人例子。他在工作中，从来不会盲目地表扬或者贬低自己的下属，也不会动不动给员工一些"非常好"、"很不错"等口头评价。当自己手下员工确确实实做出了成绩的时候，他能够及时地将他们的工作业绩公布于众，让公司里每一个员工都能及时地知道他们的成绩，并以他们的成功为目标，让受表扬的人能够得到极大的满足感。同样，在员工犯错的时候，他决不会因为员工有着极重的社会地位和身份，就对他们的错误处处给予包庇，也不会处处用权力来压制他们，而是对对方晓之以理、动之以情，以柔和的管理方式和下属进行沟通。

乔吉·可辛还经常给自己的得力下属讲授安东尼·罗宾的故事，用以增加对公司的凝聚力。在具体的工作中，他处处身体力行，积极地领导自己的工作团队，以个人的形象来提升企业的工作效率。

作为企业的领导，应当以指导的方式去管理下属，这样的做法造成的效果无疑是有益的。如果他们做得不妥，就更加需要企业管理者能够就事论事、言传身教，做到点到为止，决不能伤到属下的人格尊严。动不动就以权势压人，强行命令自己的员工应该怎么做、不该怎么做，只会影响到下属的感官，即使员工能够按照管理者的意志去做事，心里面一定是千千万万个不服气，弄得整个企业的员工离心离德。

日本一位著名的管理学教授曾经说过："如果不了解自己的管理对象，你就不可能发挥管理者的作用。"这句话直接地告诉全世界的企业管理者，一定要站在下属的立场来考虑问题，一定要首先了解自己下属在想什么，进而采取沟通、交流的方式去管理，决不能盲目地用权势去打压自己的下属。

管理者应该将自己的管理核心定位在给下属参考性的意见，而不是用权势强迫下属接受自己的思维方式，同时允许下属能够提出自己的看法，懂得尊重下属的意见，并且允许下属犯错。一家公司的发展，离不开优秀人才的作用。那么如何聚拢各方面人才于自己旗下呢？

答案是：多一点儿言传身教，少一点儿权势压人。作为管理者要懂得严于律己，懂得尊重每一位员工，决不以权势欺压手下员工，使这些人才愿意留在公司，愿意为公司的发展奉献自己全部的力量。

不摆官架子、不靠权势来欺压手下员工，这话真正实行起来其实十分简单，只需要管理者给予员工充分的信任，不对员工指手画脚，也绝不干涉员工的行为方式。这样的管理，才能在管理中取得主动权，进而赢取人心。

奴隶制社会早已经远离我们，国家提倡平等，而企业小于国家，就更加应该注重平等的问题。员工有不足的地方，管理者应该使自己的口吻平等化，用建议的方式表达出自己的意见。

承担责任

　　小李是一家企业的员工，有一天，项目总监让他和新来的几个同事做一份策划书，具体怎样执行，要求员工们听从部门经理的吩咐。经过商量之后，策划方案很快就完成了。当这些方案放到部门经理面前的时候，部门经理看了几眼，就将其中一些他认为没用的条款全都删了。

　　谁知道项目总监看了这份策划方案，却大为恼火，拿着策划案重重地扔到了小李他们面前，说是策划案完全没有重点，只有一些无关痛痒的内容。其实项目总监不知道，他所说的重点都被负责策划方案的部门经理给删除了。小李他们备感委屈，当时经理就在一旁，却一声不吭，非但绝口不提自己的过失，反而跟着总监随声附和道："你们就不能多花点儿心思吗？老是只想着应付、交差。"

　　小李和他的同事都气愤不已，但是身为下属，如果辩解的话，只会遭受更大的惩罚，只好心灰意冷地将策划案拿回去修改。而事后，那位负责策划案的部门经理却好像什么事都没发生一样，心安理得地让几个下属为自己背黑锅。他的下属们对他满心怨恨，从此员工和上级的关系就变得貌合神离。

　　中国有句俗话叫作"有福同享，有难同当"，刘备与关羽、张飞三人结义，就是秉持了这样一个原则。每每获得胜利，刘备就会将功劳归给众人，而不是将功劳全部揽下，等到登基的时候，刘备给那些出生入死的将领们赏赐，使得整个蜀汉团结一致。刘备不仅夺了天下，更是获得了一批忠心耿耿的将士。

在上述例子中，部门经理和刘备的做法恰恰相反，有功劳全部归功自己，而有黑锅全部都给了下属。这样的作风，怎能得到下属的认同和忠诚？怎能让员工尽心尽力地为自己做事呢？

一家公司的物流组长王磊是一个能听得进下属意见的开明领导，在跟下属讨论公司各自看法的时候，常常说道："这看法不错，记录下来，过两天拿给我看。"下属听了这话之后，自然会很高兴，踊跃地参与企业各种发展计划，争相提出自己的意见，当然其中的大部分意见都被那位王磊组长采纳了。

在一次业绩考核当中，物流组所有的成绩都归功于组长王磊身上。但是一年之后，王磊被自己的下属完全隔绝了起来，他感觉很迷茫，不明白为什么会出现这样的事情。经过一番思虑之后，他主观地认为："看来是我的下属构想都枯竭了，换点儿新人进来吧。"

在王磊组长的建议下，公司调进来一些新人。这些新人刚进入物流组，组长提出了一个要求，说道："我们要发挥物流组传统的合作精神，希望大家能够同心协力，提升我们物流组的工作业绩。"然而，时间久了，企业员工们对于王磊的话便不再理会了，他们都说："取得的功劳，都归功于你一个人身上了，谁还愿意跟你工作？"于是物流组的员工们不再尽心尽责地工作，物流组的业绩每况愈下。

一个企业要想健康地成长，凝聚力是最重要的。如果人心乱了，那么凝聚力又该怎么维持呢？

作为企业管理者，如果只想着将责任推给自己的下属，下属也很有可能想办法回避可能承担的责任。如果企业的中层管理者总想着让下属为自己"背黑锅"，那么下属不会一直委屈自己。工作当中，如果上下级之间只想着相互提防，这就会造成工作无法顺利展开，从而影响到部门的工作效率、业绩，最终只会影响到管理者自己的利益。

作为管理者都该明白，企业中最最重要的企业资源就是下属对自己的信任。一次的推过，可能会保全自己的形象，但如果一旦养成了推过的习惯，就会让下属对你的人品和工作能力产生怀疑。这样的企业管理者，将永远不能成为一个团队的精神领袖。

企业当中的任何生产工作绝不是靠一个人就能完成的。那些称职的管理者对那些微不足道的协助者也要给予一定的奖赏，决不能无故地抹杀下属的功劳。作为企业的管理者，如果还抢下属立下的功劳，是一件绝对不能容忍的事儿。这样做，会打击下属的工作热情，进而失去工作的积极性。如果管理者揽功推过，就会让员工觉得自己只是帮助管理者建立功劳的工具，只会更加让员工寒心，进而对企业失望。

相反，如果一个管理者能够承担责任，就会让下属员工十分感激，从而提升团队整体的凝聚力，进一步提升企业的工作业绩。最简单的道理，人心都是肉长的，你对下属好，关心自己的下属，下属也会以加倍地努力工作，来回报企业的管理者。

有这样一个例子，小刘所在的部门给了他一个任务，叫他写一篇报告交给部门主管。主管在收到小刘的报告后，怒气冲冲地指着小刘的鼻子说道："你写的什么报告？"随即就是对他一通批评。

这个时候，喜欢指责下属的吴主管主动站了出来，说道："这份报告是我让他这么写的，如果写得不好，那也是我的责任！"看到这个情况，主管也不好再说什么，只是随便教训了他几句，要他修改后再交给他看。

这件事情发生后，办公室的氛围发生了改变。吴主管虽然仍像以前那样动不动就骂人、训人，大家却知道，吴主管只是脾气有些暴躁，但却是关心下属的，从这个角度上来说，下属和管理者之间的冲突就少了很多，从而有效地展开工作，主管和下属之间就建立了一种信赖关系，从此整个办公室当中就充满了活力。

有一位知名球员说过这样一句话，他说："如果有什么事情办糟糕了的话，那么一定是我做的事情了；如果一件事情我们做得很好的话，就一定是我们全体球员做的。这是我们球员之所以能够取得比赛胜利的秘诀。"

如果企业管理者做什么事情只考虑一己私欲，窃取员工所有的功劳，员工自然会对你百般抵触。作为管理者，不仅仅要员工能够分享你的胜利与成功，在事情做砸了之后，还能够主动承担失败的责任，让下属重新振作起来，如此才能赢得员工们的真心。

第三章
不偏不倚，便是说服力

想问题办事情出于公心，对人对事一碗水端平，不以个人好恶而处之，不以私情轻重而为之，主持正义、维护公道，这是管理者赢得信任的重要保证，也是做好管理工作的一个重要原则。

讲规矩，就确立规矩的权威

　　周亚夫是汉朝功勋卓著的将军，以英勇善战、严守军纪著称。有一次，汉文帝要亲自犒劳军队，先到达驻扎在灞上和棘门的军营，文帝一行直接骑马进入营寨，将军和他的部下都骑马前来迎送。

　　接着文帝到达细柳的军营，那里驻扎着周亚夫的军队。只见细柳营的将士们都身披铠甲，手执锋利的武器，拿着张满的弓弩。文帝的先驱队伍到了，想直接进去，营门口的卫兵不让。先驱说："天子马上就要到了！"把守营门的军门都尉说："将军有令：'军队里只听将军的号令，不听其他指令。'"

　　过了一会儿，文帝也到了，仍然不能进入军营。于是文帝便派使持符节诏告将军："我想进入军营慰劳军队。"周亚夫这才传达命令说："打开军营大门！"守卫军营大门的军官对文帝一行驾车骑马的人说："将军有规定：在军营内不许策马奔驰。"于是文帝等人就拉着缰绳缓缓前行。

　　一进军营，周亚夫手执兵器对文帝拱手作揖说："穿着盔甲的武士不能够下拜，请允许我以军礼参见陛下。"文帝被他感动，表情变得庄重，手扶车前的横木，称谢说："皇帝敬劳将军！"完成仪式后才离去。

　　出了营门，文帝不停地称赞周亚夫："唉！这才是真正的将军！前面所经过的灞上和棘门的军队，就像儿戏一般，那些将军很容易被用偷袭的办法将他们俘虏；至于周亚夫，谁能够冒犯他呢？”说罢，传令重赏。

对于企业而言，制定出纪律和规章是让企业的每一个人遵守的，"王子犯法与庶民同罪"。周亚夫将军执法如山，在规章制度面前即便是皇帝都没有例外，结果起到震慑全军、令行禁止的效果。试想，如果他对皇帝"高抬贵手"、"手下留情"，那么很容易造成管理的无章无序，制度将成为"一纸空文"，势必影响到全体官兵的积极性和创造性，影响整个军队的纪律性。

"没有规矩，不成方圆"，是人们比较熟悉的一句贤话，原意是说如果没有规和矩，就无法制作出方形和圆形的物品，后来引申为行为举止的标准和规则，旨在教育人们要遵纪守法，在公司中更是如此。规矩面前，人人平等，这种"一碗水"端平的公正值得每一个管理者学习。

众所周知，制度是一种要求大家共同遵守的办事规程或行动准则，具有普遍性、公平性的特征，要求对所有相关人员一视同仁，没有谁有享有规定之外的特殊权利。制度有没有威力、能不能让人敬畏，关键在于管理者能不能使制度对每一个当事人都具有相等的效力、相同的威力。

因此，作为企业管理者，落实规章制度不该有任何例外的情况，领导违纪与员工一样受罚，保证规矩面前人人平等，不允许有不受制度约束的特殊人、关系人，即便是董事长也要遵守规章，一旦发现有人违纪便应加以惩治，绝不手软。

有一个故事发生在美国 IBM 公司董事长托马斯·约翰·沃森身上。

为了方便出入管理，IBM 公司推出了员工胸牌，厂区胸牌是浅蓝色的，行政大楼工作人员的胸牌是粉红色的，两种胸牌不能混用。但是总有一些人违反制度，不佩戴工牌或者混用工牌，这给警卫工作带来了很大的麻烦。

有一天，董事长沃森带着一个国家的王储参观工厂，走到厂门口时被两名警卫拦住："对不起，先生，您不能进去，我们 IBM 的厂区胸牌是浅蓝色的，行政大楼工作人员的胸牌是粉红色的，你们佩戴的粉红色胸牌是不能进入厂区的。"

董事长助理对警卫叫道："这是 IBM 的董事长沃森，难道你不认识吗？现在我们陪重要客人参观，请放行吧！"

警卫说："我们当然认识沃森董事长，但公司要求我们只认胸牌不认人，所以必须按照规定办事。"

沃森看到这样尽责的警卫非常高兴，非但没有责怪，而且还给予表扬，并安排助理赶快更换了胸牌。随后，警卫部则将这一消息通报了整个公司，从此，不佩戴工牌、佩戴工牌不严肃的现象再也没有发生过。

可见，制度面前没有特权，制度约束没有例外。只有做到这一点，才能创造一种公平的工作气氛，才能有效保证规章制度的执行力度，让每个员工都感觉到自己得到了公平的待遇，从而自觉地维护制度的严肃性、权威性。

当然，对违纪行为加以惩治的目的在于教育员工，而不是惩罚员工。因此，管理者还要与违反纪律遭受处罚的员工进行真诚坦诚的沟通，缓解他们受罚的不快情绪，消除他们的苦恼和怨恨的情感，当然也要给予他们足够的信任，相信他们能够改正错误，这样激励的真正效果就达到了。

让制度更加人性化

古时候，有个猎人养了好几条猎狗，为了每次打猎后的分配公平，猎人开始实施以兔子的数量为标准对猎狗进行考核评估，并以此作为它们分到食物多寡的标准。起初，这种做法起到了很大的作用，但是随着时间的推移，问题出现了。因为猎狗们发现，大兔子往往比小兔子更难捕捉，而无论抓到大兔子还是小兔子，所得到的奖赏都是一样的。当它们发现了这个窍门后，便专门去抓小兔子。慢慢地，所有的猎狗都发现了这个窍门，它们所抓的兔子也就越来越小了。

"制度面前人人平等"，这要求管理者制度执行上要讲究公正性与严格性。但是，如果制度本身制定得过于严格、苛刻，不近人情，在执行中往往就会暴露出很多的问题，并严重影响到员工的士气和工作积极性。

在上面的这个事例中，这个猎人为他的猎狗们所制定的制度明显是一个不公平的制度，不公平的制度是不合理的，所以他的管理出现了问题，猎狗们的工作积极性消减，捉到的兔子自然就会越来越小了。

因此，对于任何一个组织来说，规章制度是必不可少的，但是管理者必须结合企业和员工自身的实际情况，做到合情合理。只有这样，才能让员工做到心服，才能对员工产生激励作用。那么，怎样算是合情合理呢？

1. 制定"适度"的标准

因为规章制度是为解决问题而设，所以检验它的标准就只能是有效性，这就要求制定"适度"的标准。所谓"适度"，简单地说就是，要充分考虑到员工的心理承受力，制定的标准既不能太松，又不能太严，使制度本身保持适度的弹性。标准制定得过松，达不到管理效果；标准制定得过严，超出了员工的能力范围，员工怎么做也达不到要求，干脆不干了，这样还不如不制定标准。

看一个简单易懂的例子。

小明有一回数学考了85分，于是父亲对小明说："如果你能够考到98分，我就带你去香港海洋公园玩。"于是小明就很努力地学习，第二个月小明考了91分；小明接着努力，第三个月考了92分；第四个月，小明努力后仍然只考了91.5分。到了第五个月小明就放弃了，98分对于小明来说太难得到了。

2. 根据变化完善标准

根据具体情况制定标准，也要根据变化完善标准，在制度的执行中仍然需要灵活，因为制度不是死的。当外部环境发生了重大改变时，制度也应随之改变，这才是合理的做法，才能发挥员工的积极性，取得良好的效果，反之亦然。

某电器销售公司给员工规定的考核标准是每月销售100台电视机才能拿到当月的奖金。在春节过后的一个月，由于居民的购买力下降，不少员工虽然很努力地工作，但是月底时还是没有完成100台的任务指标，可是总经理根本不理会这些，依然扣发了这些员工的奖金。这一下，员工们可就不满意了，"电视销售不动又不是我们的错，本来就是销售淡季嘛……"但是，总经理依然我行我素，无奈之下，很多员工都辞职去了别处，公司的业务发展因此受到了巨大冲击。

上述公司的总经理在执行销售标准的过程中，过于死板，没能适应实际情况，结果挫伤了员工们的工作积极性，使公司业务受到了巨大冲击。其实，如果他灵活一点，在淡季时降低销售标准，规定每月销售 60 台电视机就可以领取奖金；在旺季时再提高标准，每月销售 150 台电视机算达到要求，结果就大不一样了。

总之，管理者要综合考虑多方面的因素来制定出合情合理的制度，这样才能科学化、系统化、人性化地管理员工，才能让员工心服口服地服从企业的制度，服从你的管理，也才能最大限度地激发出员工的工作主动性和积极性。

私人感情是管理的大敌

刘凯是某家具制造厂的厂长，他是一个典型的按着与员工之间的亲密程度来对待员工的代表。对一些自己喜欢的员工，他不但给他们高薪，且尽量满足他们的各种需求。对一些自己不喜欢的员工，他采取的完全是另外一种态度，不但给他们微薄的薪金，对他们的态度也不友善。

刘凯一直以为只要将那些自己喜欢也喜欢自己的员工笼络到自己身边就行了，而其他的那些员工则不必放在心上。令他完全没有想到的是，他的做法导致了众多员工的怨言，"为什么同样贤能，能让他上，不让我上，这是什么破领导？""看来还是私人关系管用，我们再卖力气也没用！"……

就这样，很多员工的积极性下降，无事找事，最终致使企业效率低下，产品质量下降，企业陷入困境。

作为管理者，你首先只是一个人，一个普通人，你有自己的情感世界和喜怒哀乐，但是你又不同于普通人，因为你的个人感情影响到职权范围内大多数人的利益和情感，因此管理者在行使职权时应做到讲究原则、不讲人情，把私人感情与工作分清，绝不允许把私人感情掺杂到工作中去。

管理者只有公私分明，以大局为重，不计个人恩怨，对所有的员工一视同仁、不分远近、不分亲疏才能在员工面前树立一个公平公正的形象，才能使员工心甘情愿地接受你的管理，这样也就能充分地调动员工的积极性了。

祁奚，字黄羊，春秋时期晋国著名的贤大夫。

祁奚年老时，向晋平公请求退休。晋平公问祁奚谁可接任，祁奚答道："我觉得，解狐这个人最适合补这个缺。"晋平公大吃一惊，说道："解狐不是你的仇人吗？你怎么举荐他。"祁奚摇摇头，"解狐确是最合适的人选，我不敢以私害公。"于是，晋平公就任用了解狐，都城里的人都称赞任命解狐好。

又过了一些时候，晋平公又找到祁奚，问："咱们国家眼下少个掌管军事的都尉，你觉得谁担任合适？"祁奚答道："我看祁午合适。"晋平公又大吃一惊，说："祁午不是你的儿子吗？"祁奚："您只是问谁适合做这个都尉，又不是问我的儿子是谁。"晋平公又任用了祁午，都城里的人一致称赞任命祁午好。

推举仇人，不算是谄媚；拥立儿子，不是出于偏爱。商书说："没有偏爱，没有结党，王道坦坦荡荡，公正无私。"说的就是祁奚了，难怪孔子闻之曰："善哉，祁黄羊之论也！外举不避仇，内举不避子，祁黄羊可谓公矣。"

祁奚不以公为私，做事出以公心，行事光明磊落，这是一种高尚的情操，这是一种超然的智慧。先人给我们展现了如此的光辉形象，我们也要以先人为楷模，努力克服私人感情，以一颗公心做好管理工作，不偏袒任何人任何事，不背离公正的天平，那么还有谁不认可、不敬服我们呢？

有的管理者本意并无厚此薄彼之意，但在实际工作中，难免愿意接触与自己爱好相似、脾气相近的员工，无形中就冷落了另一部分员工。因此，你要适当增加与自己性格爱好不同的员工交往，尤其对那些曾反对过自己，或者犯过错误的员工，经常与他们交流感情，以防止不必要的误会和隔阂。

说到底，管理者要对企业负责，也就是说你的私情私欲必须为企业利益所替代。为了不以私害公，每做一件事情之前，你都不妨扪心自问一下："在这件事中，有没有我的私情在里面？"或者问一问："这么干，别人是否会觉得我很自私？"在得到满意的答案之后，你再大胆地开展工作吧。

有功必赏，有过必罚

某 IT 公司缺乏专业的技术研究人才，总经理花了很大力气才从某大公司挖来一名信息系统专家。公司满腔热情地给他安排了工作，却很快发现他不能胜任，员工们认为雇用这样的员工会给公司造成巨大的损失，于是建议总经理赶快解雇这位专家，而总经理却又给专家开辟了个人办公室，希望他能静心进行研究。

这就伤害了那些忠诚于企业、安心于岗位者的心，他们不明白那位专家的能力没有自己强、在公司的资历没有自己高，为什么却可以拿到那么高的工资，还拥有了个人的办公室？他们感到不公平，自然对工作产生不满情绪，不再像以前那样卖力了。

总经理一直期待这位专家的表现会越来越好，但是实际情况却是他的表现越来越差，直到一位重要客户拂袖而去，其他员工都说："该奖的不奖，不该奖的重奖，再这样，我们不干了！"总经理才把他解雇。这位专家被赶走了，但是总经理得到的教训代价不菲。"下次我绝不犹豫，我会立刻采取措施。"总经理发自肺腑地说。

在现代企业管理中，许多管理者像这位焦虑的总经理一样喜欢一团和气，不忍心处罚没有达到绩效标准的员工，反而寄希望通过奖励鼓舞对方。结果，奖励不仅没有达到激励的效果，反而使有功者寒心，极大地挫伤了有功者的工作积极性，进而损害团队的战斗力以及管理者自身的威信，得不偿失。

奖罚是管理团队的有效手段，是企业家的带兵的左右手，就在于它的公正性。因此，激励必须遵循的一个重要原则就是公平公正，该罚则罚，该奖则奖，赏罚分明。奖励是正面强化手段，即对某种行为给予肯定，使之得到巩固和保持。而责罚则是反面强化，即对某种行为给予否定，使之逐渐消失。

东汉祭遵曾是一个县吏，他饱读诗书，恭谨俭朴，勤于政事，办事公道，县衙里老老少少都很敬佩他。汉光武帝刘秀听说祭遵的为人处世后召见了他，并提拔他为车市令，掌管了执法权。祭遵克己奉公，尽职尽责，常受到刘秀的赏赐，但他将这些赏赐都拿出来分给手下有功的人。他生活十分俭朴，家中没有多少私人财产，夫人也裳不加缘，简朴至极。与他共事的人都称赞他的为人。

就是这个铁面无私的祭遵，连刘秀喜欢的人犯法也不放过。有一次，刘秀的一个中舍人倚仗刘秀的宠爱，醉酒后大闹军营打死了人。祭遵查明事实真相后，决定依法处置。许多人劝祭遵："中舍人是皇帝身边的大红人，你要是杀了他，皇帝肯定会归罪于你，还是看在皇帝的面子上从轻发落吧。"

祭遵却坚持依法，毫不客气地处死了中舍人。刘秀得知，十分恼怒，把祭遵抓了起来，决定加以惩处。这时，主簿陈副劝阻说："严明军令，本来就是大王的要求。如今祭遵坚守法令，不避亲疏，上下一致，做得很对。只有像他这样言行一致，号令三军才有威信。这正是助您教令诸军的好机会啊。"

刘秀恍然大悟，转怒为喜，他立即赦免了祭遵，并提升他为"刺奸将军"。事后，刘秀常对大将们说："祭遵是一个赏罚严明的人，大家应该谨慎从事，不要落到他手里，因为他决不会徇私情的。"

祭遵赢得了东汉军民无比的爱戴和拥护，与他一直奉行该赏的一定要赏，该罚的一定要罚的办事原则，铁面无私、赏罚必信是分不开的。这种赏罚必信的管理原则，对整体军队的管理起到了很大的作用，难怪刘秀日后会常常怀念他，并不时感叹："安得忧国奉公之臣如祭征虏者乎！"

在现代管理学上有这样一句十分经典的话："成功的管理是什么？是黑白分明的，白就是白，黑就是黑，白的奖，黑的罚。这样你的管理就会越来越白，如果黑白不分，那你的管理只能越来越黑了。"

所憎者，有功必赏；所爱者，有过必罚。的确，管理者只有这样，使团队的纪律获得有效的维护，才能给员工一种公平合理的印象，让他们觉得人人都是平等的，机会也是均等的，他们才会奋发，才会更努力。只有这样，才能确保公司正常地经营，才能凝聚成强大的力量，以不可阻挡之势发展下去。

不过，对下属进行奖罚时，最好要公之于众。鬼谷子曰："刑赏信正，验于两目之所见闻，其所不见闻者。莫不谙化矣。"意思是说，无论行赏还是行罚，必须要让众人亲身见闻纷纷传扬开来，这样对于那些没有亲见亲闻者也有潜移默化的作用，进而也就能够最大范围地起到激励作用。

公平并不意味着平均主义

两个木匠共同受雇于同一个老板，一个手艺好而且干活踏实、肯下力气，三天就能做出一个衣柜，另外一个不但手艺差而且懒惰，一个星期才能做出同等的衣柜。但是到月底的时候，两个木匠拿到的工钱一样多。

这天，两个木匠在一起工作，无能懒惰的开始笑话能力强的，说："你手艺比我好怎么了？你比我勤快怎么了？咱俩还不是拿一样的工钱。"能力强的木匠一听，说："反正我再怎么勤劳，跟你挣的钱也差不多，干脆大家都一起混日子吧。"

结果可想而知，两个木匠的工作效率越来越低，这个老板挣的钱越来越少。

一谈到"公平"两个字，立马会有人想起过去的"吃大锅饭"的"公平"

时代，很多管理者更是将"公平"与"平均主义"混为一谈，认为公司有什么好处就该全体员工一起分享，这种做法慷慨大方，但并不够理智和科学。通过两个木匠的对话我们可以看出，如果干多干少都一样，干好干坏都一样，大家都得到奖赏实际上就等于谁都没赏，这就会严重地挫伤到那些优秀员工创造财富的积极性。

公平作为一种激励员工的手段，其积极的作用虽然是不言自明的，但是公平绝对不能搞平均主义，不能让员工干好干坏都一样。因为，公平的"平"，只是规则公平，只是机会均等。企业对员工各个方面的待遇是不能均等的，而是要遵循"各尽所能，按劳取酬"的原则。

一家成功的企业负责人墨西很受人尊敬。在谈到成功领导的秘诀时，墨西强调必须做到"公平"，而不是当一名平均主义的"好好先生"。

在招聘环节上，墨西就制定了公正的原则。应聘的成绩，统一公开考试过程，因此不会引起争执；公司也尽量为每件事情都设定可测量的标准，员工的表现，以他们能够了解的程序和标准，都要公开进行评估。他们动态地根据员工的才能、责任、贡献、工作态度等方面的表现公正地给予应有的利益回报。

除了这些之外，领导人在做决定时也一样要做到公平。墨西表示，每一个决定一定都会对某些员工较不利，但是下决定的标准其实很简单，如果一个决定对98%的员工都有好处，就是一个好的决定，只要领导人确保剩下2%的员工，有机会在其他决定中，获得较有利的对待，那就做到了公平。

正是因为这些公正原则，员工们都愿意跟着墨西，该公司因此留住了很多人才。吃过了公平的"甜头"，墨西表示，许多人问过他希望以后的人会如何看他，他说："我希望将来别人会记得，我是一个公平的人。"

墨西的公正原则，无疑是一种明智的管理策略。

不公正的待遇，不论是过高还是过低，都会打击员工的积极性，降低管理者的个人信誉。因此，每一个管理者必须学习墨西的公正原则，区别每个员工的工作好坏，给予不同的人以不同的评价和物质待遇，你还可以要求员工们互相注意各自的表现，并判断各自获得的评价是否公正。

实行按劳分配，少劳少得，多劳多得，除了有利于激发员工的干劲，在工作中学习，在学习中发展，在发展中完善之外，对管理者及现代企业具有很多优越之处。对管理者来说，按劳分配更使人感到心悦诚服，不会导致高层混乱的局面；对企业来说，提高整体的公平性，有利于平衡利益矛盾与冲突，进而激发自身的活力。

公正是化解矛盾的关键

同事将自己的一个重要文件弄湿了，刘蓓很是生气，她认为该同事是故意的，便跟同事吵了起来，结果该同事情急之下把刘蓓给推倒了，刘蓓摔伤了胳膊。但是，由于该同事是老板的一个亲戚，因此老板只是安慰了刘蓓几句，事情不了了之。"哼！"刘蓓觉得委屈极了，心里恨恨地想，"老板也太不公平了，我凭什么要为他卖力气呢，以后我一定会给你们好看的，等着瞧吧。"

在公司里，员工们每天要处理诸多事情，难免出现摩擦和矛盾。这时候，管理者有所偏倚，处理不公，极有可能使其中一方对你心存怨恨，公事之争就变成了私人恩怨，还可能产生更多的新矛盾，造成企业内耗、缺乏凝聚力和团队精神、人心散乱的被动局面，管理工作无法正常完成。

那么，面对员工之间的矛盾，管理者该如何解决呢？正确的做法是，秉公办事，不偏不倚，一碗水端平。稍微有偏心，员工肯定能感觉出来。即使不偏心，有时员工也会怀疑上司不公，更何况偏心呢？只有公正，才能减少矛盾。

比如，表现优秀的员工和表现一般的员工发生了矛盾，应该怎样处理呢？前者有一种优越感，认为自己比别人能力强，上级更喜欢自己；而后者总觉得自己不如前者，产生一种自卑感。这时候，只要管理者按照制度进行处理，无论才高者还是才低者一视同仁，做到公正、公平，相信他们都是信服的。

我们来看一个实例：

摩托罗拉公司的创始人保罗·高尔文就十分明白公正对于员工的意义，他在人事上的最大特点就是秉持公正，在公司创造一种公正的氛围。也正是因为此，摩托罗拉公司发展飞速，成为美国无线电行业中的佼佼者。

在摩托罗拉创业初期，有个叫利尔的工程师加入了队伍，他在大学学过无线电工程，可谓是专业出身，这使得那些老员工产生了危机感，他们时不时地为难利尔，故意出各种难题刁难他。更出格的是，当摩托罗拉的创始人保罗·高尔文外出办事时，一个工头故意找了个借口，把利尔开除了。高尔文回来后得知了此事，把那个工头狠狠地批评了一顿，然后又马上找到利尔，重新高薪聘请他。后来，利尔为公司做出了巨大的贡献，充分展示了自己的价值。

在公司后来发展的过程中，为摩托罗拉公司干活的员工很多是有一些个性的人，也就很容易出现矛盾，而且当他们发生争执时都吵得非常厉害。这时候，高尔文总是以公平的人际关系处理方法，不偏不倚地帮助员工们解决矛盾，进而使他们在面对各种艰难工作时能够团结一致。

身为一个领导，可能最不愿看到的就是下属之间闹矛盾了，都是你的左右手。在这一问题上，高尔文始终秉持公正的原则，这使得他既能很好地解决问题，又赢得了员工们的尊重和爱戴，进而激发了员工们的工作积极性。

的确，不管员工之间出现了什么样的矛盾，也不管具体情况如何，有一点是相同的，那就是管理者必须公正，不偏不倚，就事论事，做到一视同仁，一碗水端平，不能因为个人的喜好而出现偏袒现象，这是最基本的原则。

在管理者把自己的心态调整到一个公平的角色上以后，只要再掌握一些解决矛盾的技巧，就能够成功地解决矛盾了。

1. 矛盾不必立即解决

在矛盾发生时，往往当事人双方都情绪非常的激动，有可能立即找到你，希望你立即能够判断出一个谁对谁错，解决这个矛盾。这时，你千万不要火上浇油，立即处理矛盾，因为此时的双方都情绪激动，往往你无论怎么处理双方都不会满意，还会误认为你偏袒对方。所以最好的方法是，你要保持冷静的态度，让矛盾双方冷静自己的头脑，平稳自己的情绪。有很多的时候，双方都是由于一时的冲动、不理智造成的矛盾，在你的降温处理以后，他们或多或少会有所悔悟。

2. 把握和了解矛盾原因

处理矛盾的前提是把握和了解矛盾原因，这一点是管理者常犯的错误：遇到员工之间的矛盾，不做调查和了解，凭自己的感觉和情感，就判断谁是谁非。要知道：自己认为的好员工也有犯错误的时候，表现一贯不好的员工也有在理的时候。

所以，解决员工矛盾要调查了解清楚他们之间矛盾产生的原因，矛盾发生的过程，矛盾发展的程度，矛盾波及的范围，矛盾的性质，等等。只有在了解矛盾的方方面面后，解决问题才能把握全局，抓住关键，有的放矢。不然，要么解决得不彻底不到位，要么解决得根本不对，导致矛盾扩大化。

3. 有些矛盾不要轻易介入

管理者要根据矛盾产生的原因，判断哪些矛盾可以让员工自己来解决，哪些矛盾暂时不解决。因为，员工之间的有些矛盾不是工作矛盾，如性格方面的矛盾、情感方面的矛盾，双方均有各自的道理，很难确定地评判谁对谁错，这时候管理者轻易不要介入。一旦介入很有可能把自己套住甚至套牢，因为清官难断家务事。

当然，员工之间的这些非工作原因产生的矛盾也会对工作产生不良影响，那么管理者的作用就是折中协调，息事宁人了。在充分肯定双方都对的基础上，融会自己的观点，加以完善，就是最好的解决问题的方法了，这样谁都不会感觉到面子上过不去，反而以后更加可以提出新的不同见解了。

还有一种常见的现象就是在你的说服教育下，一方已经知道他的错误了，但就是不愿意给对方认错，心里认为面子上过不去，以后不好工作，等等。遇到这种员工，你尽量不要勉强他，你可以为双方制造一个私下里的缓和气氛的机会，比如约他们双方吃饭，在饭桌上借用一杯酒、一支烟表明他认错的诚意，此时双方的距离会拉得更近了，你就顺水推舟地缓和了他们的矛盾。

随着社会的进步和经济的发展，人们对公正的要求也越来越高。要想做好管理工作，有效地激励员工的工作积极性，你就得胸怀一颗公正之心，处事公平，这样就能赢得员工的爱戴和信赖，促进企业持续健康地向前发展。

第四章
管理者要有容人的雅量

俗话说"宰相肚里能撑船",身为管理者,我们要具备容人的雅量。要知道,"顺我者昌,逆我者亡"是霸者的思维模式,而用霸者的思维去做管理,是注定无法赢得拥戴的,这样的管理也注定无法长治。

能容人，才能服人

美国某公司的一位高级主管由于一时大意给公司造成了高达 600 万美元的经济损失。为此，他内心感到十分紧张害怕，担心自己会因此被公司辞退并惹上官司，第二天，公司董事长把这位主管叫到了办公室，通知他被调任到其他同等重要的新职位上。

对于董事长的这个安排，这位主管感到十分意外，于是忍不住地问："我犯了这么大的错误，您为什么不把我开除或者是降职呢？"董事长听完以后，笑了笑说："如果我那样做，岂不是在你身上白花了那 600 万美元的学费吗?!"这句出人意料的话，让这位主管产生了巨大的动力，于是他下定决心一定要努力工作，为公司贡献自己的所有力量。

后来，这位主管果然用自己惊人的毅力和过人的智慧为该公司创造了巨大的利益。

人非圣贤，孰能无过？面对下属犯下的错误，管理者是坦然面对、一笑了之，还是大发脾气、将他炒鱿鱼，是区分一个管理者优秀与否的重要标准之一。很多时候，前者都能给下属一个改正自身错误的机会，让下属知道自己究竟错在什么地方了，以便以后引以为戒。

宋太宗时期，有一位名叫孔守正的人因对朝廷立有大功，因而被封为殿前都虞候。一天，他和同为武将的王荣一起在北陪园侍奉宋太宗酒宴。由于二人都是性格豪爽之人，在酒宴上你一杯我一杯，大声谈论着彼此战场上的英雄事迹。

没过多久，孔守正就喝得醉醺醺的了，于是就和王荣在宋太宗面前争论起各自的功劳大小。两个人越吵越生气，越吵越大声，甚至毫不顾忌在场的宋太宗，完全忘记了作为臣子的礼节和本分。这种情况下，侍臣就奏请太宗将二人抓起来送到吏部治罪。太宗没有同意，只是下令将二人送回府去。第二天，二人酒醒了以后，回想到自己在太宗面前的失礼，惊慌不已，便赶忙前往大殿向宋太宗请罪，宋太宗笑着说："朕昨天也喝醉了，完全想不起来还有这些事情了。"二人顿时感激万分，发誓以后会更加努力地为朝廷效力。文武百官听闻此事以后，也纷纷佩服并感念宋太宗的宽容之心。

很显然，作为一个国家的最高统治者，宋太宗在面对两个臣子酒醉之后在自己面前争功的事情，心里肯定会不高兴，但是当二人酒醒以后跑来请罪时又假意说自己也喝醉了。宋太宗的这个做法就很高明，不仅保住了朝廷的体面，同时也让二人得到了警醒，可谓一举两得。

另外，通过这个故事我们还可以得出一个结论：当好一个明君实非易事，要想成功地驾驭文武百官，没有过人的度量是无法控制整个局面，获得成功的。同样的道理，一个优秀的管理者只有具备了这样的胸怀，才能担当起权衡整个大局的责任。

一个企业的领导如果能做到容人容事，那么对于被"包容"的人来说，就会产生出一种被尊重感，也容易激发出"不干出一番成绩就难以报答"的想法。

作为一个管理者，只有全面、客观地去看待一个人，宽容下属的缺点，善于发挥下属的优点，才能最大限度地调动下属的工作积极性，从而激发他们的创造力，为公司的发展做出努力。

天空收容每一片云彩，不管它们的美丑，所以天空广阔无比；高山收容每一块石头，不管它们的大小形态，所以高山无限壮观；大海收容每一滴水滴，不管是否清浊，所以大海一望无际。这些就是对"包容"一词最有力、最好的解释。包容不仅是一种境界，更是一种精神，需要一定的底蕴。如果说管理者的工作是一门艺术的话，那么容人容事的雅量就是打开这扇艺术大门的万能钥匙。

敢于任用比自己强的人

一次董事会上，奥格尔维给每一位董事发了一个玩具娃娃，并十分严肃地对大家说："请各位打开看一看，这个玩具就代表着你们自己。"当董事们纷纷打开自己的玩具娃娃时，非常惊奇地发现里面还有一个小一号的玩具娃娃；打开这个小的，发现里面还有一个更小的……最后一个玩具娃娃上面放着奥格尔维写的一张字条："如果你一直都只是任用比你水平低的人，那么我们的公司将会沦为一个侏儒公司。相反，如果你任用比你水平高的人，那么我们的公司将会成长为一个巨人公司。"

后来，奥格尔维就将这句话作为自己的座右铭，并时时用来激励着自己和下属们。

在职场上，我们时常会发现这样一种现象：一些有才能的人都比较恃才傲物，让管理者感到费心费力。同时，那些有才能的人又会让有些管理者感到自身地位岌岌可危。这个时候，作为一名管理者，就一定要具有能容得下比自己能力强的下属的心胸。

作为企业的管理者，就算你的下属能力比你强，你也要有勇气去承认和接受这个事实。那些有能力的人之所以还是下属，就说明他们自身还有所欠缺，或者只是单方面的能力比较强，综合能力还有待提高，等等。既然如此，一个精明的领导就应该懂得如何去充分利用能力比自己强的下属。

李经理正在办公室里阅读下属们提交的提案，看完过后心里感到很不是滋味。"为什么自己就做不出如此好的提案呢？"他反复地问着自己。这原本只是再普通不过的事情了，可是李经理难以释怀，甚至还在心中幻想自己的位置会被下属所取代。在这种心理的作祟下，他把下属这个非常好的提案给否决了。

其实，像李经理的这种做法在现实生活中并不少见。这种由于忌妒而产生的破坏性行为，其实是自我信心不足和心胸狭隘的一种表现。如果长此以往，事情必定会走向一个恶性循环。而心胸开阔地去接受别人的成功，是作为一个管理者首先应该具备的素质。这个世上，没有人能够做到什么事情都比别人强，能让能力比你强的人为你所用，岂不是更为高明的人吗？

楚汉相争，楚霸王项羽的兵力要远远多于刘邦，可最终却是刘邦统一了天下。之后，刘邦在洛阳大摆庆功宴，他在宴席上曾说过这样一句话："夫运筹于帷幄之中，决胜于千里之外，吾不如子房；镇国家、抚百姓、给馈饷、不绝粮道，吾不如萧何；连百万之军，战必胜，攻必取，吾不如韩信。此三者，皆大杰也。吾能用之，此所以取天下也。项羽有一范增而不能用，此所以为我所擒也。"

从这段话中，我们可以看出，刘邦在管理及用人方面所表现出来的大智慧，他深知自己在很多方面都比不上自己的下级。他之所以可以打败强大的楚霸王项羽而一统天下，就是因为他懂得重用一些在某方面能力比自己更强的人，而刚好是这一点，刘邦表现出了一个管理者最值得他人称颂的品格和能力。

其实，在企业中，管理者承认自己的下属比自己能力强并不是一件丢人的事情，因为发现和培养人才是管理力度的一个重要表现。作为一个管理者，你可以不必事事都懂，只要你懂得管理技巧，让各方面能力强的下属来帮你完成工作，那么你就是成功的。但是，要想做到这点，你还需注意以下几点：

首先，作为企业的管理者，可以给那些能力比较强的下属多安排一些极富挑战性的工作，这样一来，就能充分调动他们的工作积极性，并在最大程度上发挥他们的潜力。

其次，当管理者遇到一些能力强但喜欢自作主张的下属时，可以多制定一些制度去约束他们，多和他们保持沟通交流，以达成某些工作上的共识。

最后，如果管理者遇到一些下属因为能力强而过分张扬，从而遭到其他下属反感的情况时，不妨采用鼓励培养的方法，善意巧妙地去帮助他们改正自身的这个缺点，使团队形成团结合作、积极进取的良好氛围，如此才能培养出更多优秀的人才。

懂得用欣赏的眼光去看待能力强的下属，并允许下属偶尔犯一些错误的管理者，才能让企业更富有创造力和吸引力，并最终达到成功的顶峰。

"一山"也要容得下"二虎"

相传在日本的北海道生活着一种名叫鳗鱼的珍贵鱼种。这种鱼之所以极其珍贵，是因为它们的数量少，并且很难存活。一旦离开海洋，无论你用什么样的方式去饲养，它们都会在半天内死亡。但是人们还是想要购买活鳗鱼，哪怕活鳗鱼的价格要远远高于死鳗鱼。

在这种情况下，渔人终于想出了一个很好的应对办法，就是在捕捉到鳗鱼的时候，同时再捕捉几条它们的死敌——一种被当地人称为"狗鱼"的鱼种，并把它们和鳗鱼放在同一个鱼舱里面。结果令人惊奇的是，原本毫无生气的鳗鱼，因为"狗鱼"的出现顿时变得活跃了起来。在这种无形的竞争当中，鳗鱼离开大海后的寿命也得到了延长。

这个小故事告诉我们，在残酷的食物链世界里，鳗鱼和狗鱼就相当于"二虎"。可是在同一个鱼舱的"一山"之下，它们并没有两败俱伤，反而产生了"双赢"的局面。

不是一直说一山容不下二虎吗？不是说同行之间就是冤家吗？其实道理很简单，就像一句经典的话所说的那样：一个人想要走过一片广阔的草原是很艰难的，可是如果是两个人结伴，哪怕是彼此关系恶劣的两个人一起搀扶着走完大草原，也会容易简单许多。

日常生活中，我们常常会看到很多类似于这样的现象，例如，饮料行业的可口可乐和百事可乐之间；鞋业的阿迪达斯和耐克之间；化妆品行业的联合利华和宝洁之间；家用电器行业的海信和海尔之间，等等。这些品牌之间不仅彼此激烈竞争着，同时还相互依存着，就如同一枚硬币的正反面一样，对立统一，缺一不可。

但是在现实中，有的企业的领导似乎无法容忍下属的威望和能力超过自己；这些"小气"的领导们认为"一山不能容二虎"。他们会认为有这样的下属存在是对他们的领导权威和职位的一种挑战和威胁，所以就会把对方当成是敌人进行排挤和对立。结果可想而知，不是有一方要离开，就是落得个各自惨败的结局，严重的还会导致整个团队的人心涣散，自己的声誉受损。

其实，作为一个企业的领导，他的最终目标是要带领整个团队走向成功，而他所应该做的事情实际上是确定工作方向，并帮助下属做好他们相对应的工作，然后再给予下属们一定的支持。只有下属把工作顺利地完成了，领导才能算是成功了。由此可见，领导不仅不应该随意地发号施令，反而需要得到下属们的帮助。

事实上，这个道理在商业世界中也是一样的，只有强强联合，才能把事情做得更好。不仅如此，作为一个领导还要学会把目光放得长远一些，就算是"一山"，也要容得下"二虎"，甚至是更多。只要能够管理好这些能力强的下属并实现强强联手的合作，就一定能够带领整个企业走向更好的发展道路。

宽待下属的无理冒犯

有一位禅师非常喜欢养兰花，对自己精心栽种的一架子兰花简直到了痴迷的程度。有一天，这位禅师要外出一段时间，临走前叮嘱弟子们要小心照看这些兰花，可是其中一名弟子无意中踢翻了禅师的一架兰花，这下整个寺院的人都吓坏了，大家都非常害怕禅师回来以后会大发怒火。后来，禅师回到寺院，发现自己心爱的兰花都被摔坏了。一旁的弟子们以为禅师肯定会惩罚他们，可是，禅师不但没有生气，反而和颜悦色地告诉弟子："我种这些兰花，是为了修身养性，而不是为了生气才去种植的啊！"

禅师的这番话令人深思，很有饶恕的艺术。生活中，如果为了一些小事情便生气动怒，实在是得不偿失。更何况，饶恕不应该只是一时的行为，而应该当成是一种永久的习惯、一种人生的态度。只有懂得了饶恕别人，才会获得真正的快乐。

我们可以再来看另外一个经典小故事：

三国时期的蜀国，在诸葛亮去世以后就把国家朝政交给蒋琬去主持。蒋琬有一位名叫杨戏的下属，性格十分孤僻，不喜与人交谈。每次蒋琬在和他说话的时候，他也只是回应一声。其他人看不惯杨戏的这种态度，就去蒋琬面前告状："杨戏这个人居然敢对您如此怠慢，实在是太过分了！"

蒋琬听过后只是坦然一笑，说："这个世上的每个人都有自己的脾气，如果让杨戏当我的面说一些夸赞我的话，那并非是他的性格；如果让他当着众人的面说一些有损我的话，那他也会觉得我面子上过不去。所以，他就只好只应不答了。其实，这也正是他难能可贵的优点啊。"

后来，就有人称赞蒋琬的度量是"宰相肚里能撑船"。

其实在很多企业中，我们常常会看到一些刚刚走进社会、年轻气盛的下属们，他们总会有意无意地冲撞到自己的领导。有的领导在被下属冲撞以后会大发脾气，甚至还会故意给对方"穿小鞋"，度量如此小的人，又如何能掌握好自己的下属们，笼络他们的人心呢？

作为一个领导，如果下属无意中做错了某件违背你意思的事情，或者是打乱了你的工作计划，如果你不懂得妥善地去处理，无法容忍别人无心的过错，只会一味地发火，那么就只会让对方的负面情绪加剧，从而导致整个局面变得越来越糟糕，再不然就是对方为此怀恨在心，为以后的相处埋下了隐患。

当然，饶恕也是一门讲究艺术的学问。历史上的明君，大多都深知这其中的道理，他们要么礼贤下士，积极听取别人的建议，要么勇于听取他人的批评，不会因此对他们加以惩罚。如果遇到破坏自己心情的事情，即便会有所不快，可想到大局，考虑到应该以事业为重的时候，就会把心中暂时的不快给丢弃。然而，饶恕下属的冒犯有的时候却是说起来容易，做起来难，不弄明白饶恕的艺术学问，还真的不行。

汉文帝时，袁盎曾经担任过吴王刘濞的丞相一职，他门下的一个从史和他的侍妾私通。袁盎知道了以后，并没有对外宣扬，而是假装并不知道这件事。可是有人却用这件事恐吓那个从史，从史惊恐之余就跑了。袁盎得知这个消息以后，不但亲自带人把他给追了回来，同时还把那名侍妾赐给了他，并且还如同往常一样待他。

汉景帝时，袁盎被封为太常，并奉命出使吴国。这个时候，吴王正在策划叛国事宜，想要趁机把袁盎杀掉。于是，就派了上百个人包围了袁盎的住所，袁盎对这件事没有丝毫察觉。刚好那个从史在围守袁盎的军队中担任校尉司马，所以就买了很多好酒好菜，将这些围守的士兵给全部灌醉了。从史趁机进入袁盎的房间，把他喊醒，并让他赶紧逃走。袁盎非常好奇来人的行为，于是就问道："你为什么要冒着生命危险来救我呢？"从史回答："我就是之前那个和你侍妾私通，被你饶恕的从史啊！"袁盎恍然大悟，连夜逃离了吴国。

其实，救了袁盎的不是别人，正是他自己当年的"饶恕"呀！

但是，需要注意的一点是，在职场中，领导对下属不能没有宽容和忍让之心，但也不能一味地去宽容和忍让，不去给予一定的惩罚和警示。作为一名领导，要在该说道理的时候说道理，要在该严肃批评的时候给予批评，而不应该用宽容和忍耐作为借口，纵容自己下属的行为，否则就会像东郭先生一样，有可能会被自己救下来的狼给伤害。只有如此，才能成为一个优秀的管理者。

并非所有谎言都不可饶恕

当管理者在面临下属说出来的谎言时，首先要弄清楚这个谎言的缘由和造成的结果，很多时候，下属撒谎很有可能是有一些工作中的难言之隐。所谓"觉人之诈而不行于色者，其乐无穷"。善待下属的一些谎言，也是管理者所要具备的能力之一，允许下属在一些无害的情况下说谎，其实也体现了一个管理者的度量。

有人曾经问过淘金工，要如何才能获得金子？淘金工回答："金子就在那里，只要你把沙子去掉，剩下的就全都是金子。"这个回答很有些"禅"的意味，它向我们说明了在日常生活中求真求善的最佳方法和途径。

有这么一句西方谚语："当真理还在穿鞋的时候，谎言早就已经跑得很远了。"

在企业中，一个成熟而又理性的管理者会用一种平常的心态去看待下属的谎言，不管对方是为了什么目的说出来的，他都知道，所有的谎言在说出来的时候都是有原因的。当一个人在特殊的情境里说谎，那也是情有可原的。因而，他会去坦然面对这一切，并且还会保持一颗清醒的大脑，不被谎言所迷惑。

我们不妨先来看一个故事：

一天，老洛克菲勒先生在家中和小孙子玩得非常开心，小孙子兴奋地跑来跑去。老洛克菲勒把小孙子抱到了窗台上面，然后鼓励小孙子从窗台往下跳，当孩子跳下来的时候，老洛克菲勒接住了他，然后就又一次把小孙子抱到了窗台上，并再次鼓励他往下跳，还仍然伸手做出了接住他的举动。小孙子有了上次的经验，觉得爷爷会在下面接，就跳了下来。可是这一次，老洛克菲勒却突然缩回了双手，小孙子毫无意外地摔在了地板上面，痛得大哭了起来。

这个时候，一位客人刚好从一旁路过，看到了这个情形，非常惊讶，就走向前去询问老洛克菲勒为什么要这样对待自己的小孙子。

老洛克菲勒笑了笑说："我就是要让他从小就明白，任何人的话都不可以轻易去相信，哪怕是他的爷爷。"

老洛克菲勒先生把自己纵横商界所得出的为人处世之道用这种方法表达

出来，实在是令人既惊讶又佩服。

很多时候，能够把谎言当成是日常生活中的一个重要组成部分去正视它，可能还会在一定程度上给予我们自身保护。作为一名管理者，明知下属在说谎，也要先弄清楚对方究竟是在什么样的情境下才去说这个谎，并用一颗包容的心去对待和处理这些或有意或无意的谎言。但是，对于那些恶意的谎言，一定要及时地加以制止，否则，就会给企业带去难以估计的损失。

越是得理，越要饶人

清朝康熙年间，宰相张英和一位姓吴的侍郎都是安徽桐城人。两家是公用一道墙的邻居，都打算修建府第，可是吴家先把两家公用的一面墙给拆了去，并且还侵占了张家的宅基地一尺，张家自然不肯吃亏，争吵在所难免。

为此，张老夫人就急忙写信给远在京城的张英，要求他出面给自家解决。张英收到信后，提笔在信中作了一首诗："千里家书只为墙，让他三尺又何妨？万里长城今犹在，不见当年秦始皇。"张老夫人收到回信，明白了其中的道理，于是就主动将自家的院墙向后撤了三尺，吴家羞愧难当，也将自家院墙向后撤了三尺。

这样一来，张家和吴家的院墙之间就形成了一道六尺宽的巷道，成了有名的"六尺巷"。本来各不相让的两家，转眼间你敬我让，从而成就了一段千古美谈。

俗话说，冤冤相报何时了，得饶人处且饶人。这是一种宽容，一种博大的胸怀，一种不拘小节的潇洒，一种伟大的仁慈。从古至今，宽容被人们奉为做人的重要准则和信念，甚至还成了中华民族传统美德的一部分。

然而在现实生活中，总有那么一些人常常会为了一些芝麻大的小事争得你死我活，谁都不肯示弱，以致大打出手，造成了很坏的后果，从而导致无法收场。等到事后彼此冷静下来回想一番，才发现如果自己当时能够稍微忍让一下，彼此也就会相安无事了。实际上，有理的人越是表现得谦让有礼，就越能显示出他胸襟坦荡、令人钦佩。

实际工作中，当管理者在和下属之间发生争论已经到了一触即发的时候，占理的管理者应该有"得饶人处且饶人"的气度，千万不要穷追猛打，把下属逼入死角。因为如此一来，反而会将彼此的矛盾冲突进一步扩大。当然，饶人也是要讲究语言艺术的，这就是在顾全彼此颜面和尊严的情况下达成妥协的局面。

美国著名的钢铁大王查尔斯·史考勃在一次午休时间路过自己钢铁厂的一个角落时，发现有几个工人在抽烟，而就在他们旁边竖立着一块写有"禁止吸烟"的大牌子。史考勃想了一下，就面带微笑地朝着吸烟者们走了过去，并十分友好地分发给他们几根雪茄，然后幽默地说："各位先生，如果你们可以在外面把这些雪茄抽掉，那我将会感激不尽。"转眼间，几名吸烟的工人就把烟火给掐灭了，并一脸歉疚地对史考勃表示感谢。

你看，当史考勃发现自己的工人在严禁吸烟的地方吸烟，并没有对他们采取责骂或者惩罚的方式，而是运用了充满人情味的方法让他的下属乐于接受自己的批评。在这个小故事中，钢铁大王史考勃可以说是占住了一个理字，可是他不仅没有得理不饶人，反而做出了让步，结果就是他的工人不但主动改正了自己的错误而且还对他感激涕零。

在我们的日常工作中，常常可以看到有些管理者在批评下属的时候很有些"得理不饶人"的感觉，好像不把对方说得连连认错就不肯放手，结果就导致受到批评的下属不是不当一回事，就是口服心不服，满脸不开心，把心中的怨气带到工作中。

就算是在下属做错事的情况下，管理者也要懂得给对方留一点儿余地，给对方一个台阶下，如此一来，下属就会因你的宽容大度而感动。

那么，作为一个管理者应该怎样才能做到得理饶人呢？

首先，要有一颗宽容的心。每个人都喜欢和心胸宽广的人交往，讨厌和心胸狭窄的人为伍。得理不饶人的管理者在和别人交往的时候非常喜欢斤斤计较，就算是一件很小的事情，他也会说个没完没了。这样的领导也许会让下属感到害怕，但难免会受到下属们背地里的责骂。

其次，要给予一定的理解。懂得理解别人的管理者在人际交往中往往更具有人格魅力，下属都喜欢和这类人交往，而不愿意和那些胡搅蛮缠的管理者打交道。

最后，要学会点到为止。如果下属不小心犯了错误，领导在进行批评和惩罚的时候一定要讲究方式方法，懂得适可而止。如果管理者一直不依不饶，没完没了，完全不顾及下属的颜面和尊严，就很容易引起大家的公愤。就算管理者很得理，也要懂得适可而止。

总的来说，得理不饶人的人常常会给人留下一种没有度量、胡搅蛮缠的坏印象，严重的还有可能会引起大家的公愤，从而遭到大家的排挤。相反，懂得得理饶人不仅可以体现出一种宽容的美德，同时还能体现出宽广的心胸和良好的涵养。所以说，管理者在和下属交往的时候一定要懂得宽容和理解，把握好尺度，从而获得下属的尊敬和拥戴。

人孰无过，要给机会改正

报纸上有这么一篇报道：某超市的一名员工，因为在上班时间吃了超市一个价值 1 元钱的鸡蛋，就被所在的超市给开除了，另外还被罚款 1000 元。

看到这样的报道，我们不禁愕然，这样的惩罚会不会太过严厉了点儿？不就是 1 块钱的鸡蛋吗？有必要做出如此大的惩罚吗？人非圣贤，孰能无过？可能在超市看来，今天敢偷鸡蛋，明天不知道还会偷些什么。开除、罚款只是为了杀鸡儆猴。的确，这其中并非没有道理。

但是，如果超市能够做到宽容对待这件事，那么，偷吃者在感到羞愧之外，更多的必将是感激和反省。惩罚是可以让其他人感到畏惧的，但是不一定就会让人心服口服。另外，在惩罚的前提下，如果还有其他员工再犯下错误时，必定会死不认账。如此一来，不但没有起到以儆效尤的作用，反而给管理带来诸多不便。

有一次，著名的发明大王爱迪生和他的助手们在实验室里连续工作了 24 个小时，最终制作出了一个电灯泡。

紧接着，爱迪生就让一名年轻的学徒把这个电灯泡拿到楼上的另外一个实验室里。这名学徒拿着灯泡，十分小心地走在楼梯上，就怕一不小心将这个新发明给摔坏了。可他越是这样去想，心里就越是紧张，手也开始忍不住地哆嗦了起来，当他快要走完楼梯的时候，电灯泡还是被摔在了地上。

对此，爱迪生并没有对他加以责怪。没过几天，爱迪生和他的助手们又花了24个小时制作出一个电灯泡。制作出来以后，爱迪生不假思索地将它交给了之前把灯泡摔坏的那名学徒手中，让他仍然送到楼上的实验室里。这一次，这个学徒成功地完成了爱迪生交给他的任务。

后来，就有人问爱迪生："原谅他就可以了，为什么还要把灯泡交给他呢？万一他又摔坏了怎么办？"爱迪生笑了笑说："每个人都有犯错的时候，我们要给他加以改正的机会。"

同样的道理，作为一个管理者如果可以适时地宽容下属犯下的过错，并激励他们加以改正，那么就会激发他们对企业的忠诚和创造力。

其实，当管理者在面临下属犯下的一些错误和失误时，如果只是采取惩罚的手段，不仅解决不了问题，反而会让问题变得更加严重，不如采取宽容的态度去面对下属犯下的错误，如此才是管理者管理的上上策。

春秋时期，楚国国内大乱。战乱平息以后，楚庄王设宴庆祝，楚庄王最为宠幸的许姬也参加了这场宴会。宴会进行到一半的时候，忽然刮起了一阵大风，吹灭了所有的蜡烛。这个时候，许姬突然感到在黑暗中有人在拉扯她的衣服，就一把将那个人头盔上的璎珞给扯了下来，然后对楚庄王说："大王，刚刚有人想趁乱非礼臣妾，等重新点亮蜡烛就知道是谁了。"楚庄王小声地说："酒后失礼只是一时冲动，今天的庆功宴会怎么能因此扫兴呢？你不要把这件事放在心上"．紧接着又大声地宣布："今天晚上各位一定要尽兴而归，现在请大家把头盔上的璎珞都拔掉。"

三年之后，晋国侵犯楚国，楚军中出现了一位英勇无敌的将领，他带领百名士兵把楚庄王从乱军中给救了出来，同时恳请出任先锋一职，带领士兵英勇杀敌，致使晋国大败。这名年轻的将领就是当年宴会上轻薄许姬而差点儿被杀的人——唐狡。

那位将军一时酒后冲动，一旦楚庄王加以追究的话，将军一定会因此受到惩罚。这样一来，不仅会让宴会变得一团糟，而且还会令众将士寒心。楚庄王只是把责任归结到客观因素上面，从而保全了将军的颜面以及性命，并用宽容的态度激发了将军戴罪立功的心，后来不顾自身性命立下大功。

人生在世，不可能不犯错误。当下属犯下错误的时候，是坦然以对还是大发怒火，是区分管理者优秀和平庸的一个重要的标志。前者大多会以博大的胸怀宽容下属的错误，并给予他们进行改正的机会。

只有宽容下属无意犯下的错误，才可以达到解决问题的真正目的。给予下属宽容的态度，不但可以让下属的心灵得到安慰，更为重要的就是可以让下属从中汲取到经验教训；如果只是一味地加以训斥和惩罚，反而会让下属感到恐惧，甚至还会产生出抗拒逆反的心理。

宽容和安慰下属犯下的过错，是拉近彼此距离的最有效办法，可以赢得下属的尊敬和拥护。宽容，不仅可以有效地调动下属的积极性，挖掘他们的潜能，同时还可以增强下属们的凝聚力。当然，宽容并不等同于纵容，宽容是用一种善意的方式去改正别人的错误，并用一颗真诚的心去帮助他们发展，而纵容却是一种不负责任的放任行为。懂得用一种宽容的心态去面对下属，是一种睿智的表现，这种度量必将会赢得事业的蓬勃发展。

总之，管理者在面对下属的错误时，不妨采取人性化的管理，给犯错者一个改过自新的机会。毕竟，知错能改，善莫大焉。

不要抓住下属的小辫子不放

《郁离子》中记载着这样一个故事：赵国有个人家中老鼠众多，给生活带去了很多麻烦，于是这个人就到中山国要了一只猫回来。这只从中山国要回来的猫非常会捉老鼠，可是也非常喜欢咬鸡，一段时间以后，赵国人家中的老鼠被捉完了，但家中的鸡也同时被那只猫给全咬死了。

赵国人的儿子见此就跑去问他的父亲："我们为什么不把这只猫给赶走呢？"言下之意就是这只猫虽然消灭了家中的老鼠但也让家中蒙受了损失。赵国人回答说："这你就不明白了，我们家最大的麻烦是老鼠，而不是有没有鸡。有了老鼠，它们就会偷吃我们的粮食、咬坏我们的衣物、毁坏我们的生活用具，如此一来，我们就会没有东西吃，没有衣服穿，没有地方住，不消灭这些老鼠怎么行呢？没有鸡顶多没有鸡肉吃，可是要是赶走了猫，就会给我们带来很多麻烦，所以，我们怎么可以把猫赶走呢？"

通过这个故事，我们了解到这样一个道理：任何事情都会有它好的和不好的一面，但是我们应该去看事情积极的一面。赵国人深知猫的作用要大于猫所造成的损失，所以不会把猫赶走。同样的道理，日常生活中也会有像赵国人的猫那样的人，他们所做出的贡献远比他们身上的缺点和所做的错事多得多。如果只是一味地去抓着别人的缺点和问题不放，那又如何能发挥出人才的主动积极性呢？

古人把不拘泥小节看作是一个人能否成就大事的关键，他们提倡的是要胸怀大局，不纠缠于一些小细节，注重人的才能，并非是他的缺点。能够宽容别人的缺点和过错，不因为人才有哪一方面的缺点就弃用。《列子·杨朱》就曾讲道："要办大事的人不计较小事；成大功业的人，不追究琐事。"

同样在处理事情的时候，如果只是一味地去强调小细节，不懂得抓住问题的关键去处理工作，不明白从哪里下手去做才是正确的就不能妥善地解决问题。所以不管是在用人方面还是做事方面，都应该抓住重点，不要为了一点小事情而妨碍到整个全局的发展。要懂得"金无足赤，人无完人"的道理，既然要用的是一个人的才能，而非是他的过失，那么为何还要总是抓着别人的小辫子不放呢？

安德鲁·卡内基刚从英格兰来到美国的时候，只是一名临时工，但是他后来却成为美国最大的钢铁制造商。曾经有一段时间，有43位百万富翁为他努力地工作。在那个年代，100万美元可是一笔巨大的财富，就算是在今天也是很大一笔钱。

对此，有人曾问卡内基，他究竟是如何待人的？

卡内基回答："待人就像是挖金子，如果你想要挖出一盎司的金子，就要先挖出成吨的泥土。然而你要找的并不是泥土，而是金子。"他关注的重点其实只有金子。

"如果你打算在人和事中寻找缺点和错误，你会找到很多。可是我们要找的是金子，所以要找出每一个人积极的一面。"

同样的道理，作为企业的领导，要能做到宰相肚里能撑船，要学会容忍下属的过错。因为任何人都会有犯错的时候，不应该总是抓着下属的小辫子不放，抓得多了，难免会伤害到下属的自尊心，不利于公司的团结。

　　下属如果有错，当领导的批评一下就可以了，要适时地给对方一个台阶下，千万不要做得过分，失去了对方的信任。下属和领导之间想要达成共识，就必须坦诚以对，齐心才能做到齐力。但是领导要是一直抓着下属的小辫子不放，就很容易激怒下属，并给企业造成一定的损失。

大禹治水，堵不如疏，管人用人，激励胜过指责。指责也许会让你的员工知道自己错在哪里，但激励却可以让你的员工知道该怎么做，并且主动去做。让所有的员工都能够自动自发，让所有的员工都能发自内心地工作，这就是一名管理者最大的成功。

物质是最直接的激励手段

　　楚汉战争时期，项羽手下的重要谋士陈平投降刘邦，并这样评价项羽：项羽表面上关爱他的士兵，看到手底下的士兵生病，就会流眼泪，但是对肯拼命的将士的奖励却是十分吝啬，手里拿着任命将士的"印鉴"，却连印鉴的角都磨光了，也迟迟不肯发放。

　　打了胜仗却得不到应有的赏赐，于是消极的情绪就在项羽军中蔓延开来。看到他为士兵们流泪，都不觉得他是对士兵的爱护，而是一种虚伪。慢慢地，他的寡恩薄义就被下属所嫉恨，他的部下也变得离心离德。最终，一代人杰项羽自刎乌江。

　　我们常说："重赏之下必有勇夫。"这句话明白无误地告诉大家，实实在在的物质利益才能激发人做事情的积极性。

　　作为企业的管理者，更应该看到物质利益的激励作用。最简单的，有了钱才能不让自己饿肚子；有了钱，才能去孝顺自己的双亲；有了钱，才能不让自己有后顾之忧。如果自己辛辛苦苦、流血流汗，却不能得到相应的物质利益，这样的组织肯定是松垮的、散乱的，这样的团队是经不起风浪的冲击的。而在满足了员工的利益之后，就可以解除员工的后顾之忧，就可以最大限度地开发员工身上的潜能。

要想打造一个具有凝聚力、坚不可摧的企业团队，以厚利优待员工是必要的手段。员工之所以来投靠你，是看重你能够给他们发展的空间，能够从你这里得到实实在在的利益好处，给员工以物质利益，可以让员工知道在你手下有发展的前途，这样才能让员工一心一意为你做事情。

企业激励自己的手下员工，最好的方式就是给予物质奖励，让自己的下属员工既没有后顾之忧，又能看到自己的前途一片光明，自然也就会为你贡献出全部的力量来，进而为你创下非凡的业绩。

企业的管理者虽然和军队管理者不同，但是在管理形式上也有相通的地方。我们常常将职场比作战场，自己的企业在市场上的开拓能力、创新能力、能否在市场上取得成绩，等等，这都是对一个人管理能力的证明。

让奖金与业绩接轨

在一家公司，业绩与员工工资没有特别的关系，但与员工的奖金却有很大关系。员工的奖金与公司的业绩成一定比例，但并非正比例。他们的奖金一般可达到员工工资的60%，对于成绩显著的员工，还有其他奖励办法。

员工在公司得到提薪的机会一般有几个，职务提升、考核优秀或有突出贡献。被评为公司最佳员工者和有突出贡献的员工都有相应的奖金，突出贡献奖、最佳员工奖、突出改进奖的奖金额度一般不超过其年薪的20%。

公司每年要进行绩效评估，员工队伍的工作也分为几个等级。一般员工按照公司的目标应达到良好，可能有5%~10%的员工工作不太好，通过调整还是可以接受的；还有不到5%的员工确实达不到目标。对这两组人员可能采用激励程序，经理会告诉这些员工：你的工作表现不好，要马上改进。对于做得非常好或者有突出贡献的员工，如果还有潜能的话，可能会提升他们去担任更高的职务。对大部分做得不错的人，公司会保留他们在原岗位上继续工作。

公司对每个职务的薪金都设立一个最低标准，即下限。当然，规定下限并非为了限制上限，而是为了保证该职务在市场上的竞争力。据介绍，一般职务上下限的差异为80%左右，比较特殊的职务可能会达到100%，而比较容易招聘的职务可能只有40%的差异，总之有确切的数字可以证明你的成绩。

奖金是员工绩效和薪酬管理中最为重要的手段，在传统的企业管理中，奖金一般都是平均分配的，人人有份或者轮流"坐庄"。在这种情况下，向员工们发放奖金虽然也是一种物质激励方法，但是实际效果却往往不够理想。在工作中，你是否有这样的经历？得到了奖金，你很高兴，但是你发现那些工作不如你勤奋的人也得到了相同的奖金，你会怎么想？是不是会觉得自己所做的和所得到毫无关系，很快就会不在意自己的工作是否努力？

事实上，一套奖金计划能否成功的要素之一便是：使员工相信经过自己的努力可以获得相应的奖励。因此，只有为员工提供有竞争力的工资，并将员工的奖金与业务目标挂钩，才能发挥金钱激励的最大效果。电讯业巨头爱立信公司正是这么做的，所以他们的员工才会具备那么强大的生产力和忠诚度。

的确，建立和完善"奖金与工效挂钩"的绩效管理机制，通过这种机制合理分配员工奖金，充分体现了"各尽所能，按贡献分配"的原则，也就意味着对企业的贡献越大就能拿到越多的奖金，这种激励方法定会使员工的工作积极性空前高涨，企业效益明显增长，企业凝聚力大大增强。

"凡事预则立，不预则废"，如果你已经下定决心运用奖金的办法来激励员工，下一步你就需要建立一套有效的奖金计划，以更好地发挥奖金制的激励作用。以下一些要点，可以使你的奖励计划更加有效：

第一，奖励标准要科学合理。

奖金计划的奖励标准必须根据员工的实际状况来制定，而且必须制定得科学而合理，使员工通过努力可以完成，如果太难实现，就很难发挥激励作用；太容易实现，奖金的分量又会降低；另一方面，员工对于整个工作过程可以控制，自己的努力程度越高，工作绩效也相应提高，从而增加报酬。

第二，计划要明了且易于计算。

奖金计划要明了且易于计算，这一方面可以使员工心知肚明，减少疑惑，增加对企业的信任。对于管理者而言，也清楚明确，便于管理。

例如，对于一个工厂里的工人来说，这一天超额生产了多少产品，他马上可以算出来会得到多少奖金，如果已经超过了定额，他会加快进度，提高效率，以便拿到更多的奖金。对于管理者而言，也可以通过计算快速得知员工可以拿到多少奖金，及时给予鼓励，这样的奖金计划再有效不过了。

第三，设立有效的依据标准。

奖金计划所依据的标准必须固定，要规定什么情况下这样的标准有效。一旦确定了标准，管理者便不能随意提高标准或者降低；奖金标准还必须明确具体，给出一个明确的衡量指标，绝对不能含含糊糊，比如要求属下"尽你的所能"，这样即使有奖金计划，也难以发挥有效的激励作用，还有可能引发与员工之间的矛盾。

第四，不断完善规章制度。

哲学上说：世间没有不变的事物。在公司发展的道路上，在实施奖金计划的实践中，新问题、新情况必然层出不穷，旧的规则可能会因此而出现各种各样的漏洞。作为管理者应该加以合理性的补充或是大胆进行改革，让制度随着公司的发展而发展，而不应该是一成不变的，否则激励效果会大打折扣，影响公司的发展。

给员工一个意外惊喜

马强是某一私营企业的职员，他平时工作非常勤奋努力，一心想多拿一些奖金，但是公司经理为了照顾全体员工的情绪，实行轮流得奖的政策。这使得马强不由得产生了厌职情绪，在工作中经常烦躁不安，甚至有了跳槽的想法。

正当马强处于苦苦挣扎状态时，经理把他叫到办公室，对他近期的工作进行了一番赞赏，然后给了他一个大红包："我知道轮流得奖的政策有失公平，为此我给你特意准备了一个红包。拿着吧，这是你该得的。"

马强手里拿着红包，心情一下子就好多了："原来这些日子以来我的努力没有白费，经理都看在眼里了，而且工作成绩也受到了他的认可。"这件事情之后，马强又怀着愉快的心情努力工作了。

很多企业大多实行"大家评奖，当众发奖"的办法奖励员工，这样做可以树立榜样，激发大多数人的上进心。但它也有不足，由于大家评奖，面子上过不去，于是最后轮流得奖，奖金也成了"大锅饭"了，失去了原有的激励效果。为了避免这种明奖带来的弊端，管理者不妨学学事例中的这位经理在必要时暗地里给员工一个意外惊喜。员工表现得好，就会得到惊喜。

暗地里给员工一个惊喜，可以给员工一个表示，他的工作表现领导的心里是非常清楚的，得到惊喜的员工在感激之余自然会加倍努力。而且，这种隐蔽的奖励方式不会对其他人产生不良刺激，不会引起其他员工的不满。即使有时候你给每个员工都暗地里送了惊喜，可是每个人都认为只有自己受了特殊的奖励，结果下个月大家都很努力，争取下个月的奖金，这岂不是一件难得的乐事吗？

暗地里送惊喜是一种不错的激励手段，而没有规则可循的、偶然的奖金更能让员工喜出望外、刻骨铭心，它可以用来酬谢员工特别的成就或特殊的努力，也可以在一些重要的节日或重要的活动中调动气氛。

国外一些管理者就擅长此法，奖励的理由是各种各样，有奖励个性特点的：如员工工作认真而勤奋，踏踏实实，热爱本职工作，有能力，富有创造精神，等等；也有奖励工作业绩的：超额完成任务，本月无残次品，质量检查认真负责任，等等。也可以根据一次、偶然的事情实施奖励，如：某员工提出一项合理化建议，检修工细心避免了一个小事故，某员工表现出了可谓爱公司如家的行为，等等，不一而足。

其中，信治郎就是这样的管理高手。

信治郎是日本一家公司的董事长，他是一个善于激励员工的企业家，他经常会在一些特别时刻奖赏员工，而且他发奖金的方式也很特别，这些出人意料的方式常常让员工感到十分惊喜。

一名销售人员取得了不俗的销售业绩，信治郎决定奖励他一笔钱。年终时，他把对方单独叫到了办公室，对他说："由于本年度你工作业绩突出，公司决定奖励你，这是给你的红包，请你收下！"

该员工非常高兴，谢过信治郎后拉门要走，信治郎突然说道："回来，我问你件事。今年你有几天在公司，陪了你妻子多少天？"该员工回答说："今年我在家不超过十天。"信治郎惊叹之余，从抽屉里拿出了一个红包递给该员工，对他说："这是奖给你妻子的，感谢她对你的工作无怨无悔地支持。"

该员工谢过信治郎之后，正要退出办公室，信治郎又问："你儿子多大了，你今年陪了他几天？"该员工回答说："我儿子不到六岁，今年我没好好陪过他。"信治郎又拿出一个红包，递给该员工，说："这是奖给你儿子的，告诉他，他有一个伟大的爸爸。"

该员工热泪盈眶，千恩万谢之后刚准备走，信治郎又问道："今年你和父母见过几次面，尽到当儿子的孝心了吗？"该员工难过地说："一次面也没见过，只是打了几个电话。"信治郎感慨地说："我要和你一块儿去拜见伯父、伯母，感谢他们为公司培养了如此优秀的人才，并代表公司送给他们一个红包。"

这名员工此时再也控制不住自己的感情，哽咽着对信治郎说："多谢公司对我的奖励，我今后一定会更加努力。"正是因为信治郎给予的这种惊喜，桑得利公司的诸多员工们大受感动，并努力工作以回报公司。

不过，信治郎给员工发奖的方式还不只是这样。有一次，公司总务处的一名员工把一个写错了价格和数量的商品邮件寄了出去，信治郎知道后，马上命令员工把它取回来。这位员工立刻前往船场邮局，把邮件取了回来。看到邮件，信治郎露出了欣喜的笑容，他并没有批评那个员工，而是真诚地说："你辛苦了！"接着，又拿出一件礼物，说道："这是奖赏给你的。"

虽然信治郎的做法有点让人感觉虚情假意，可是还是值得管理者借鉴的。每个员工都希望自己所做的事被领导认可，希望自己点滴的努力和进步能够被领导肯定。时常关注自己手下的员工，不时地给他们一个意外惊喜。奖励能够出人意料的话，一定会起到更强烈的激励作用，员工工作起来会更加卖力。

不过，什么时候送惊喜是灵活多样的，可以是临时或定时的，每周、每月、季度奖等都可以，支配资金的数量也可以灵活掌握，数量可多可少。一般说来，平时奖金数目要小一些；季度、年终奖金数目要大一些；偶然做的好事数额要少一些；好的工作作风，给公司带来巨大收益，数额可以大一些。

当然，用暗地里送惊喜的方式，并不排斥明奖的作用。明奖和暗奖各有优劣，应两者兼用，各取所长。比较好的办法是大奖用明奖，小奖用暗奖。例如年终奖金、发明建议奖等用明奖方式。因为这不宜轮流得奖，而且发明、建议有据可查，无法吃"大锅饭"。月奖、季奖等宜用暗奖，可以更好地发挥激励作用。

满足员工内心的渴望

古时候，一个书生走在大道上，一只乌鸦跟着他走了很久，突然停在那个人的肩头说道："你好，我是一个被人施了魔法的乌鸦，请吻我一下，我就可以变成一个漂亮的女子，然后还给你一个吻。"书生对乌鸦的话没有放在心上，只是将乌鸦放到了自己的口袋里，继续往前走。

乌鸦只好说："请你吻我一下，我可以变成一个美女，陪你两天，为你做各种的美味佳肴，为你洗衣做饭，只求你吻我一下。"书生看了乌鸦一眼，哈哈大笑，将乌鸦放回到口袋里，继续赶路。过了一会儿，那只乌鸦又说："这样好了，我陪你一个月，求你吻我一下。"书生仍然只是哈哈一笑，将乌鸦放回口袋，继续往前赶路。

乌鸦气急败坏地说道："你这人怎么这么贪得无厌？我都答应陪你一个月了，你难道还不满足吗？"书生对着乌鸦笑着说："我一介书生，想的只是上京赶考，取得功名，所以我现在需要的根本不是美女作陪。我将你带在身边，只是因为你是一只会说话的鸟，一定能卖个好价钱，这样我就有了赴京赶考的盘缠了。"

谁都有遇到困境的时候，面对不同的困境，他的需求也是不同的。作为企业的管理者，要想更好地驾驭下属，就要能够及时地了解下属的需求，继而根据下属所求伸出自己的援助之手，以此激励下属的工作热情。

故事中的乌鸦错误地认为，只要有美女相伴，书生就会答应一切请求。但是，每个人面临的困境不同，需求也就不一样，这个书生面临的困境是拮据的财务问题，需要的只是上京赶考的盘缠，乌鸦因为没能看清书生所需，也就没能解除身上的魔法。

作为企业的管理者，如果不能够明白下属的需求，给下属并不需求的刺激，可能非但不会刺激员工的积极性，甚至引起副作用。

人才是企业向前发展最根本的保证。善待员工，可以让员工产生和上级"合同为一家"的温馨感。企业管理者及时地了解下属的需求，并伸出援助之手，则是进一步将这种温馨感扩大化。试想，在一个员工最困难的时候，公司能够予以及时的援手，员工怎么会不将企业当成自己的家呢？怎么能够不和企业同甘共苦？

在很多企业当中，不难见到这样一种现象：很多管理者明明可以准确地了解下属所需，知道下属到底想要什么，但是面对下属的请求时，他们就是不肯伸出援助之手，尽管他们要做的只是举手之劳。

　　一个人死了之后见到了死神，死神问他："你是想去天堂，还是想下地狱?"那个人想了一下，说道："我还是分别参观一下再做决定吧。"死神答应了他的请求，先带着死去的人去了由魔鬼掌管的地狱。

　　死去的人到了地狱之后，吃了一惊，他发现地狱并不像世人传说的那样可怕，这里没什么酷刑、火坑等，地狱中所有的人都坐在饭桌旁，桌上摆满了各种食物：有肉、有水果、有蔬菜。但是这里的人过得并不开心，他们个个愁眉苦脸，饿得皮包骨头，完全没有分享美食的快乐。他发现这里的每一个人的左手都被捆绑着，右手的手臂上也捆着一把很长的刀子和叉子，但是因为很长，即使美食就在身边，他们也没法送到口中，于是只能忍饥挨饿。

　　随后，死去的人又和死神去了天堂，那里却是完全不同的景象：同样的食物，左手同样被捆绑着，也是同样的餐具，但是他们却处处欢声笑语，尽情地享受美食。死去的人十分惊奇，这是为什么呢?

　　死神指了指那些人的手臂，他仔细地一看，终于找到了答案：原来，地狱中的每一个人都想要自己吃到东西，而天堂的每一个人都在用长长的餐具帮助对面的人喂食，于是大家都能吃到东西了。

　　我们都说，帮助是相互的，有智慧的管理者都该明白，帮助了别人，也就帮助了自己，因为任何人都有陷入困难的可能，但是在别人陷入困境时伸出援助之手，及时地拉上一把，等于为自己开了一扇窗户。等到自己遇到困难的时候，就会发现，曾经被自己帮助的人也对自己伸出了手。企业管理者了解下属，不吝啬给予帮助，这种双赢的事儿何乐而不为呢?就像上面的例子，如果地狱的人能够和天堂的人一样，相互去喂食，结局也会和天堂的人们一样，四处充满欢声笑语。

企业管理者及时地了解下属的需求，进而予以满足，是驾驭下属的最佳方式，同时也是笼络人心的最好方法。明智的企业管理者，无不懂得善用这个方法。

有时批评也能激发斗志

法兰西第一帝国皇帝拿破仑在一次狩猎过程中，忽然听到有人在大声喊"救命"。他四下里看了一下，发现一个小男孩落水了。小男孩一面挣扎，一面高声求救。拿破仑见那条河其实并不宽水也不深，就拿起猎枪对着那个小男孩说道："你要是爬不上来，我就一枪毙了你！"小男孩见拿破仑非但没有救自己脱离险境的意思，反而使得自己的处境更加危险，为了自己的小命，只得使出全身力气，自己救了自己。

小的时候，老师布置好作业，我们回到家中，就老爱问爸爸："爸爸，这道题该怎么做啊？"于是爸爸就说："不会写吗？自己先想想，想不出来就别睡觉。"于是，思考过后，一道题目就写出来了。其实，不是题目不会做，而是不愿意去思考，有了他人的鞭策，问题便迎刃而解。在企业当中，有时候批评不是坏事，它是鞭策员工们向前的动力。

在上述例子中，拿破仑的做法看似是一种胁迫，其实是一种逆向的激励。通过适当施压，他激发了那个孩童的求生欲望。拿破仑本来可以亲自跳下水去救那个小男孩，这对他来说并不是什么难事。但如果拿破仑真的这样做，那个小男孩将永远不会知道，其实凭借他自身的力量，完全可以爬上来的。反之，他下次再遇上这种类似境况，就还想着向人求救，没人经过的话，就有可能溺水而死了。

作为企业的管理者也应该明白，适当地用你手上的权力向下属施压，有可能起到逆向激励的作用。当然，这儿的激励有正负两面，正面的激励是直接去鼓励，而负面的激励是去批评。

在很多人的潜意识当中，批评只会造成下属心中的压抑，是一种负面的压制性行为。但从实际的效果来看，适当的批评可以帮助属下员工清楚地知道自身存在的不足，并激励自己寻求改正的方法，以求最终的进步。员工面对批评的时候，就会把批评化为一股动力。我们常说："知耻而后勇。"其实就是这个道理。

但是批评需要一个度，一味地批评所得到的效果适得其反。有这样一个例子，教导当代企业管理者如何掌握一个度。

每年的上半年，小敏都会受到邀请参加某些机构组织的文案评审活动。这个活动只是一个荣誉活动，很少有酬劳，但很多文化界的同行都想要参加这些活动，只是找不到门路。有些人虽然参加过几次，但之后就没再被邀请过了。因此，文化界同行对小敏可以说是"羡慕忌妒恨"。

按照常理来说，这样的文化活动应该邀请文化界的资深人士才是，或者是资深广告人，但小敏却都不在这两种范畴当中，那为什么这个殊荣每年都落在她身上呢？

有人向她求教当中的奥秘，小敏才向大家揭晓了答案：原来，她之所以能够年年受邀，跟她的出身、背景完全没有关系，而是与她很懂得"逆向激励"，懂得委婉地批评和掌握批评的尺度有关。当她发现了某些问题之后，就会在活动结束之后找来文案的策划人员，委婉地指出他们存在的缺点。她的做法，不仅没有伤害到文案策划人员的自尊心，承办方对她自然也就十分满意，每年都会特地留下一个位子给她。

批评是一种有效的逆向激励手段，但如果企业的管理者耻于批评下属，这样下属就不会知道自己身上存在什么缺点，也就谈不上改正了。同时，企业的中层管理者在运用这种激励方式的时候，也要讲究技巧。如果批评得当，就可以成功地将下属引上正途。如果批评不当，就会造成负面影响，打击到下属的自信心，从此萎靡不振，找不到奋斗的动力。

如何掌握批评的度，有以下三种方式：

第一，采取委婉方式。

譬如，粗暴地去批评下属，非但不能实现激励下属的目的，反而会弄巧成拙，激起下属心中的逆反心理。合适的批评方式应该用委婉的语气，这样就可以更加容易让下属认识错误，进而改正身上的缺点，起到事半功倍的作用。

第二，批评时分清场合。

一个有管理能力的企业管理者，就应该明白这样一个道理："表扬一个人，最好用公文，批评一个人，最好在电话里。"表扬，是对下属工作业绩的肯定，是弘扬他的成绩，用公开的文书形式，可以让这个员工在全体员工当中起到一个榜样的作用，好让公司的全体员工都向他好好学习。而批评是另一种意义上的激励，可以让下属清楚明白自己身上存在的缺点，让下属更加深入地对自己有一个认知。但这样的激励不可以在公开的场合进行，而是在私下的场合当中批评下属，这样在解决问题的同时，又可以有效地维护下属的自尊心，将逆向激励的作用发挥到最大化。

第三，表扬和批评相互结合。

作为企业的中层管理者，如果只懂得称赞下属，却看不到批评的作用，那么下属就认为你是一个软弱的管理者，这会对管理者的权威造成影响。如果将称赞和批评这种截然相反的激励手段有机地结合在一起，那么下属就会觉得你是如何的明察秋毫，进而由衷地对你产生敬佩，对你的吩咐也就更加重视，不敢有任何轻侮或者轻视。

凡事都有两面，批评同样如此，有智慧的企业管理者应该牢牢记住"哀兵必胜"的道理，懂得发挥批评具有激励作用的一面，以此来激发员工的工作热情。如果一个企业的中层管理者能够获得下属这样的支持，那他很快就可以成为企业的中坚力量。

对骄傲的员工，请将不如激将

一家工厂的学徒小刘提前定级出徒，在他之前进厂的学徒小齐自以为技术学得快，干活也比小刘麻利，于是心中很不服气，就冲着厂长发起了牢骚。厂长见小齐有争强好胜的心思，于是就将计就计，说道："你的技术已经不在小刘之下了，但是全年的生产竞赛当中，小刘六次夺魁，三次成为亚军，两次居第三位，一年干了一年半的活，你呢？说说看，你有什么骄人的业绩？"

小齐当场就说不出话来了，厂长接着说道："而且小刘不怕苦、不怕脏，什么脏活累活都抢着做，你却拨一拨，动一动，做事情缺乏主动精神，如果你不服气，就做出一个样子给大家看！"

小齐在一旁默不作声，从此干起活来整个判若两人，一年之后不仅比小刘更早进入厂中先进员工的行列，还被评为全公司的先进工作者。

常言说得好："请将不如激将。"有时候用激将法，可以更好地激发员工工作的积极性。

最简单的道理，任何人都有自己的自尊心。用激将法，需要企业管理者在任用这个员工之前先假装轻视他的能力，明白无误地表现出你对他能力的怀疑、担心和不信任，让对方气愤、不服气，从而激起他心中的好胜心，更加努力地争取展现自己的能力，甚至给自己定下更高的目标，让自己面临更大的挑战。这就是"哀兵必胜"的道理。

苏秦和张仪都师从鬼谷子，他们离开鬼谷子之后，就去游说天下诸侯，以实现自己的政治抱负。张仪首先到了楚国，结果非但没有得到楚王的重用，反而被楚国的宰相诬陷，以偷盗楚国宰相的玉璧的罪名，将他捆绑起来，驱逐出国。这个时候，苏秦已经获得了赵王的信任，并说动六国合力抗秦。为了实现六国抗秦的目标，苏秦希望有一个人能够到秦国掌权。想来想去，他想到了自己的同学张仪。

张仪正在想着以后的命运，见了苏秦派来的人之后，心中在想："既然同窗好友已经在赵国掌权，我何不去投奔他，获取自己的前程呢？"

到了赵国以后，张仪非但没有见到苏秦，反而被苏秦冷落，而且还被困在邯郸，等了好多天，张仪才见到苏秦。但是苏秦却让张仪坐在堂下，让他吃仆人吃的东西，张仪十分恼怒，正想发作，苏秦却首先开口斥责他："以你的才能，却落得这样的下场？我的确可以向赵王推荐你，可是，现在的你根本就不值得我推荐！"说完，就让人将他赶了出去。

张仪受到苏秦如此羞辱，对他恨得咬牙切齿，心中暗暗发誓："我要到比赵国还要强大的秦国立足，然后报今日被辱之耻！"

张仪刚刚离开赵国，苏秦马上找来自己手下的一个心腹，对他说道："张仪是天下间难得一见的人才，我今日故意羞辱他，是为了激发他的心志，让他在一怒之下到秦国掌握大权。现在我要你设法去接近他，跟他一起到秦国去，然后尽全力帮助他接近秦王，掌握秦国的国家政权。"

张仪得到苏秦派来的人全力相助，加上自身的才能，很快就在秦国站住了脚跟，并得到了秦惠文王的信任，拜为上卿，掌握了秦国大权。这个时候，苏秦派来帮助张仪的人决定离开了，张仪坚决不肯让这位曾经和自己患难与共的人离开。那人就将苏秦交代的事情原原本本地说给了张仪听，尤其将苏秦羞辱他的好意说得清清楚楚，并请求张仪能够设法让秦国不要做对赵国不利的事情。

明白了事情的原委之后，张仪恍然大悟，感叹说道："唉，我已经中了苏君的计策，却没有一点儿的察觉，我不如他的地方是很明显的了。有苏君在，我哪里敢说什么攻赵呢？"

明朝的哲学家王守仁曾经说过："天下事或激或逼而成者，居其半。"这句话就指出了"激将"的作用，意思就是说，天底下能够成就大事业的人，有一半是激出来的，由此可见，激将法的作用。上面的故事中，苏秦故作羞辱的一番言论，激起了张仪心中的斗志，最终帮助张仪得以发挥出自己的才能，同时也让苏秦的战略设想得到实现，这是激将的最高境界。

激将的手段可以是通过言语来进行激励，或者用实际的行为激起人的斗志。这两种激励可以表现为怒，也可以表现为气。管理者无论让员工怎样感觉不满，最直接的目的就是激起员工的斗志。这就是"请将不如激将"的道理。

同时要明白，激将法这种负向的激励方式大多适于那些能力极强但又向来心高气傲、作风散漫、性格大大咧咧的那些人。适当地对他们用激将法，可以调动他们的工作积极性和不胜不归的决心，也让他们更加斗志昂扬地为企业工作。

用信任激励犯错的员工

曾经有一个人访问了一家成功的科技公司，这家公司以能够原谅员工的失误而出名。当访问者和这家公司的总经理进行交流时，突然听到一阵阵的鸣笛声，就问经理："那是什么？"经理淡淡地回答说："那是我们工厂的汽笛长鸣声。"这位访问者很快又问道："你们公司总是在星期四下午放汽笛声吗？"公司总经理回答他说："这倒不是，我们的鸣笛声，是为了告诉每一个人，我们又一次的实验失败了，但同时对我们而言，听见鸣笛声，就意味着我们离成功又近了一步。"

任何人都不是全能型的人才，失败总是伴随着一个人的成长路程。宽待犯过错误的员工，可以更好地激励下属。但凡优秀的管理者，不仅不会将失败放在心上，而且还会以更加敞开的胸怀去面对胜利，因为失败当中可能还孕育着成功的机会，这就是"失败乃成功之母"的解释。作为企业的管理者，就要懂得宽恕员工的错误，以信任和期许鼓励员工正视自己的错误，从中获得成功的经验。

如果你的下属因为做错事情而意志消沉，不能自拔，这时候适度地给对方一个微笑，以解除心中的不安。等他情绪缓和之后，再帮助他去找失败的原因，从而找到合适的改进方式，是对员工犯错最有效的处理方式。

常言道："人有失足，马有失蹄。"一个人活在这个世界上，犯错是在所难免的。犯错误是不可怕的，也不是最重要的，最重要的是在意识到自己犯错之后的态度。"知错能改，善莫大焉"，能够意识到自己的错误，并懂得改正错误的方式，才是面对错误最佳的方式。作为企业的管理者，更应该懂得宽恕下属员工曾经犯过的错误。

福特是一个懂得用人的企业家，在用人上，他处处体现出他的智慧。一天清晨，福特正在和下属开会，一个长相凶悍的人突然闯进会议室，那人从怀里掏出一柄匕首，威胁要见福特。

出现的陌生人使得会议被迫停止，福特很客气地将这个人请进办公室，并让自己的秘书给他冲了一杯咖啡。员工们见此情景都吓呆了，纷纷猜测福特是不是私下得罪了什么人，以致仇家上门，有些人想要去报警，都被福特拦住。

等到形势稍有缓和之后，那个陌生人终于开口了，说道："请求您给我一个做事情的机会，我真的很想改过自新。您是老板，您说的话肯定管用。"福特听他这样说，终于大致明白了情况，问道："你原先在什么地方上班？

做什么工作？为什么今天会拿着刀子到我这里来？"

陌生人低下头说："其实，我是一个抢劫犯，刚刚从监狱里放出来。我知道抢劫不对，可是我真的没办法，我也是为了能够养家糊口。"

福特口气温和地说道："你有没有到其他的公司去呢？或者，有没有你想做的职业？"那人摇摇头，十分沮丧地说道："我曾经面试过一些公司，但是，他们一听到我有前科，就将我赶了出来。如果这种找不到工作的情况继续下去，我就只能再做回原先的抢劫犯，回到监狱当中。"

福特想了一下，说道："如果我今天答应录用你，你有什么打算呢？"陌生人听了这话之后十分激动，想要起身做些保证，福特手一摆，说道："你不用跟我做什么保证，我相信你了，你明天到我这里来上班，让我看看你能够做些什么。"

陌生人怔了一下，然后连声道谢，十分感激地离开了。公司人知道了福特的决定后，都惊讶得合不拢嘴。后来，这个人进入工厂里工作之后，不仅改过自新，还勤勤恳恳地工作，回报了福特对他的恩德。

在如今的企业当中，各项工作极为烦琐，出现错误在所难免。对于工作当中员工出现的错误，企业的管理者不应该让它成为工作中的障碍，并对下属大发雷霆，进而对员工横加指责，狠狠地批评手下员工。如果真这样做的话，对企业将不会有任何有用的效果，反而会造成不利的影响，甚至会因此失去一个对员工进行有力刺激的机会。

此外，还应该从长远的眼光来看待员工的犯错，明白错误是在所难免的，在管理当中，随时为可能出现的错误做准备。在客观面对错误的前提下对员工进行勉励，积极寻求更加有利的改进方法。

作为企业的管理者，应该以理性的眼光来看待下属所犯的错误，如果帮助员工改正，这是最有利的一种鼓励。这样的机会，对于他们来说更加难能可贵，其作用甚至超过了千百倍的物质利益的刺激。另外，这样的激励机会也是稍纵即逝的，有作为的管理者一定要以敏锐的目光及时地掌控好。当有错误出现的时候，不要因为错误而感到烦扰和恐惧，而要看到错误当中的发展机遇。

人非圣贤，孰能无过？任何人都不可避免地出现过错误。不能因为自己一时犯下的错误就对自己全盘否定，否则就会情绪低沉。但不论你怎样消沉，该面对的还是要面对。有消沉的时间，还不如耗费精力，对自己做的一切进行反思，以完成整个调整过程，最终重拾勇气，投入自己的工作当中。

总之，对曾经犯过错的员工，企业的管理者不能一味地否定，不能将其定义为一个没有任何用途的人，这样做只会让员工自暴自弃。如果适当地给一次机会，员工就可以改变当前的困境。"雪中送炭"，可以让员工对自己加倍地忠诚。

告诉员工，你很重要

小王是一家肯德基店的员工，他一直觉得自己是一个默默无闻的小员工，整天的郁郁不得志。一天，这家肯德基分店来了几个顾客，吃完饭后，顾客借着酒醉在店中要酒疯，小王和几个员工过来劝阻，却反被其中一个人打了耳光。小王顿时火气万丈，挽起袖子就要还手，幸好被其他员工拦住。因为餐饮业都有不成文的规定："顾客永远是对的。"如果小王不顾规章，和那几个人打架的话，小王肯定会受到严厉的处罚。

事后，小王觉得十分委屈。就在这个时候，让小王受宠若惊的是，经理竟然亲自就这件事来慰问他，表示理解他受到的委屈，并安慰他不要放在心上。月底的时候，小王吃惊地发现，自己这个月的奖金比以往多了很多。这件事情让小王倍加感动，他也从经理对自己的关怀中清楚了自己在店里的价值、地位，从此工作起来更加认真了。

上述案例中的肯德基经理在用人上最成功的地方，就是通过对一个员工的关怀，让他了解到上级对下级的重视，让他感到自己在店里的重要性，进而激发出他的责任感，最终达到了激励他工作积极性的目的，让整个饭店多了一个诚恳工作的员工。对员工表现出重视的一面，是管理者们抚慰员工的必需手段。

让员工知道自己的重要性，就是要员工清楚地知道自己在企业当中处于什么位置，身上承担着什么样的责任，这样也就等同于在一定程度上给他们施加一定的压力。这样做不光可以激起员工的工作积极性，更可以使一个濒临危境的人起死回生。因为让他知道自己的重要性，就可以让他清楚地知道自己还有什么未尽到的责任，只要这些责任还没放下，他就一刻不能让自己松懈下来。

在一家医院的病房当中同时住着两位身患绝症的病人，这两个人，一个来自乡下，一个生活在城市。

生活在城市里的病人，家里有很多的亲人，时时刻刻地都守在病床前，朋友、同事也时不时地亲自到医院里来看望他。那些前来探病的人，常常安慰他说："老王啊，啥也别想了，一门心思养病。""单位上的事情都已经安排好了，你就放心吧。"

而那位从乡下来的患者，整日守在他身边的只有一个十二三岁的小男孩，他的妻子每隔半个月左右才来看望他一次，或者送钱，或者送些换洗的衣裳。

他的妻子似乎很不能体谅丈夫的病重，每次一来，就在他耳边唠唠叨叨，说这说那，家里的大事、小事，不论什么鸡毛蒜皮的事，都请丈夫拿主意，边说还边哭泣。

几个月过去了，那位生活在城市里的病人觉得什么事情既然都已经安排好了，自己似乎再也没有什么牵挂了，这个世界上似乎也不再需要自己了。渐渐地，他失去了战胜病魔的信心，不久就在孤独当中慢慢病死。而那个农村人却感到自己的重要性，他说："家里的大事小事都离不开我，我要是死了，我的家就垮了。所以我不能死。"靠着顽强的意志，那位农村人终于奇迹般地活了下去。

同样是病人，但是前者死去，后者可以活下来，这其中的门道就在于"自我重要性了"。任何人都有自我表现的愿望，都希望自己能够比别人受到更多的重视。在一个团队当中，每个人同样也希望能够实现自我的价值，希望能够体现出自己在团队当中的作用。作为企业的管理者，就需要让手下的员工常常感到自己在企业当中的地位，让他们感觉到团队的运作还需要自己，领导也是离不开自己的。

作为有作为、有智慧的企业管理者，就应该明白，为自己手下员工创造表现自己的机会，让他们时时刻刻不忘自己在企业当中承担很重要的角色。任何人都渴望获得成功，这样做就可以让下属很有成功感，也让他们觉得自己在这个企业当中是备受尊重的。让一个员工知道自己的重要性，知道自己在什么位置，同时也可以让他知道自己该干什么事、做什么才能更加有利于企业的发展。

"二战"结束后，日本陷入了严重的经济危机当中，全国各个工厂效益都很差，失业人数陡增。一家以生产玩具为主的企业也濒临倒闭。为了让企业起死回生，也为了减少企业在人力资源上的支出，决定裁减企业1/3的员工。

企业的总裁经过考虑之后，决定了裁员的主要对象：清洁工、司机、非技术性人员、保安等，共有三十多人。正式裁员之前，总裁将被裁掉的这些人叫到了办公室，说明了裁员的原因，并说明裁员的对象是那些在公司里并不重要的一些人。这些人听了之后，纷纷提出了抗议。

清洁员说："我很重要！要是没有我来打扫卫生，没有清洁的工作环境，谁还愿意在这样的工厂当中工作呢？"司机说："如果没有我们司机将生产好的物品送到市场上销售，公司又怎么能获得发展呢？"保安人员也说："我同样很重要，现在战争刚刚结束，战争创伤还没能解决，现在到处一片混乱，流落街头的人非常多，如果没有我们，这些产品就要被那些不法人员全部偷光！"

总裁觉得他们说得都有道理，一时取舍不定，经过再三思考，总裁决定不再裁员，而是重新修改公司的管理制度。到了最后，总裁在公司门口竖立了一块大木牌，上面写着"我很重要"四个大字。进厂的员工，第一眼看到的就是这四个大字。

从此，这个公司不论是一线管理员，还是领导阶层，都很重视自己在企业当中的地位。一年之后，这家工厂终于走出困境，起死回生，并利用战后日本经济复苏的机会迅速地发展起来，后来成为日本国内非常有名的一家公司。

在进行人力资源管理的时候，企业的管理者要能够看清手下每一个员工的优缺点、长短处，并及时地让他们感到自己在企业中很重要。当员工真正能将"我很重要"这四个字当成一种思维习惯的时候，企业的管理者就会发现自己的工作很轻松，因为员工们已经在发挥自己的能力了。

因此，企业的管理者就必须花一定的时间让自己的下属感觉到自己在企业当中的重要性，以此激发出员工的责任心和主人翁意识。这需要企业的管理者怎么来做呢？

第一，多听下属意见。

这就要求企业的管理者能够放低姿态，多多地去关注下属提出的意见和建议，让他们知道，企业的领导层对他们的想法十分重视，让他们有为公司的发展表现自己的机会。

第二，对下属进行授权。

当一个下属被上级授予了一定的权力之后，他就觉得上级很看重自己。没人会只喜欢负责却没有支配的权力。如果真的这样做的话，只会让下属的工作热情一点点地被打消掉，他会觉得自己被掠夺了参与公司决策的权利，这样会使员工很可能跳槽到另外一家公司去。

第三，让下属出出"风头"。

作为企业的管理者，要时时刻刻能给员工一个表现自己的舞台，让他们有表现的机会，不光是给下属一次锻炼机会，也是上级领导对他们的肯定，让他们感到至高无上的荣耀。另外，在适当的场合，对下属予以一定的肯定和成就，可以让员工对你更加感激，进而加倍努力地工作，以报答你对他的看重。

第四，让下属知道你赏识他们。

作为企业的管理者，如果真的重视哪一个员工，就不要将你对他的重视埋在心底，而应该让他知道你对他的重视。为了体现这一点，领导人应该在适当的场合，以恰当的口吻去赞赏自己的下属，激励他们能够继续为企业的发展做贡献。即使他们有的只是一点儿小功劳，哪怕是每天按时上班，也要称赞他们的守时。对那些人的可赞之处，更应该经常挂在嘴边，决不能吝啬赞美的词汇。

总之，让员工能够对自己进行一个适当的定位，让他们明白自己能做好什么样的事情，清楚自己的能力范围，才能让下属更好地发挥身上的潜力，进而为企业的发展做出更大的贡献。

每个人都渴望被欣赏

一位著名的畅销书作家曾在他的著作中提出这样的理论："员工最希望得到什么奖励？有人认为是金钱。其实不然。如果你将金钱和领导的赞赏同时列举出来，并告诉他只能选其中一项，那么大多数人都会选择赞赏。"对于这一说法，著名心理学家威廉·吉姆斯也表示同意。他说，员工渴望得到赞赏，没有人会从内心里认为自己受到的赞赏太多。

喜欢被人赞美是人之常情。我们说："忠言逆耳。"好话人人爱听。作为企业的管理者，就要善于抓住这一点，千万不要吝啬一句称赞的话，以此来激励下属的工作积极性，一个下属听到上级的称赞，虚荣心就会得到满足，积极性就会受到激励，进而以更高的效率、更加饱满的精神状态投入工作当中。

我们常听到一些管理者抱怨自己的下属工作不积极，上班没精神，工作没效率，每天都是一副"当一天和尚撞一天钟"的精神状态。至于为何会出现这样的现象，管理者大概只会把责任归咎于下属本身，而不去想想自己是否有做得不够的地方。

其实，很多时候，员工不能全身心地投入工作，原因恰恰是出在管理者身上。比如下属有了成绩，他们就直接屏蔽掉，连一个"好"字都不愿意说。日久天长，员工心中熊熊燃烧的小火苗就被管理者的冷漠毫不留情地扑灭了。

明清之交时，有一个喜好美食的官员，为此，他聘请了一个手艺极棒的厨子，他最拿手的菜式是烤鸭。他的烤鸭深受大家的欢迎，尤其是那位官员，三天吃不到他的烤鸭，就嘴馋得很。但是，这个官员惜字如金，虽然优待这个厨子，但是却没有夸过他一句，厨子就觉得自己很没有成就感，整日郁郁寡欢。

一天，官员的几个好朋友前来拜访，官员自然十分开心，就在家中设宴招待。在宴会上，压轴的菜肴就是官员最喜欢吃的烤鸭。烤鸭端上来的时候，官员拿起筷子，给朋友夹了一条鸭腿，当他再次抬起筷子，想要将另外的一条鸭腿给另外的一个朋友，但是不知为什么，却怎么也找不到另外的那条鸭腿。官员误以为是厨子克扣，就将厨子找了过来，问道："这鸭子怎么少了一条腿？另一条腿呢？"厨子不急不忙地解释道："启禀大人，我们府上养的鸭子只有一条腿。"官员觉得这事十分的荒谬，但是见到众多的朋友在场，就没有再深究下去。等送走了朋友，官员要厨子带自己到鸭棚当中一看究竟，看看自己家的鸭子是不是真的只有一条腿。

当时已经是黑夜了，鸭子都在睡觉，只露出一条腿在外，厨子就指着这些鸭子，得意扬扬地说道："大人看吧，我们府里的鸭子是不是只有一条腿?"官员听了之后，觉得自己受到了愚弄，就用力地拍动双手，将鸭子全部吵醒了，两条腿都露了出来，厨子就拍手笑道："大人真是了不起，您一拍手，鸭子就长出两条腿来了。"

官员细细品味，就知道厨子话中的含义了。从那之后，官员就不再吝啬自己的赞美之词了，时不时地对厨子的厨艺进行一番称赞。厨子心中十分欢喜，不断地研究新式菜肴，厨艺也越来越高，官员对此自然十分高兴。

这个故事虽然只是一段笑谈，但从中不难领会出，下属是多么需要、多么渴望得到上级的夸赞，这对他们来说是肯定、是荣耀，远比金钱令其心旷神怡！

其实，要让下属永无休止地施展才华的最佳方法，就是上司适时地夸奖，这样做能有效地激励他们的工作积极性。但遗憾的是，很多管理者都如故事中的官员一样，碰到不顺心的事，就把下属批评得一塌糊涂；碰到应该夸奖的事，却又沉默不语，吝于赞美。这对下属的成长和团队的发展有百害而无一利。

作为企业的管理者，当下属获得一定的工作成绩的时候，适当对他进行称赞和褒奖，比如"干得漂亮"、"我没看错你，你很有潜力"、"以后你就是我倚重的左膀右臂"，等等，这样的称赞无论是夸谁，这个人的心里都是受用不尽的。

也许更多的人追求的是金钱，聪明的人却很明白，上级的赞美，其实就是一种暗示：好好干，我不会亏待你的，你付出的一切，我都看在眼中。有了领导这样的承诺，你还能不安心吗？

常言说："良言一句三冬暖。"企业的管理者要想让下属以积极的心态去面对眼前的工作，一句适当的夸赞、赞美，就可以让其做到。

公开表扬取得成绩的员工

玛利亚是一家化妆品公司的新业务主管，她一直深谙公开表扬的智慧，并将之付诸实际。一看到某些员工工作表现杰出，她就会很兴奋，她会冲进大厅将这一消息公之于众，让所有的其他员工都看到这个人的成果。

一开始，公司经理并不认同玛利亚的这种做法："虽然做业务是需要热情和冲劲儿的，但是我想这种精神最好是面对客户的时候。在公司大厅公告某一员工的工作成就，我觉得这显得有些不够理智。"

但是，玛利亚却摇摇头："不，我认为这是一种最好不过的方法了。如果你不相信的话，不妨给我三个月的时间，到时候再下定论。"三个月后，这家公司的月销量额比之前翻了两倍，公司经理不再反对玛利亚的做法了。

赞美是一门艺术，作为管理者一定要学会运用这门艺术。其中公开表扬取得成绩的员工，是一种相当鼓舞人心的激励法。比起一对一的表扬，以公开的方式对一些员工进行表扬，会使赞扬的效果更加显著，也会更能激励员工。

所谓公开表扬，顾名思义就是在某一公共场合或者人群对某些人提出表扬。企业里的每位员工都是愿意"脱颖而出"的，管理者当众对员工进行表扬正是让他们"突出"，让他们意识到领导对他们的肯定和赞赏，进而激发员工渴求成功的欲望。不仅如此，有了成绩的员工被公开表扬，他们的业绩值得被所有的人关注和赞许，还能给其他人树立一个绝好的榜样，鞭策其他员工暗暗憋上一股劲儿，努力工作，你追我赶，这就形成了良好的工作氛围，使整个企业得到最大的受益。

因此，对工作优秀、有突出成绩的员工给予公开表扬，无疑是管理者驾驭和控制员工的有效方法。除了像玛利亚这样随时现场表扬之外，管理者还应该以定时的表彰大会、庆祝会对工作优秀、有突出成绩的员工给予定时或及时的赞赏，鼓舞员工士气。不过，不必太隆重，只要及时让员工知道他们工作得相当出色就可以了。

英国有一个纺织厂，厂里原准备为女工买些昂贵舒适的椅子放在工作台旁方便她们休息。后来，老板想出了个新花样：规定如果有人超过每小时的工作定额，她将在一个月里赢得椅子。奖励椅子的方式是：老板将椅子拿到办公室，请赢得椅子的女士坐在椅子上，然后在大家的掌声中由老板将她推回车间。

一般来说，对于一些十分突出的好人好事，或带有方向性的良好行为，以及过去在群众中有不好影响而现在确有转变的人，管理者是最适宜采用当众表扬方法的，常常能收到鼓励先进、鞭策众人的效果。

总的来说，我们要注意以下几个细节：

第一，当众表扬员工要有理有据。

当众表扬一位员工必须使其他人心服口服，这就要求管理者的话要有理有据。"有理"就是要求管理者的话有道理，无可挑剔。"有据"就是要有事实根据，确凿无疑，谁也说不出个不字来。有理有据，铁证如山，大家才能心服口服，自觉效仿，才能真正起到教育和激励的作用。

第二，不可采取褒此贬彼的方式。

当众肯定和称赞有成绩的某个员工对于激励众人是必要的，但是切忌对某个员工的长处极度赞誉之余，又对其他不具备此种长处的众人倍加贬损。这样褒此贬彼的表扬，将会严重地损伤众人的自尊心和领导的亲和力，不仅收不到预期的激励效果，相反却会酿成领导与员工、被表扬的下级与未被表扬的众人之间不应有的疏离，甚至敌对，企业整体的凝聚力就被破坏了。

第三，注意不引起员工们的忌妒心理。

公开表扬个别员工时，要注意顾及其他员工的心理，适可而止，把握分寸。称赞越多、越重，其他员工产生妒忌心理的可能就越大，如此原本的激励之效就被消减了。

在这方面，千古一帝秦始皇就吃过大亏。

秦始皇早就听说韩国的韩非有旷世之才，想让他辅佐自己成就大业。终于有一天机会来了，韩王派韩非为特使到秦国，实际上是做了秦国的俘虏。不过，秦始皇爱才如命，高度礼遇韩非。

秦始皇见《孤愤》、《五蠹》之书，曰："公子真知灼见，旷世未有。""嗟呼，寡人得见此人与之游，死不恨矣！"所谓人生得一知己足矣，秦始皇将韩非引为知己，但韩非却说"陛下非欲诚笃自见"，就沉默不语了。秦始皇很觉遗憾，于是又问李斯、姚贾等，说："韩非才深学博，寡人览其书，知其人泱泱风范，深明举国之理，治民之法。寡人赏其才，不知卿等意为如何？"

李斯、姚贾等人见秦始皇如此赞赏韩非，心里忌妒得要死，担心日后秦始皇会起用韩非进而威胁到自身的地位，于是群起攻击韩非，最后逼其自杀，结果秦始皇痛失良才，原本的辅佐计划落空。

秦始皇在李斯、姚贾等朝臣面前，大肆地赞叹韩非的才能，甚至将韩非引为知己，这是领导的泱泱风范，但遗憾的是，他没有意识到朝臣们的忌妒心理，结果反而导致了韩非之死，教训深重。

其实，当众称赞一位员工让其他人产生一点羡慕是正常的，控制员工的忌妒心理并不是说杜绝产生，关键在于管理者能切实把握好、引导好，把这种忌妒心理朝着有利于工作和团结的方向引导。因此，表彰个别员工时可别忘了团队成员，毕竟任何成就都是集体努力的结果。

第四，给每个人以均等的机会。

管理者当众赞扬员工，因为影响面较大，所以应当坚持公平的原则，给每个人以公平的机会。表扬要把握对事不对人的原则，谁有了成就、符合要求、达到标准都要当众表扬，而不能此一时彼一时，忽冷忽热，专门偏向某个人或某几个人。只有这样，才能充分发挥当众表扬的激励作用，创造一种公平竞争、努力向上的工作氛围。

从道义入手，也能激励员工

黄博是某一大型企业的销售经理，短短三年的时间，他就带领自己的团队创造了一个又一个的销售奇迹，而且那些员工们都愿意跟着黄博一起干，甚至同行竞争对手开出双倍工资也不动摇。有人问黄博的管理为何如此成功呢？黄博给出了自己的答案——道义，提倡道义，维护道义。

他经常这样教育自己的部下："我们的工业比较落后，连香港人都看不起我们，更不用说西方人了。为了维护中华民族的尊严，我们必须加把劲，努力工作，把我们的企业做好了、做强了，到时候叫那些人不但要看得起我们，而且还会很尊敬我们。"

秉承着这样的信念，员工们个个干得很起劲，使企业不断发展壮大，产品在国际上获得好评，给中国人挣回了面子。不过，黄博仍然不断地用道义激励员工："我们也应该认识到，我国相当一部分人民的生活还是处于贫困，我希望企业越做越好，促进社会进步，能为政府分忧，使更多百姓过上好日子。"

就这样，这家企业百尺竿头，更进一步。

除了采用譬如薪资、福利等激励方法以外，从道义入手也可以有效激励员工。何谓道义？道义即道德和正义，用孟子的话解释大致如此：那是一种最伟大，最刚强的气，是一种人生正气，与天地大道相配。一个健康的、进取的企业，正气是决定它兴衰成败的根本。正气是兴企之本，立企之源。

虽然员工参加工作是为了追求利益，但是人生的目的不是获取最大化的利益，而是正义和尊严。从道义入手，表现企业的正气，让员工感到不再是愿不愿意去干，而是应该必须去干，势必能够唤起内心的热情和潜力，进而最大可能地为企业做出贡献，这是管理者的聪明举动。

传说野兽在身亡时自己的头就要朝向它出生的沙丘，"狐死首丘"便是这个道理。野兽尚且不忘本，何况人呢？

因此，管理者要做的工作不仅仅是盈利，更要善于利用道义激发员工的民族感、自豪感，教育员工要认真工作，以"中国"标签的产品，征服全球的人民；以"中国人"的勤劳与智慧，捍卫中国人的尊重。倘若企业上下都能有强烈的责任心，不论做什么工作都要从"正气"的角度出发，何愁企业不发展？何愁企业不辉煌？

这一点，是无须怀疑的。我们每个人在和平年代可能更关心自身利益以及家庭生活，但是在关键时候还是都能够本着内心的道义之念，舍小我而求大我，牺牲个人利益以维护国家利益的，因为每个人的爱国心难移。

2008年5月12日，四川汶川发生了特大地震，长虹集团也受到了冲击——和所有重灾区一样，办公大楼几近坍塌，大部分的厂房出现了裂痕。但是，长虹的管理者的第一反应是安置好员工，安置好受灾人群，维护社会稳定，然后再尽快恢复生产，彰显出了以国家为重的大家风范。

长虹员工们心中的责任感使他们变得不再畏惧困难，不再惧怕死亡，他们自觉地加入生产自救工作，义务清理废墟，擦拭机器，使出浑身解数，昼夜不停地卖力工作。与此同时，员工们还发动了募捐行动，个人捐助达652万元，长虹集团捐款500万元，这还不包括捐出的大批救灾物资。

地震发生当晚，约20名长虹物流公司的驾驶员，频频往返于北川—绵阳这条生命线，余震、山体滑坡、滚石、泥石流，都没能阻挡这条流动的生命线。这条生命线运送了数万灾民、志愿者、解放军战士以及救灾物资、设备等，给无数人送去生的希望。死神随时可能降临，他们却一往无前。

"时间就是生命，责任就是使命。"大难当头，长虹的员工们在这种强烈的使命感的驱使下，有钱捐钱，有力出力，有血献血，为抗震救灾奉献出了自己的一分力量，受到了社会各界的广泛好评。

在灾难面前，首先考虑到员工和受灾人群，考虑到了社会稳定，这是一种凛然的浩然正气，不得不说，正是这种正气使得公司上下的人气凝聚起来，形成势不可当的锐气，从而在灾难面前站稳脚跟、赢得胜利。

　　每个人的心中都有一面旗竖在属于做人道德的领地，道义是永存的。激之以道义，恰恰是去触及对方的内心深处，让他认为自己的行为实质是道义之举。以此唤起员工的激情，什么时候都不会有错。

第六章
沟通，高效管理的润滑剂

沟通是管理工作的真正核心。我们常说"蛇无头不行"，管理者所担当的正是这个"头"的角色，而其职责恰恰就是沟通。没有充分的沟通，团队就会成为一盘散沙，这是任何一个稍有经验的管理者都心知肚明的道理。

身为管理者，你不能一直沉默

有一家企业的办公室着火了，于是管理者就对着刚刚走到门口的员工说道："快点儿，拿桶水来！"这位员工一边走一边想，公司的水龙头在哪儿？水桶又在什么地方？经过多番思考之后，他想起在不远处的食堂有一个水桶，然后打算先拿水桶，之后再到最近的水龙头打水，这样算下来会省去很多的力。但当他回头看了一眼办公室的时候，这下不得了了，管理者的办公室都起火了。

原来，当管理者发现火情之后，便马上要刚走进门口的员工拿水桶灭火，员工只知道执行拿水桶的命令，但是并不知道管理者的脑袋里想着什么，结果员工抱怨："早知道要救火，附近就有灭火器，干吗要跑老远去拿水桶呢？"

管理者遇到火的时候，如果动动脑筋，就会发现，救火并不一定要水，附近有灭火器，几分钟内就会解除火灾。

对企业的管理人员来说，和员工们相互沟通是非常重要的，因为，管理者要做出决策，就必须从员工那里了解到相关的信息，而沟通就成了两者最为重要的渠道。同时，在决策实施的阶段，管理者更需要和员工沟通，别让自己成为企业的"沉默者"。

上述就是典型的有沟通障碍的例子，这个例子表达的意思是，如果没有良好的沟通，那么就无法明白和体会对方的意思，最后的结果会是在工作的过程中出现很多的障碍，事情很难圆满地解决。

有位知名企业家说了这样一句话，他说："再好的想法、再有创意的建议、再完善的计划，离开了与员工的沟通都是无法实现的。"在现实中，有很多的例子都阐释出了，如果工作中出现矛盾和问题，大部分的原因是由于沟通不及时或者缺乏沟通和交流致使的。所以，企业管理者要想管理好人和事，就必须和员工们交流沟通。如果一个企业的上级和下级不能沟通好，很多有价值的信息都会被埋没，那么员工就很难把事情给做好。

沟通就是为了能够达成共识，实现沟通的前提就是要与员工们面对现实，世界著名的零售企业沃尔玛决心要做的就是通过信息共享、责任分担实现良好的沟通交流。

沃尔玛企业的总部在美国的阿肯色州本顿维尔市，在公司内的行政管理人员，每个星期都要花费大部分的时间去世界各地的商店，通报公司所有的业务情况，让所有的员工共同掌握沃尔玛公司的业务指标。在任何一个沃尔玛商店内，都定时公布该店的利润、进货、销售和减价的情况，并且不只是向管理人员们公布，而是向每个员工公布。

沃尔玛公司的股东大会是全美国最大的股东大会，每一次都会让更多的商店总经理和员工们参加，让他们看到公司的全貌，了解真正的沃尔玛。每次股东大会结束，山姆·沃尔顿都会和妻子邀请员工们到自己的家中举办野餐会。在野餐会上，山姆·沃尔顿会和员工们聊天，讨论公司现在的发展状况以及未来的走向。为了保持行业信息的通畅，沃尔玛高层还特地注重收集员工的想法和意见，通常会带很多人去参加"沃尔玛公司联欢会"等。

山姆·沃尔顿认为，这么做就是让员工们了解公司的业务和发展的情况，共享公司信息，让员工们更好地完成自己的工作，同时也是和员工们交流和联络感情的核心。沃尔玛正是通过信息共享和分担责任完成了与员工沟通和交流的需求，达到了公司的目的。

安东尼·罗宾曾说过："沟通是一门艺术。你不拥有这项基本技巧就不可能获得事业上的成功，这项基本技巧就是沟通能力。"所以，别让自己成为一个沉默的管理者，应该与员工和各阶层人员相互沟通。

都说交流是通往心灵的桥梁，企业管理者要想知道员工心中所想，最直接的方法就是主动和员工交流，知道他们的心思，如此才能更加有效率地完成工作。

让员工把心里话说出来

有一个人开车到山上去，正对面恰好开来了一辆车，里面就有人大喊："猪，猪，猪。"于是，这个人非常气愤地大骂了一句："你才是猪呢！"等到该人拐弯的时候，突然出现了一头猪，结果因为来不及反应，硬是把猪给轧死了，赔了一大笔钱。

原来，正对面开车的人是在提醒那个人小心有猪，但是那个人却误以为是骂他是猪。

通过这个案例，我们能看出，因为后者的不善于沟通，导致别人将自己的好意当成了坏意。我们在管理过程中，如果管理者不和不善于沟通的员工交流，往往就会形成没有必要的矛盾，如果再不沟通有可能会升级到冲突，最后升级到势不两立，造成严重的损失。

小李一开始步入职场的时候，曾经听前辈们说过这样一句话："要想在单位里面站稳脚、扎好根，就必须时刻保持谦虚谨慎的态度，然后按照上面的要求努力地完成好手头上的工作就行了，其他的事情尽量少管，以免为自己带来不必要的麻烦。"

对于那些经验丰富的人来说，作为刚刚步入职场的小李，对他们的建议深信不疑，并且采纳了。小李的性格比较内向，对于在上司面前表现或者是炫耀自己的能力的行为，他觉得难以接受，所以他只会选择沉默，不善于和他人交谈。

有一次召开一个会议，这个会议主要是关于策划方面的活动，整个会议当中，小李都是保持沉默的态度，即便是领导询问有什么观点和想法，他也是笑而不语，或者用"我没有什么意见"、"您的想法和看法我完全赞同"等类似的话来打发。

渐渐地，小李发现，在一些项目的推广上，领导再也不去了解他的看法了，而是把任务交给他的同事去负责。两年过去了，小李的同事全部升职了，只有他在岗位上平平淡淡。

像小李这般不善于交谈的员工有很多，他们埋头工作，不爱说话，或者缺少主见，从来不向别人透露自己的想法。那么，当企业管理者遇到"闷葫芦型"的员工该怎么办呢？答案就是"主动沟通"。

对于"闷葫芦型"的员工来说，他们最大的问题就是不想沟通，是自身的性情造成的障碍，他们沉默不语，往往让企业管理者头疼。但是，这并不能成为管理者退缩的理由，作为一个合格的管理者，应该使这类"闷葫芦型"的员工多开口说话，表达出内心的思想。因为，这不仅仅是员工个人发展的问题，也关系到企业管理者能否充分利用人才资源的问题。

有调查表明，不善于交谈的员工话虽然很少，但是他们身上有很多的优点，他们能够在危急的关头保持冷静的原则；能够平平静静地听别人说话，并且具有超强的协调能力，善于把相反的力量融合在一起；沉默的人秉持着"又说又练真把式"的原则，在岗位上恪尽职守，即使加班也不喊累；这类员工能够耐心地忍受惹是非的人。

由此可见，如果企业管理者对不善于交谈的员工弃而不问，对整个企业来说就是一种人力资源上的浪费，因此，我们不能像上面那个事例中的管理者一般，我们需要对不善于交谈的员工进行开发，打开他们的嘴巴，最后打开他们的心。

日本的管理之神松下幸之助说："企业管理以前是沟通，现在是沟通，将来还是沟通。"员工的性格不是管理者能够决定的，但是作为企业管理者，不能因为员工不善于交谈的性格而放弃他们。金银财宝不会说话，但是它们的价值依然存在。企业管理者该拿出应有的耐心，主动去和不善于交谈的员工沟通。

重视员工心中的抱怨

小王是实验室的专业技术人员，在年度考评的时候，没有被评为"优秀"，于是心里很不服气，就找上级去发牢骚，他说："我一年365天，只要是上班日，无论刮风下雨，我都按时上班，为教师准备的实验从来没有出现过差错，我管理的实验室都是一尘不染的，实验用品都被摆放得整整齐齐，为什么就不把我评为'优秀'？"

对此，孙校长没有反感，而是耐心和小王解释说："你说得都对，你是个尽职尽责的好同志，没有迟到过一天，按照学校的规定，你完全可以拿到满勤奖金和实验员的岗位津贴。"

小王听了就郁闷了：那为什么还不给自己评"优秀"呢？

孙校长继续说道："但是，专业技术人员评优，不只是看出勤和日常工作，还要看在经验和理论上是否有心得。评上优秀的几位同志，在这方面都做得好。如果来年你在这方面再努力一点儿，我认为你还是很有希望的。"孙校长的一番话，说得小王心服口服。

作为企业的管理者，或多或少地会面对下属们的牢骚、怨气。面对无道理的牢骚，管理者可以一笑置之，但是下属的牢骚话有一定道理的话，那么就要引起重视了。企业管理者面对员工的牢骚，千万不能把它当成一桩小事情，不能把抱怨当作员工的幼稚和愚蠢的表现。一般来说，员工不会因为心存抱怨提出辞职，但是他们会在抱怨的时候因无人听取的情况下选择辞职，所以，管理者一定要认真倾听，拿出应有的耐心。

那么，作为企业的管理者，需要如何处理员工的抱怨呢？

第一步，想要处理好抱怨，先接受抱怨者的心态。

很多公司都希望员工少拿点儿钱，多做点儿活，领导希望下属永远言听计从，但是下属希望自己的领导少管自己一点儿。所以，作为企业的管理者，就得接受抱怨者的心态了，稳住员工，让其努力为企业工作。

第二步，全方面地了解客观的抱怨。

在企业当中，产生抱怨的因素有很多。比如，员工喜欢抱怨领导为什么总是分配给自己难的任务，喜欢抱怨工资少，等等。那么，企业领导就得将内心的想法告诉员工。比如分配难的任务其实是想锻炼员工，让员工从中汲取经验，学习更多的东西；而给予的工资少，是公司财务状况有问题，必须要有足够的资金保证企业能够运营，等等。

所以，当听到员工们抱怨的时候，企业管理者就要了解客观的原因，进行多层的分析，最后采取措施，让员工了解原因。

第三步，抱怨的原因需要区分出来。

员工抱怨的原因有两种，一种是常规性的抱怨，比如工资低、工作辛苦等，这一类抱怨并不激烈，只需要沟通就能缓解，同时这类抱怨是无法消除的。第二种是突发性抱怨，这是企业管理者必须注重的问题，这种抱怨来自企业制度变化和临时性事件，所以必须及时果断地处理。

第四步，用平和的沟通去化解抱怨。

对企业管理者来说，其态度对员工影响甚大，面对抱怨的员工，就得去沟通，用平和的心态去处理问题。人与人之间是相互尊重的，这也体现出当代很多企业都运用人性化管理的原因。通过交流，可了解到员工抱怨的原因，才能准确做出解决方案。

作为企业的管理者，一定要有耐心，培养耐心是每个管理者的必修课程。耐心能够使管理者和员工之间的关系更加和谐，耐心能够使人与人相处融洽，拿出自己的耐心，就相当于拿出了自己的真心，只要员工有自己的感知，就一定会了解管理者的良苦用心。

做一个善解人意的听众

作为企业的管理者，就该朝着做一个善解人意的倾听者出发，能够听得进别人的意见是十分重要的，它可以极利于刺激员工的工作积极性。

能否倾听他人心声，是衡量一个管理者沟通能力的标志。善于倾听，在无形中起到了尊敬和褒扬下属的作用，这就等于是在告诉下属："你说的东西很有用，我得仔细听听。"在一定程度上让员工得到了满足，对领导就会有感情上的一种好感，使领导和下属之间的距离缩短了很多。

小王是一家财经企业的编辑，每天审阅很多的稿件，但是这些稿件都是由自己的助手小斌审阅过后才给他批阅。

小斌是个刚刚毕业的大学生，在公司做起事来一丝不苟，深得领导赏识。因为企业是做财经的，每天都有很多稿件要核对数字，一点儿也不能马虎。小斌虽然是男生，但是却比女孩子更加细心。小王对小斌很信任，只要是小斌审阅过的稿子，小王都会批阅通过。

　　但是这几天，小王发现小斌总是闷闷不乐的，做起事来没精打采，他拿起这几天批阅过的稿件，发现出现了很多的低级问题。小王没有在办公室内批评小斌，而是等到下班把小斌叫到办公室，说道："小斌啊，你看看这个稿子，这么简单的问题都出现错误，是不是最近比较累？我看你都有黑眼圈了。"

　　小斌支支吾吾的，但小王却说："你知道的，我在办公室都没有什么架子，完全把你们当成自己的兄弟姐妹，有什么问题就和我说吧。"

　　小斌顿时像泄气的皮球，说出了最近的状况。原来是小斌的母亲生病了，需要一笔手术费。小斌是贫困家庭的孩子，双亲供养他上完大学已经不容易了，哪有钱去给母亲治病呢？

　　小王了解后，就给小斌预支了三个月的工资，帮助小斌渡过了难关。小斌对小王的帮助很是感激，在小王的帮助下，小斌渐渐地开朗了，工作起来更加努力。

　　倾听他人说话，是和一个人个性契合、心灵沟通的根源。倾听别人说话，还可以表现出自己已经敞开心扉，坦诚地接受对方，继而使得彼此双方能够进行心灵上的沟通。成功的管理者，就是因为懂得倾听他人心声才受到员工们的尊敬和爱戴。

别把员工们的意见抛诸脑后

　　微软集团的第一个华裔副总裁是李开复，李开复对比尔·盖茨十分崇拜，比尔·盖茨为 IT 行业做出的贡献不仅仅是神话般的存在，他更让 IT 行业迈入了新纪元。

　　李开复表示，他对比尔·盖茨很欣赏，他举了这样一个例子："我有一个朋友在微软，他的工作就是帮助比尔·盖茨准备演讲稿。这个朋友告诉我，比尔·盖茨每次演讲之前，都会自己先对演讲稿进行批注，并且认真地去准备和练习。所以，比尔·盖茨的演讲都会圆满地结束，演讲说得十分好。每次，比尔·盖茨演讲结束后，都会下来和我的朋友交流，问问他'哪儿讲得好'、'哪里讲得不好'，比尔·盖茨会拿个本子记下自己哪儿做错了、下次应该注意什么什么之类。"

　　李开复觉得，当一个人在事业上取得了成功，却还能这么敬业、这么谦虚、这么愿意去学习，这是十分难能可贵的，因为，很多人成为领导人之后，心理膨胀，变得高傲自大，觉得自己是个了不起的人。李开复说："如果有比尔·盖茨那样强，那么就有理由去骄傲。"

　　有些人追求十全十美，原因是他们不是十分完美的人。有句话叫作"金无足赤，人无完人"，这句话的意思就表明了人没有十全十美的。企业管理者也是人，他们在处理问题的时候不会什么都明白，也是通过一步步地去学习才让知识层面提高。什么样的企业管理者算是成功的呢？无疑是要有比尔·盖茨一般的品德。

企业管理者对待工作的时候要拿出比一般员工更谦虚的态度，多多学习别人的长处，为自己积累经验，进化自己的才能，只有这样才能到达更高的巅峰。如果企业管理者自以为是，面对员工的意见甚是反感，那么最后会发现自己正一步步地失去权威和下属的支持。

孔子曾经说过："三人行，必有我师焉。择其善者而从之，其不善者而改之。"意思是说，几个人在一起，必定有值得自己去学习的人，同时，要虚心学习别人的长处，把别人的缺点当作是一面镜子，看看自己是否也有类似的缺点和错误。如果有的话，就该及时地改掉，没有的话更好。孔子生活在几千年前，他悟出了这样的道理，作为后人的我们，又怎能不虚心听教呢？所以，每一位企业管理者都应该养成不耻下问的学习态度，对员工的意见，好的话就去学习，不好的话要指出，如此才能得到下属的支持，与员工站在同一线上。

在一些公司或者企业里，有些领导人给下属发工资全凭着自己的心情，因此与人显得格格不入，最后和下属的关系弄得僵硬。孔子还说过这样一句名言，他说："四时行焉，百物生焉，天何言哉？"意思就是指天之于万物，虽然是居功至伟，却从不夸耀自己。作为企业的管理者，要明白"尺有所短，寸有所长"的道理，不应该四处去炫耀自己的本事，应该谦逊好礼，多虚心地向下属和其他人学习请教，面对员工指出来的缺点，要虚心地悔改，把员工们的建议放在心上。

国内某家大型制药股份有限公司的管理者说过这样一句话，他说："每个人的心里都会有一个底线。如果说一定是只有一个位置，而我们两个人非此即彼的话，很可能谁也容不下谁。但事实并非如此，企业并不像以前的家庭式作坊，企业是一个很大的组织。如果有人在某些方面强，我会安排他做适合他、能发挥其特长的工作。如果他综合能力比我强，我一定会推荐他到更高的职位去。有些下属在某一领域比领导的能力强也是很正常的事情，我们需要的是专业的人才，但我们现在发愁的还是人才不够多，有能力的人是我们求之不得的，特别是对正处于发展上升期的企业。个人的能力和才干都是非常有限的，虽然是领导，也不见得在各方面都比下属优秀。即使再能干的领导，也要借助他人的智慧，所谓尺有所短，寸有所长。"

承认自己的能力没有下属强并不是一件很丢面子的事，其实，发现和培养人才是企业管理者的重要工作之一。曾经有位管理者说，他的能力和智慧都一般，但是有一点是其他人无法比的，那就是他能把比自己聪明的人留在自己身边做事，这和他的性格有很大的关系。在他的身边，员工们的思想自由，不会因为上级和下级的关系察觉到上级的缺点而不敢去说，他们会勇敢地说出自己的意见，而这位领导人也虚心地去听，以至于整个公司都融成一团。这种虚心向下属学习的精神，真的能够让员工们产生敬意。

有句话叫作"当局者迷，旁观者清"，说的就是，当一个人处在混沌之中，自己是很难察觉到的，不过作为外人，却能很容易地发现问题所在。同样，企业管理者自身的缺点，想要发现却很难，但是员工们将其缺点看得透彻，提出来的建议都是精华所在。所以，企业管理者应该要将员工们的建议放在心上。

让员工们了解企业的发展状况

　　一家公司的总经理曾经向手下的员工明确地表示不满，说道："在半年之前，我就曾宣布，要我们的公司进入鞋类产品的市场当中。你难道不明白，市场零售商对我们新产品有多大的接受程度，是多么的重要？"

　　那名员工老老实实地回答："我确实没有在新的产品上下功夫，这是因为我不知道公司正准备大规模地向鞋业市场进军。其实，经理你应该明白，鞋类产品是一条重要产品线的组成部分，可是，却从没有一个人向我强调这个问题。如果我要是知道公司正准备全力向鞋业大市场进军，我自然会全力以赴。但是不能因为你说了一句'下点功夫'，就指望我能够明白你的意思，你应该将公司的整体规划跟我说清楚。"

　　从上面这个例子我们可以看出，企业管理者给予员工知情权是一件极其重要的事，它关乎企业的发展动向，关乎企业员工的努力目标。如果不将企业的具体状况告知员工，十有八九会出现员工们的劲使不到一块儿去，做起事来事倍功半。

　　给予员工知情权，可以激发员工的积极性，带来意想不到的效果，就好比日本松下企业的"透明式经营法",为企业发展创下一个又一个的高峰。

日本的松下企业管理制度基本上实现了透明化的管理,这对员工的工作积极性起到了极大的作用。

公司成立初期,松下幸之助就对手下的七八名员工开诚布公地说明了自己公司每个月的亏损和盈余数字。对此,那些员工大多数持半信半疑的态度。因为在当时,没有哪个公司的管理者会这么做,何况大多数的企业管理者都不可能清楚自己公司一个月到底做了多少生意。因此,更多的员工认为松下幸之助不过就是在员工面前摆摆谱、笼络员工罢了。

可是,没多久,大家就觉得松下幸之助说的并不是假话,并不是为了笼络员工而摆谱。大家发现松下幸之助的态度是真诚的,公司每个月的财务信息都会透明地向员工公布。

松下幸之助公开公司亏损、盈余的做法让员工感激之余,还更加努力地为企业发展做贡献。因为他们能够直接看到每个月因为自己的团结努力能为公司创造出来的业绩,进而让整个企业的员工产生一种共识:要在下个月更加努力地工作,取得更加出色的成果。

当松下幸之助的电器企业逐渐做大,并开设分厂的时候,也延续了这种开诚布公的激励政策,分厂的负责人每个月在向总公司报告亏盈时,也同样会向全体员工公开。

后来,松下幸之助将这种做法命名为"透明式经营法",是企业管理学中的一个经典案例。松下幸之助对员工的坦白其实是对员工的一种激励方式,这种激励方式使很多员工很少对公司提出这样或者那样的要求,管理者和员工建立起一种信任、和谐的劳资关系。

我们常说:"员工能与企业同甘共苦,那么企业必定是优秀的。"作为企业的管理者,最希望的就是员工能够团结一致,为企业做出奉献。但说起来容易，实现起来就有难度了。不过，松下幸之助的"透明式经营法"对凝聚企业力量很有帮助。开诚布公，给予员工知情权，就是给予员工信任，让员工有种处在大家庭的感觉。

特别是在企业出现严重危机的时候，更应该开诚布公，让员工知道企业面临的真实情况，这有助于管理者和员工能够团结一致、同心同德。所以，给员工知道企业发展情况的权利是赢得员工支持、大力促进企业团结的有力方式。

20世纪90年代初，波音公司的产品产量大幅下降，企业出现了前所未有的危机。为了让企业走出发展的低谷期，波音公司的管理者们经过一阵商议，决定采取"以毒攻毒"的方式，将企业的危机原原本本地让全体员工明白。通过讨论，波音公司决定通过自曝惨状的方式刺激全体员工，以求获取全体员工的支持。

为此，波音公司先行拍摄了一部靠虚拟方式进行播放的新闻片子，画面是：在一个天色灰暗、让人备感压抑的天气里，公司很多的员工垂头丧气、拖着沉重的步伐，从工作了多年的工厂黯然地离开了，而厂房上还挂着一块"厂房出售"的牌子。公司的播音喇叭正在进行广播："今天是一个特殊的日子，它宣告着波音企业的终结，波音公司已经关闭了最后一间厂房。"

员工们看到这部虚拟的片子之后，都强烈地意识到市场竞争的残酷无情，市场经济的浪潮随时都可能会将企业吞没，只有团结一致地拼搏，才有可能在这大浪潮中杀出一条属于自己的路，开创一片天地。否则，这部虚拟的场景就有可能变成现实。

这个时候，波音总公司的老总就告诉公司的各位员工："如果我们公司不进行彻底的改革，这一天仍将到来。"波音的前总裁菲利普·康迪特也说：

"我们的根本目的是为了确保在十年之后还能在电话簿上查到自己的公司。"

当员工们得知公司陷入了前所未有的危机当中时，深知如果不积极面对，危机只会更加严重。所以，员工们更加努力地工作，同时注意节约公司的每一分钱，充分利用每一分钟，从而使得波音工厂的飞机制造业迅速发展。仅在当年，波音飞机制造厂制造飞机的成本就减少了上亿美元，经营成本也降低了 1/5 到 1/3。

当波音公司的发展出现危机时，企业的管理者选择的并不是掩盖公司面对的危机，而是让企业的员工都感受到危机，以此激发出员工的忧患意识和艰苦奋斗的精神，终于帮助企业顺利地渡过难关。

在企业的经营过程当中，企业难免会出现很多难以解决的问题，但这个时候千万不能隐瞒，要将真实的情况告知每一位员工。如果管理者不能将公司的有用信息告诉员工的话，就有可能让员工陷入困境。对于大多数员工来说，知道公司的实际情况永远比不知道的好，即使他们听到的是坏消息。因为这个时候，员工都能够根据实际的现实情况而不是按照自己的想象来处理问题。及早地公布真实情况，可以让员工尽快地适应新生活。

同时，开诚布公，让下属知道公司的实际情况，可以让下属以为老板将自己视为自家人，这就可以激发员工内心的自豪感和企业主人翁意识，可以更好地让企业员工为企业发展奉献自己的力量。

让沟通在平等的氛围中进行

在企业的管理方式上，美国的惠普公司采用的管理方式是"走动式方式"。这种管理方式是一种不拘泥于形式的管理，很有企业特色。

在惠普公司，办公室的布局十分特殊，全体人员都在一间宽敞的办公室当中，各级部门当中用矮屏分隔，成为企业管理模式上的最大特征。这种管理模式可以让企业管理者在自己公司部门当中随意地走动，或者总是能够出现在员工的视野当中，使员工和员工之间保持着亲密的合作关系。

这种宽敞式的办公方式可以让整个惠普公司的管理者及时了解每个员工的问题和看法，让员工感受到家庭般的温暖，以此加强彼此间的信任和相互尊重。

在和员工的沟通当中，管理者千万不要人为地在自己和下属之间设置各种屏障、分隔。案例中，那间敞开的办公室就在给公司创造出员工之间人人平等的气氛，同时也打开了管理者和员工之间进行沟通的大门，并以此作为了解自己下属的方式。相互沟通，带来了领导和员工之间的相互了解，同时也带来了相互之间的合作。所以，沟通是一个目标明确、增强团队凝聚力的过程。另外，良好、有效的沟通，是公司领导对下属员工关怀的体现，也是尊重的直接表现方式。

在电影《古惑仔》中有这样一幅情景：香港每一区都有一个黑帮老大，这些黑帮老大的下面有很多的左右手，而上面还有一个顶级老大。每次开会的时候，只有每一区的黑帮老大发言，底下的左右手们则没有发言的机会。在这种等级严重的组织内，没有平等的交流平台，导致内部时常发生争斗。其实，企业管理也是一样的道理。员工作为企业的一员，自然想对公司提出自己的意见和看法，如果没有一个平台给他们的话，最后只会打击员工的工作积极性，造成企业萎靡不振。

企业的员工组织是一个严密、整体的组织，企业中的各个部门、岗位都是企业链条中不可或缺的一个环节。因此，要想实现企业的发展目标，就必须要协调各个部门、各个岗位之间的工作，以此来完成生产任务。这样一来，沟通就显得极为重要。而要想进行有效的沟通，就需要以相互信任为基础，这就要求管理者信任手下员工，员工也能相信自己的上级。

小丫今年20岁，是一个文静乖巧的女孩，平时说话走路的声音都很轻。小丫本来是在企业做策划的，但是却被部门经理调去做销售。

小丫到了销售部后，一个星期下来，没有卖出一样东西。对此，部门经理很是生气，觉得小丫就是一个废物，对企业没有一点儿的帮助。于是，小丫被无情地辞退了。

过了两年之后，商场上出现了一个做策划的女强人，部门经理听说后，想出重金聘请。好不容易见到女强人后，才发现原来是自己曾经辞退的小丫。一个连销售都不会的小女孩，怎么会在两年之内跃升为女强人呢？

原来，小丫不是不会销售，而是很害羞，每每有顾客来的时候，她说话都极其小声，细声细语的表达让顾客很不习惯，所以没有卖出一件商品。小丫的这种性格只适合在企业背后指导、出谋划策，为企业想出优秀的方案。部门经理很是后悔，于是问小丫当初为什么不对他说留下来，小丫却说道："我需要的是一个平等的沟通氛围。"

从上面的例子中，我们了解到，整个过程中，全部都是由部门经理占据了主导地位，小丫没有一点儿发言的余地。部门经理不给小丫说话的机会，又怎么能了解到小丫的真实想法呢？

如果在一个企业当中没有和谐的沟通氛围，公司的一些基本决策是不能很好地传达下去的，同时公司下面的情况也就不能如实地向上层传递，公司内部的各个部门就会发生冲突，进而导致工作效率的降低。

中国有句古话叫作"相由心生"，说的是一个人要是拥有一颗正直、真诚的心，是可以从他的相貌、声音、说话语气等外在的表现展露出来，无形中让人觉得容易被人接受，沟通起来就更加顺畅。在和下属交流的时候，企业管理者要注重诚恳的态度。中国有句俗言："种瓜得瓜，种豆得豆。"你用什么样的态度待人，别人也就会用同样的态度待你。

要想建立一个具有合作精神的团队，首先就要建立一个平等、和谐的环境。要想在公司员工之中形成一种平等、和谐的沟通氛围，就要做到企业的管理者不要常常将自己摆得高高在上。平等的范围能激发员工的活力，可以让员工知道自己的贡献已经得到上级的重视和认可，才能更好地承担更多的责任。

赞美也是一种必要的沟通

萧伯纳在 20 岁之前被人公认为"胆小鬼"。他刚到伦敦的时候，被人请去做客。到了主人家后，萧伯纳却无论如何也鼓不起勇气去按门铃，最终，在朋友家门前徘徊了一阵，就只得离开了。但是，让人意想不到的是，这样一个"胆小鬼"，后来竟成为一位赫赫有名的演说家。

他第一次进行演讲是在一个朋友的极力盛邀之下才勉为其难地上台。当时他在台上，声音很小地讲了一个故事。结果，他的第一次登台演说成为别人的笑料。很多人都笑话他，声音小得就像一个小姑娘，他自己本人也沮丧至极。就在这个时候，萧伯纳听到了一个小女孩的赞美："您的声音真好听，要是能够将你的声音再放大些，相信一定很悦耳。"萧伯纳红着脸向女孩道了谢。那个女孩笑得很开心，因为她知道，萧伯纳接受了自己的赞美。

小女孩的这随口一句赞美，对萧伯纳形成了一股无形的推动力，让他以后不在公开的场合继续保持他的沉默。从此，每逢周末，萧伯纳就会积极地寻找机会进行演讲。每一次的演讲过后，萧伯纳就对自己的演讲进行一番总结，从中汲取教训和经验。

以后无论是在市场、码头、学校，只要是人群扎堆的地方，都少不了萧伯纳的身影。经过无数次的磨炼，萧伯纳再也不是当初的"胆小鬼"了，他不光能够大胆地与人交谈，还是英国赫赫有名的演讲家。

小女孩随口的一句赞美，就让一个性格羞赧的胆小少年经过多番的努力成为举世闻名的演说家。由此可以看出，赞美的力量是多么的强大。赞美可以赋予一个人力量和真诚。

真诚的赞美，并不是一味地吹捧和谄媚，要知道，任何夸张的吹捧和谄媚都是糖衣炮弹。这种赞美不是由衷而发，而是对事情盲目、虚假夸大。这些不真诚的赞美，都是心怀叵测的盲目吹捧，这样的赞美只会害了一个人。

在企业的管理当中，只有出自真诚的赞美，才能打动下属的心。一个合格的企业管理者就应该懂得说话依凭事实，要依据真实进行赞美。你的赞美说得越真实，就越能让对方感到优越感和自信心。企业管理者将对方的业绩和成就在公开的场合公布，这就是最有力、最合适的赞美方式。同时，当企业的管理者赞美下属的时候，语言当中不能毫无感情，要有一定的热度。如果任意地夸大下属身上的优点，或者下属取得的成就，人为地加上一些并不具备的优点，这样就会产生很多不良影响。

叶青年纪虽轻，却已经是一家公司的总裁。年终的时候，公司的各种会议和各式各样要填写的报表多得让人喘不过气来。叶青作为公司的管理者，既要参加会议，又要指导办公室的工作人员完成相关的工作任务，更是忙得不可开交。

一天，一本厚厚的账单总结需要明天上交，同时这份总结必须由叶青本人完成。无奈之下，他只好让办公室的几个秘书帮忙做一些相关资料的查找工作。第二天，叶青终于及时地将那份总结报告交了上去。对此，他对曾经帮助了自己的几个年轻下属十分感激，他非常真诚地跟他们几个说："真感谢你们昨天晚上帮我做了那么多的活，才让我将所有的工作都能够按照预期的时间完成，在这里真心地感谢你们的帮助。"

上面例子的管理者，其话语是发自内心的，即使没有赞美，但是对员工来说也十分受用。如果管理者在赞扬下属的时候说话漫不经心，一边喝茶，一边看报，嘴里一边含糊不清地说几句赞美的话，这样做不仅不会产生赞美的作用，反而会让下属觉得你是在有意敷衍，是对下属不尊重的表现。久而久之，员工就对你的赞美不再理睬。因此，科学的赞美，要赞出真诚来。

世人都喜欢得到赞美，一句赞美之词可以说是对他们成就的证明。这当中的道理很简单，谁都希望自己的成就能够得到上级的称赞。像上述中的种种赞美，都不是正常的激励下属的手段。企业管理者在赞美自己下属之后也应该注意这方面的问题，不然，就会让下属员工感到和领导之间有一定的距离，从而造成对上级的不信任。

第七章
化解团队的不和谐因素

有人说缺少协调能力的人难以当好管理者。诚然，虽然在工作中，管理者具有分配下属工作的权力，但下属也许并不愿意按你的意思工作，而且随着人们自我意识的提高，下属与下属之间也会产生矛盾。因此，如何借助各种方法促进团结，以和为贵、有效调节矛盾是现代管理者应当具备的能力。

协调是管理者的重要工作

一头牛和一头驴居住在同一个房间里，牛的话很少，只是踏踏实实地干活，它非常讨厌驴得瑟的样子，但它从来不会直接说出自己对驴的不满，总是在心里骂几句解解气就算了。驴的工作做得没有牛多，干活也有些毛躁。

有一天，牛发现主人多给了驴一些口粮，很是生气，心里骂道，这个懒鬼，一天天不做什么工作，还要吃这么多，我天天跟着主人干活，结果还不如它吃得多，真是让人生气！而此时，旁边的驴心里也在犯嘀咕：我一天天跟着主人出去割草，还要拉一大车的草回家，而回来之后却还要跟这头笨牛一起吃饭、一起住，真是憋屈死了。

于是驴十分生气地对牛说："蠢牛！这些草都是我辛辛苦苦拉回来的，你能不能少吃点儿？"而牛此时也正在生气，听了这话更生气了，说道："既然草是你拉回来的，那你就天天吃草吧，这些苞米都是我跟着主人辛辛苦苦种出来的，连化肥都是我施的，那这些苞米你就别吃了，你吃你的草，我吃我的苞米，这样可以不？"

驴生气了，上去踢了牛一脚，牛也生气了，心里积蓄已久的怒气似乎瞬间都要发泄出来，对着驴顶了过去。你踢我，我顶你，驴和牛打了起来，结果两败俱伤。

晚上的时候，主人发现了，了解到事情的原委之后，先给它们疗伤，而后对其耐心劝导，分别说出了驴与牛各自的优点与不足，最后让它们以后相互合作。

牛和驴都难为情地低下了头。

在一个企业中，当员工出现争强好胜的矛盾时，作为领导一定要做好协调，对导致出现这种状况的因素进行调解，降低双方之间的矛盾，转化人际矛盾与人际冲突。

协调能力是管理者应当掌握的一门艺术，这种能力从来都不是若有若无的，而是管理者必须具备的一种能力。因为员工之间的矛盾很难自己解决，回归和谐，既然产生了矛盾，如果管理者对此置之不理，那么，工作就容易受到影响，自然工作效率也会受到影响。

所以说，协调是一种展现管理者能力与艺术的关键一环。它是管理者的工作内容之一，也是管理者采取一些措施和方法，使自己管辖范围内的内部与外部环境融合、一致，实现高效工作的一种行为。

由此来说，协调的重要性不言而喻，对于一个企业而言，领导没有良好的协调能力，就没有成功的企业。加强领导的协调能力既可以使管理者本人工作起来更加顺畅，同时也可以提高员工的绩效，增强企业的凝聚力和竞争力。因此，每个领导都应当重点培养自己的协调能力。

中国有一句俗话叫"家和万事兴"，其实，这句话不仅适用于家庭方面，在企业中也同样适用，无论在哪一个企业中，矛盾都是存在的，管理者面对矛盾，绝对不能视而不见，一定要想方设法协调双方矛盾。

王总走过来对李强说："明天客户部要新来一位客户部主任，你们好好配合一下。"李强心不在焉地"嗯"了一声。

王总感觉到了李强心里的不痛快，说到底，李强也是跟着自己三年的老部下了，王总也想升他为客户部主任，但是，李强计划性不好，而且情绪也不是很好，坐这个位置并不适合，而新来的这位主任无论在计划还是在品质方面都很适合。

第二天，新主任来了，李强一看，这位新主任还比较年轻，看起来也就是三十多岁，心想，这么年轻，资历也没我老，倒是安心很多。

然后，新主任开始给大家布置工作任务，他策划了一个销售计划，大家都觉得很不错，但是唯独李强唱反调地说道："现在这个时候，花那么大的力气做促销，有意义吗？"新主任阐述了一下自己的观点，大家也都点头表示赞同，但是，李强却依然说："你刚来公司，对我们的产品有多少了解？"这一番话显然具有挑衅的味道。

从而，两人的战争就拉开了。

王总分别找他们两人谈话，提醒他们要多合作，不要激化矛盾，可李强就是不听，依旧和新来的主任对着干。新来的主任情绪很受影响，工作也难以进入状态，最后，两人形同路人。

王总夹在两人中间，感觉很为难。

在这个故事中，出现矛盾的双方是李强和新来的主任，范围比较狭小，此时，管理者应当妥善化解两人之间的矛盾冲突，而不能束手无策。管理者可以把他们两个人叫到一起，双方进行一次开诚布公的谈话，坦诚说出自己对对方的看法，然后管理者在中间协调。如此，有利于问题的解决，而且双方也会感受到领导的一片苦心。

如果矛盾双方之间的关系已经到了水火不容的地步，此时，无论管理者说出怎样的肺腑之言都难以使两人和好，最明智的办法就是分开两人，让他们在无情绪的环境开始新的工作，降低他们相互干涉的限度。

如此说来，"家和万事兴"不仅适用于家庭方面，在企业方面也同样适用。

那么，管理者应当采用怎样的手段来降低员工之间的矛盾呢？

首先，要让员工明白合作是管理者非常重视的方面。其实，在职场中，像以上两位员工之间的矛盾屡见不鲜，同事之间在一起的时候甚至要多于同家人在一起的时间，所以，管理者必须要让员工意识到"合作"才是取得成绩的条件之一，单打独斗是难以赢得发展的。

其次，立场要中立。在管理中，管理者一定要一碗水端平，不要重视一方而轻视另一方，让员工感受到自己客观中立的立场，员工才会信服你，你的调和才会有效。

最后，向矛盾双方阐明自己的意见。管理者可以找一个合适的机会与他们谈话，告诉他们，两人之间的矛盾已经使其他员工受到了影响，很多员工都认为现在的环境很乱、很压抑，如果他们不想让其他人受到连累，就要和平共处。

没有冲突的企业也不会拥有活力

小白兔高高兴兴地背着一大筐胡萝卜回来了，进门时看到妈妈正在收拾房间，于是，它高兴地对妈妈说："妈妈，你知道吗？今天……"

妈妈打断小白兔的话，厉声喝道："今天怎么没有告诉我就一个人独自出门了？"

小白兔说："妈妈，妈妈，我……"

"行了，别说了，自己回房间做检讨去吧。"妈妈生气地说道。

小白兔只好灰溜溜地回房间去了。

生活中，每个人都希望对方能够倾听自己说话，哪怕对方不懂自己说话的意图，但是，如果对方能够让自己说出心中的想法，这就是一种对自己的尊重。

每个人都不可能是全才，不可能把所有的事情都做得很好，即便你的水平再高，知识面再广，也难免出现"智者千虑必有一失"的情况。而这就需要每个人给别人说话的机会。

当然，在某些人的心中，如果给了他人过多的说话机会，就等于给了对方反驳自己的时机，自己的想法、见解就会被推翻，他们完全不能接受这种情况的产生。因为，在他们的心中，自己就是权威，不容置疑。

其实，这样的人是自私的，也是难以不断进步的。试想，一个老师如果总是压制学生们举手发言的权利，仅仅自己在讲台上侃侃而谈，这样的课堂又有什么活力呢？这样的老师又怎能带出优秀的学生呢？这样的班级又怎会取得好的成绩呢？

然而，如果将这种情况放在一个企业中，企业又将如何呢？

诚然，在一个企业中，冲突容易使得企业产生不安或者不和谐的局面。但是，有时候，没有冲突，企业就没有活力，如同一潭死水，员工又怎会热情高涨地工作呢？

冲突在某种情况下可以变换为一种激励的因素。当企业中没有不同言论、不同见解时，虽然此时不会产生冲突，但员工们却可能缺少了自我分析与评价的能力，潜力难以得到发挥，长此以往，企业也将陷入"意见一致"的瘫痪中。员工之间通过发表各自不同的言论，可以为企业提供一种积极献策的氛围，挖掘出员工的潜力，这种意见方面的冲突反而会刺激员工在工作中的兴趣与好奇心，在一定程度上反而形成了一种勇于交流、发表意见的局面，而从另一个侧面来说，这也提高了员工的紧迫感。

在通用公司的历史上，有两位不得不提的重要人物，由于他们对冲突和矛盾的看法不同，结果通用公司在他们的带领下出现了不同的局面。

一位是威廉·杜兰特，他喜欢独断专权，在重大决策方面总是喜欢让员工按照他指定的方式行动，他十分反感那些和他意见相悖的人，而且更是讨厌那些当众顶撞他的员工。

结果，在他的"英明"领导下，公司从不会发出反对声音，有的仅仅是"赞同"，结果四年之后，通用陷入了危机之中，杜兰特也不得不离开了公司。

另一位是被称为"组织天才"的艾尔弗雷德·斯隆，他是通用发展史上非常具有威望的管理者。

曾经，他是杜兰特的助手，然而在后来的工作中升任到杜兰特的职位。他十分清楚杜兰特存在的缺陷，并积极努力地修正这些错误。

在他的意识中，没有完全正确的人。每做一项决策，他都先听取其他员工的意见，鼓励争论和发表不同的观点。这种领导方略使他取得了极大的成功，成为通用史上的风云人物。

从这件事中，管理者应该认识到，不可以独断专行，要允许并鼓励不一致意见的出现。对当今的管理者来说，如果一个企业没有不同意见，那么这个企业就难以有活力，作为管理者要鼓励员工发表意见。

当然，在当今的管理中，我们也提倡"合作"与"共识"，但是这并不等于压制其他员工的意见，而是鼓励大家在提出不同意见的时候最终找出一种合理而有效的办法，达成合作共识。不同意见越多，那么最后做出的决策就越高明。

被誉为"日本爱迪生"的盛田昭夫在担任副总裁时，曾与当时的董事长田岛发生了一次冲突。

田岛怒气冲冲地说："盛田，你我想法不同，我不喜欢留在一个一切都按照你的意见工作的公司里，我更不希望看到我们总是为此而发生争吵。"

而盛田却回答说："田岛先生，如果我们的意见完全一致，那么，我们俩就没必要在同一家公司领两份薪水了，我们俩之间某一个人辞职，主要原因就是因为我们的意见不同，如此，公司出现错误的风险才会降低。"

对于领导来说，不要总是被一时的"相同意见"遮住双眼，甚至还要有意制造一种"意见相同"的现象。任何一个人的想法都难以达到全面，也不可能总是正确。而出现了不同意见的冲突和矛盾也正是对自己做出修正的良好机会，如果你能协调合理，这种冲突将会为企业的发展创造一种良好的氛围。

敢于直面冲突和矛盾

小杰刚刚五岁，却是一个功夫片爱好者，每逢爸爸妈妈休息的时候，他就会央求爸爸妈妈和他一起看功夫片。

有一天，小杰突然对爸爸说："那个小和尚的功夫真厉害，谁也打不过他，我也要到少林寺去当和尚学功夫。"

"傻孩子，那不是真的，现在的小朋友根本没有人愿意去做和尚。"爸爸对小杰说。

"爸爸骗人，如果没有小朋友愿意去，那为什么还能在电影中看到呢？我不要去上学，我要去做和尚学功夫。等我学会了功夫，其他小朋友就都不敢欺负我了。"小杰大声地对爸爸说道。

父子两人因为此事，你一言，我一语地争论起来。

眼看着儿子有些要小脾气了，爸爸也有些无奈，妈妈出面了。

妈妈问道："你真的那么喜欢做和尚练武功吗？"

"我很喜欢练武，能打败所有的人，多威风。"小杰振振有词地说道。

"可是练武也要有文化才行啊，而且做了和尚要先学习念佛经，然后才能练武，佛经都是中国的古汉语文字，你连一年级都没有上呢，怎么能看得懂经文呢？"

小杰听后有些失望了。

妈妈继续说道："和尚要吃素，是不可以吃肉的。你要是想当和尚，那从明天开始，妈妈先训练你一下，每天都吃青菜。"

"啊？不行，不行，我要吃肉。"喜欢吃肉的小杰马上反驳道。

就这样，父子之间的矛盾被妈妈轻松地化解掉了。

生活中，矛盾现象时常出现，一旦出现了矛盾就需要调解，而调解矛盾的方式体现了一个人的智慧。

在公司中也是如此，一个企业中，很难存在皆大欢喜的局面，冲突或者矛盾是家常便饭。即使大家在公司中有着一致的目标，但也并不意味着每个部门、每个员工之间的目标和利益是一致的，所以，矛盾和冲突在所难免。

下属之间的矛盾冲突是一种偶然现象，但却不利于团结，也带有一定的消极影响，产生的原因主要是因为某些下属在沟通或者自控能力、情绪、辨别是非方面存在一定的弱点导致的，如果这种矛盾冲突不能及时排解，就很容易出现不良后果。

所以，作为一位成功的管理者必须运用你的智慧和影响力及时妥善地解决这些冲突和矛盾，消除下属的不满情绪。这是稳定团队、增强团队凝聚力的保证。

一家汽车公司的分工厂因为管理不善，濒临倒闭，后来，总公司派去了一位新的管理者，他到任的第三天就发现了症结的所在，如此大的一个工厂里，一道道的流水线像屏障一般隔断了员工之间的交流，过去的领导为了挽救濒临倒闭的工厂，要求员工加班加点地工作而忽略了让大家一起谈心交流的环节，结果工人的热情度降低了，人际关系的冷漠让员工抱怨连连，员工中出现了混乱的局面，人们议论纷纷。

发现这一症结之后，新任领导马上采取措施：以后工厂所有员工的午餐都由工厂承担，希望大家每天中午的时候都能坐下来好好吃饭。这一决定出台后，下属马上意识到工厂到了生死存亡的时刻，应该好好地大干一番了。其实，这只是新任领导给员工们一个交流的机会，希望借此改变彼此之间的冷漠，拉近他们之间的距离。

中午聚餐的时候，有时新任经理还会亲自下厨为大家做饭、烤肉。果然，这种融洽的气氛收到了很好的效果。那段时间，下属们谈论最多的就是如何使工厂渡过难关，大家纷纷出主意，找出解决方案。

两个月之后，企业有了业绩，五个月后，企业居然开始扭亏为盈。

如今这个企业一直保持着这样的传统，中午的时候，大家一起聚餐，并由经理亲自下厨烤肉。

在这个故事中，能够很好地处理下属之间的矛盾冲突是彰显一个管理者能力强弱的标尺之一。

正确对待公司内部的员工与员工、员工与企业之间的矛盾，是管理者维系员工的良好心态、企业长足发展的关键点之一。因此，作为管理者必须从全局出发，认真对待企业中出现的冲突和矛盾，并妥善处理好这些问题。

如果管理者缺少直面矛盾和冲突的勇气，缺少化解冲突、解决矛盾的能力，就难以找到矛盾的症结，更难以做好部门的领导工作。

那么，作为管理者应当如何做呢？

首先，搞清楚矛盾产生的原因。一个公司中出现的矛盾与冲突，有些时候是没有预兆的，更是超出领导想象的。此时，如果管理者贸然处理问题，就容易判断错误，甚至恶化矛盾。因为要在稳定大家情绪的基础上全面调查事情的原委、弄清楚事情的前因后果，分清是非，然后才能做好调解工作。

其次，加强领导与下属之间的交流。作为管理者要多与员工交流沟通，了解他们的思想，这样，才能很好地掌控下属，化解他们的负面情绪，避免他们出现过激行为，进而也就抑制了矛盾的产生。

最后，多给下属一些交流的机会。产生矛盾的原因是由于彼此之间存在误会，而沟通却能在一定程度上将误会解除掉，使员工们在心平气和的情绪中愉快地工作。

有人说，世界上没有两片完全相同的叶子，同样的道理，世界上也没有两个性格完全相同的人，所以，当领导发现矛盾之后，就需要直面冲突和矛盾。如果说矛盾是一种灾难，那么最好的办法不是解救，而是预防，只有将矛盾冲突化解在萌芽中，那么，你才能够成为下属佩服的好领导。

让矛盾在冲突中缓和

一对小夫妻到一家服装店买裤子。

老板说："裤子100元。"

男的说："老板，有点儿贵啊，便宜点儿，50元怎么样？"

老板却说："80元是最低价。"

女孩拉着老公要离开，老板有些生气地说道："80元还嫌贵，一个大男人给自己的媳妇买条裤子都没钱，真丢人！"

话说得有些刺耳，男的回头说："不买你的就是不买你的，你还没完没了了，是吧。"

老板一听也火了，恶狠狠地说道："像你媳妇这种肥人，胖得跟猪一样，能买到一条裤子就不错了，给你便宜还嫌贵。"这下男的可生气了，拖住老板一顿痛打……

因为一条裤子惹出了这么大的事情，还为此挨了一顿痛打，真不值得。

正所谓"买卖不成仁义在"，和气才能生财，说话婉转一点儿，宽容一点儿，亲和一点儿，也许生意就做成功了，根本不至于发生打架的事情。

不懂得说话之道，出言伤害他人，于己于人都是没有什么好处的。

无论在任何场合，还是任何时间，说话一定要婉转，好好包装一下自己的语言，不能口无遮拦、直来直去。比如，当你想要他人给你让路时，如果你说"喂，走开点"，就不如说"抱歉，请让一下好吗"，后者的效果要比前者好很多。

人们常说"说话也是一种智慧"。同样的事情，有人口不择言、横冲直撞，而有的人却言语稳重、迂回前进，当然，其结果也是不同的。

语言就是一把锋利的刀，可以削东西也容易伤人，就看掌握它的人如何使用。孔子有言："己所不欲，勿施于人。"如果是自己都不愿意听的话，最好也不要说给他人听。说话讲求方式，把不好说的话转个弯说出来，这样才好听，才是真正有素养的说话人。

某地一个村的支部书记带领村里人修路，结果在放炮的时候炸毁了一家农户的果树，这果树可是农户家赚钱的宝贝，农户非常生气地抓住支部书记的衣领要他赔。

支部书记说，秋后一定赔偿，但是，农户却不答应，农户一家大小一拥而上，把支部书记打了一顿。

村里的党员和群众都怒了，要狠狠地整治打人的农户。

开全村大会的时候，打人的农户也知道今天要整治自己，已经做好了心理准备。

然而，支部书记首先开口说话，他没有批评打他的人，而是做自我检讨："村里的老少爷们儿，我来村里的时间短，也年轻，很多事情还不懂，需要大家多帮扶、指正。哪件事我做错了、哪个活我安排不对了、哪句话我说得不好了，大家别往心里去，我做检讨。"

话说完了，却对被打的事情只字未提。

后来，打人的农户找到支部书记主动承认了错误，并说："你是领导，为了全村做得对，我就想着自己家，我错了，以后你咋说，我就咋干，再也不闹事了，全听你的。"

可以说，支部书记是非常懂得管理艺术的，他上台讲话，没有指出农户打人的过错，而是做自我批评、自我检讨。本来自己处于被动的地位，结果此话一说反而将自己放到了主动地位上，反其道而行，一举夺得主动权，这是一种说话的智慧。

某位著名的大师说，在说话办事的时候，不懂得迂回前进，虽然本意是好的，但是往往因为说话太唐突、太直接了，总是难以达到目的。

有些话不可以直来直去地说，需要换一种方式转个弯去说，这是一种委婉的说话方式，也是人际交往中不可缺少的一种交流艺术，更是维系人与人之间和谐关系的重要手段。

通常的时候，人们一般都有这样的经历：如果你想要用拳头打倒对方，如果伸直了胳膊出击，一定会力量不足，相反，如果你先收回拳头，猛击对方，力道往往会更好。而说话的道理也在于此。

所以，当你遇到难以说服或者难以调和的矛盾时，不妨改变一下思路，避开正面出击，迂回前进，利用以退为进的策略，让矛盾得到缓解，往往能够收到更好的效果。

怨气不可怕，可怕的是不能化解怨气

一个美发师收了个徒弟，徒弟学艺半年后开始上岗。

徒弟给第一个顾客理完发后，那位顾客说："头发剪得不够短，有点儿长。"徒弟没说话。

师父笑着说："头发微微长一点儿，更能凸显您的含蓄，这叫藏而不露，很适合您的身份。"顾客听后高兴地离开了。

后来，徒弟又给第二位顾客理发，结束之后，顾客说："剪得有点儿短。"徒弟又没说话。

师父笑说："头发短显得您精神，看起来更年轻。"顾客听后高兴地离开了。

徒弟又给第三位顾客理发，顾客笑着说："我这个头理的时间够长的。"徒弟还是没说话。

师父笑着说："为'首脑'多花点儿时间很有必要。"顾客听后，哈哈一笑离开了。

晚上关门后，徒弟问师父："师父，我没有一次做好过，但您为什么总是包容我，替我说话？"

师父笑道："我包容你、替你说话有两方面的原因，第一，我这样说能博得顾客的欢心，下次他们自然还会来；第二，这是对你的鼓励，希望你以后继续努力，为顾客服务得更好。"

徒弟十分感动，从此他跟着师父苦心学艺，手艺日益精湛。

在通常情况下，我们都不可避免地会听到他人的抱怨、牢骚、烦躁或者愤怒的情绪。作为领导，你有责任随时随地解决这些矛盾，以免造成隐患或者更加严重的后果。所以，对于管理者来说，一定要尽力维护员工的利益，激发员工的动力，如此，他们才会深受感动，更加努力地工作。

不仅如此，对待员工的抱怨，管理者也要及时解决，不要把员工的抱怨当作是一件小事，或者把员工的抱怨当作是幼稚可笑的事情，员工的抱怨在管理者看来也许不是什么重要的事情，但是，在员工的心中却是十分重要的，所以，决不能掉以轻心、淡然视之。

"人生不如意之事十有八九"，员工因为生活或者工作方面的不如意都可能产生抱怨，管理者不要认为员工抱怨就是对公司或者自己有敌对心理，或者认为这位员工总是挑事，不好好工作。相反，员工之所以会产生抱怨情绪，很大一部分原因是他们对公司热爱、关心，而且，此时他们产生抱怨很可能是其他的很多员工也在默默承受着同样的问题，只是他们还没有说出来，如果真的是这样，那么，这种问题就会影响到整个公司，所以，管理者不能对员工的抱怨视而不见、听而不闻，更不能对抱怨者存在某些偏见，而应该倾听他们的抱怨，并对此问题进行处理，这样团队的活力才能持久。

一家公司制定了这样一项规定：将员工分为一等级、二等级、三等级，做出一定贡献的员工将会被升为一等级。

有一天，这家公司的一名员工怒气冲冲地走到总经理办公室，说："公司规定做出一定贡献将会被升一级，如今我已经做出了贡献，也做好了升级的准备，为什么迟迟不给我升级？如果我做得不够好，我愿意继续努力，但是，真实的情况是，恐怕领导已经忘记了给我升级这件事了吧？"

这位总经理听到员工的抱怨后，对此事非常重视，责令下属马上去核实，结果发现真的忘记了给这位员工升级。

于是，总经理立刻郑重地给这位员工颁布了升级令，并明确表示非常赞赏这位员工的坦白精神，鼓励其他员工要将自己的不满直接说出来，憋在心里很难受，既不利于自己的身心健康，也不利于公司的发展。

有位管理者曾说："下属能够很好地尊崇上级的命令，这是很重要的，因为下属只有能够很好地执行上级的命令，公司才能顺利地发展。"他鼓励员工多多地献计献策，这一做法减少了很多员工的抱怨，同时也减少了隔阂，有利于企业领导和员工的顺利沟通。

让员工完全满意公司或者上级的做法是难以达到的，因为人与人之间的想法不同，产生隔阂自然也是正常的。但是，这并不意味着领导对下属的抱怨可以置之不理，领导必须时刻告诫自己要防备员工产生抵触情绪，因为这种情绪如同传染病一般，会迅速传染给公司的每一位员工，具有极强的摧毁性，会让整个公司陷入瘫痪之中。

其实，员工的不满情绪是很容易发现的，比如，有的员工经常迟到早退，或者工作心不在焉、应付了事、不喜欢与同事合作、对上级领导下达的命令不愿意听从……这都是员工已经存在抱怨心理的一种表现，不要对他们的这种做法持否定态度，或者认为他们难以理解，要加以重视，因为他们的这些征兆不是毫无理由的。

没有哪一个员工会毫无缘由地懈怠工作，也没有哪一个员工会毫无缘由地表现出不满的情绪，下属既然已经表现出了抱怨不满的情绪，那么，管理者弄清原因就十分必要了。

通常来说，下属的不满主要由以下几个原因导致。

第一，薪水与付出不成正比。

第二，总是加班，又没有给加班费。

第三，休息的时间太少。

第四，管理者本身存在问题。

以上四点是导致员工产生抱怨常见的原因。但是，在具体的工作中，导致下属产生抱怨的原因还有很多，作为管理者，唯有弄清这些原因，才能找到好的解决办法，才能从根本上减少员工的抱怨。

良性冲突可以提高团队的效率

有一对姓张的小夫妻吵起来了。

"你看你，总是回来那么晚，难道不知道我一个人在家很寂寞吗?"妻子说。

"我知道啊，可是我就是不回来啊!"丈夫回答道。

"为什么不回来? 难道你不知道我在家里等你吗?"妻子问道。

"当然知道了，所以，我才晚一会儿回来，让你多想我一会儿。"丈夫笑着回答道。

结果一场吵架就这样停止了，两人的关系也更好了。

在中国传统的观念里，夫妻一辈子没吵过架，这样的夫妻是他人应当学习的模范。然而，美国《家庭心理学杂志》目前却指出，一辈子相敬如宾、没吵过架的夫妻不见得是幸福的夫妻，会吵架的夫妻才是幸福的夫妻。

诚然，对于多数夫妻来说，一辈子不吵架，这是不可思议的事情。有些夫妻经常发生小摩擦、争吵，但很多人却越吵感情越好，而有的人却因为经常发生争吵而离婚。

这其中的差别在哪里呢？主要在于你是否真正掌握了吵架这门独特的艺术。

"夫妻吵架"是一种司空见惯的现象，但也是一门不可忽视的学问。试想，难道一对离婚的夫妻就比一对幸福的夫妻吵架的次数多吗？其实不然，经科学调查，主要就是因为离婚的夫妻吵架时更多地加入人身攻击，随着怨恨的不断增多，自然也就导致了离婚；而幸福的夫妻吵架时却对事不对人，甚至还会夹杂点儿幽默在其中，属于一种良性的冲突，自然夫妻双方便不会放在心上了。

其实，一个企业也是如此，并非糟糕的团队会比优秀的团队冲突多，主要是因为优秀团队中的冲突是良性的。

良性冲突会增加员工之间的互动，有利于消除企业内部的不和谐、不平衡的关系，是一种积极的动力，而且很多良性冲突对于企业的发展也是必要的。

一个管理者即使做得非常好，但在他管辖的范围内也不可能不会出现冲突。每个人的思维方式和习惯都是不一样的，出现冲突也是不可避免的。但是，如果管理者能将冲突控制在合理的范围内，那么，这种冲突不仅不会转化为恶性，而且还会加深员工之间的了解，推动企业产生一种和谐的工作氛围。

在一个企业中，管理者没有发现冲突，没有听到反对的意见，听到的总是相同的意见，或者和自己想法一致的意见，那么此时，隐患可能就出现了，这说明企业内部的思想已经僵化了，你的身边聚集的也将是一群不喜欢思考，只"听从"你的建议的"跟屁虫"，这样的企业将处于一种守旧的状态中，失去长足发展的活力。

一家著名的时装公司在最初的时候仅仅有两万多元的流动资金，但董事长凭借卓越的智慧带领公司不断向前发展。

在 2000 年的时候，企业全面推出自己的品牌，结果赢得了很大的成功。

2002 年，产品在市场上销售火暴，供不应求。

随着企业的不断发展，原有的生产模式需要调整，于是董事长花重金聘请了海外管理学博士，但是结果却事与愿违。

这位海外博士上任后进行了一系列的改革，将公司的决策权收为己有，公司的事情，无论大小都亲力亲为，从前仅仅需要一些部门自己定夺的事情，如今也要向总经理汇报。很多基层的事情也要向他汇报，甚至大门保安员出现了问题也要向他汇报。

结果权力集中之后，总经理自命不凡，在各部门之间说不同的话，想借此笼络人心，然而，却被私底下要好的部门戳穿了这种把戏，他成了一个孤独的寡人，一点儿也不受其他员工的欢迎，最终导致下面的部门冲突不断，争吵不断。

这种冲突对企业来说无疑是恶性的。

管理学家指出，冲突可以分为良性冲突和恶性冲突。辨别两者的标志就是看这种冲突对公司的业绩产生正面还是负面影响。作为管理者，如果能把员工之间的冲突转化为良性的，那么这种冲突不仅不会影响同事之间的关系，而且还有利于彼此之间的交流，进而提高员工的工作积极性，提高团队绩效。

相反，如果这种冲突是恶性的，那么员工之间的关系就会陷入紧张中，导致互相猜疑、彼此不信任、经常内耗、拉帮结派不团结，这样就会导致企业的生产力下降，凝聚力降低，一旦企业陷入困境中，员工就会大雁分飞各自归，导致企业破产。

由此来说，在一个企业中，究竟冲突是良性的还是恶性的，取决于管理者对冲突的处理能力。

所以，现代企业管理者必须对冲突有正确的认识，合理控制冲突。

从一定意义上来说，某些冲突可能会对一个部门产生较好的影响，但是对其他的部门却会产生不利的影响。作为当今的管理者，能够全面分析冲突的性质以及它产生的原因，将冲突控制在一定的水平，防止冲突过高而产生混乱，冲突过低而起不到效果，这对管理者来说是非常重要的。所以，一旦发现冲突带有破坏性的意味，就要及时降低冲突，并找出办法解决冲突。

有企业家认为："在一个企业中，如果员工们都是一致的，或者雷同的，这是不好的现象。作为企业的管理者，需要最大限度地让员工喊出不同的声音，如此，才能取得最大的效果。"而这也正是利用良性冲突的一种有效办法。

想要减少矛盾，就关闭告密这扇门

聪明的小狐狸、招人喜爱的小花狗，还有听话的小猫在一所学校里上学，威严的狮子是这所学校的校长，大象是学校里的教导主任。

"丁零零，丁零零……"闹钟响了，小狐狸背着书包来找小猫一起去学校，小猫起来晚了，匆忙地吃了一点儿早餐，没来得及洗脸就去学校了。

狮子校长和大象教导主任在门口迎接学生们的到来。小狐狸跑到狮子校长面前说："校长、校长，小猫不注意卫生，没洗脸就来上学了。"小猫听了很难为情，此后，小猫再也不敢跟小狐狸一起去学校了。

一个星期后，体育课上，小花狗不小心用球打到了小狐狸，小狐狸马上跑到校长办公室告状，校长批评了小花狗。从那以后，小花狗总是躲开小狐狸。

渐渐地，小动物们都不和小狐狸一起玩了。但小狐狸不明白为什么，于是跑去问大象教导主任，大象笑着说："孩子，每个人都会犯错误，你应该懂得帮助它们改正，而不是去打小报告。"

小狐狸听了羞愧地低下了头。

在现实生活中，"小报告"是指一种有失原则的检举行为，有的是虚构内容，有的是动机不纯，总之，这种行为本身就是不正确的。

从古至今，"小报告"之风一直盛行着，古时候人们称为"进谗"，与当今人们说的"小报告"的意思基本相同。这样的人为了达到自己不可告人的目的，往往将"小报告"打给那些有影响力的人物。而在一个公司中，"小报告"一般都是打给领导听的，如果领导是一个昏昏沉沉、是非不分的人，那么，冤假错案也就产生了，而小人的目的也就达到了，如果领导是一位刚正不阿、实事求是的人，那么，"小报告"也就无用武之地，公司自然一团和气。

据历史记载，女皇武则天自从徐敬业造反后，便疑心很重，总是认为天下人都想杀她。而且她又长期忙于国家政务，操行不正，知道群臣对自己不满、不服，为了将这种风气威慑下去，于是武则天就想到了一种办法——打开告密的渠道。如果有告密的人，大肆奖赏，即便与事实不符，也不问罪。于是四方告密之风盛行起来，导致人人自危。

无论是在古代还是在当今，打"小报告"总是让人想到"黑暗"、"阴险"、"不道德"。这样的人总是"十分火热"地投身于四面八方的窥探活动中，四处搜寻情报，将某些人作为锁定目标，然后将其的一举一动一一记录下来，到领导面前，用自己"精彩的演说"评价此人。

人本身就是一个矛盾体，而当人与其他人接触的时候，矛盾自然是不可避免。作为管理者，在每天的忙碌中，一定要谨慎对待下属的"小报告"，切勿因此使公司出现一种不和谐的风气。

星期一早上开完会，张经理的下属小刘敲门进去了，说要与他私下谈谈，张经理心想，他一定是遇到了什么麻烦，于是做好了倾听的准备。

小刘说，老胡太能欺负人了，就喜欢踩着别人向上爬。在工作中，他总是将重要信息收入囊中，不跟其他同事共享，而且总是将别人工作中做出的业绩揽到自己的头上，为自己喝彩。这期间，张经理没有发表任何意见。

小刘最后对经理说："经理，您必须对老胡的工作作风进行处理，而且一定要在最短的时间内处理，否则，结果将不堪设想。"

经理对小刘说："你先回去工作吧，这个情况我会处理的。"

小刘走后，张经理陷入了沉思……他明白自己遇到问题了：显然，这两位下属之间已经产生了冲突，如果处理就必须让两个人都满意，否则只能进一步激化矛盾。

在一个企业中，下属之间的矛盾经常产生，而领导总是成为这些矛盾的裁决者。正所谓"清官难断家务事"，面对下属之间的矛盾，领导有时也很伤脑筋。

如果你是故事中的张经理，遇到这样的情况，你会如何处理呢？

第一，应当婉转地遏制这种背地里"打小报告"的行为，不能让这种风气蔓延。

第二，应当马上对"小报告"进行核实，不能轻易地做出处理。

第三，处理这类问题一定要有结果，不能不了了之或者有始无终，否则，如果这种"小报告"是虚构的，就容易助长这种人的气焰，而如果这种"小报告"是真实的，又会错失了对问题的及时处理，容易让员工对你产生怀疑。

第四，应该想出一种好的方式，在公司中创造一种犯错后勇于认错的氛围，培养员工敢于担当的责任感，让员工自我反思、自我教育。

第五，建立信息反馈机制，而非员工告状的风气。如果员工出现了错误都去打"小报告"，这本身就是一种不健康的企业发展氛围。

消除谣言，稳定人心

一天，在街上，张阿姨看到了刘阿姨，对刘阿姨说："前一段时间刚刚结婚的那对小两口这段时间总是吵架，也不知道为什么。"

一个星期后，刘阿姨又碰到了宋阿姨，于是对宋阿姨说："你知道吗，前一段时间刚刚结婚的小两口最近总吵架，现在那个小伙子又和一个瘦瘦高高、白白净净的女孩好上了，我亲眼看见的。"

几天后，宋阿姨又看见了冯阿姨，对冯阿姨说："老冯，咱们这儿刚刚结婚的那对小夫妻要离婚了。"

冯阿姨说："怎么可能？我昨天还看见他们好好地在一起呢。"

"我骗你干吗？别人都看见那个小伙子和一个瘦瘦高高、白白净净的漂亮姑娘在一起了。"宋阿姨说。

"瘦瘦高高、白白净净的漂亮姑娘，那是小伙子的表妹，来这边旅游，顺便来看看他们小两口，昨晚我还看见他们三个饭后散步呢。"冯阿姨说。

中国有句俗话说"人言可畏"，诚然，从古至今，多少人被谣言所害，生活中，谣言之所以能够迅速传播，就是因为很多人有着强烈的好奇心，他们以传播谣言为乐趣，更是对八卦传闻喜爱至极，谁和哪个人发生矛盾了、谁家的孩子怎么怎么了、谁的老公又怎么了……一些人天生爱八卦，似乎缺少了八卦谣言，他们的生活就缺少了很多的乐趣。

在电视中，我们常常能看到几个人凑到一起咬耳嚼舌的现象。其实，在现实生活中，这种现象也屡见不鲜，人们拥有把流言蜚语升华为艺术的能力。

但不得不说，很多时候，流言是他人捏造出来的，是虚假的、不可以相信的。因为，随着谣言的传播，事情的本质也就随之被改变了。这就如同一种游戏一样：拿出一个成语，当第一人看了之后，然后将其描述给了第二个人，第二个人又在自己想象的基础上描述给了第三个人，第三个人再一次通过自己的想象，将其描述给了第四个人……以此类推，到了最后一个人时，描述已经发生了极大的变化，已经脱离了成语的本质，甚至相去甚远。

由此来说，谣言虽然传播很快，但却是错误的，在谣言传播的过程中，无论从真实情况还是虚伪的捏造方面来说，谣言都离真相越来越远，反映的现实也越来越歪曲。

而在一个企业中，谣言的传播将分散员工的注意力，松懈团队的凝聚力，是管理者需要抵制的问题。

小刘应聘到一家公司做秘书，刚刚来到公司，同事们都对小刘说："你的这位老总啊，不好伺候。"听了同事的劝告，小刘在工作方面总是小心翼翼，生怕出了问题惹上司生气。

由于小刘工作做得很好，而且也很勤奋，老总觉得她是一位得力的助手，对她很和蔼，经常表扬她工作做得好，一旦其他客户送来茶、咖啡之类的东西，他都会给小刘拿去很多。

小刘此刻正处于暗自高兴之时，却明显地感觉到同事们现在都不大喜欢和她一起说话了，即便走在对面也总是象征性地打声招呼就过去了。即便午饭的时候，小刘主动约他们一起吃饭，大家也总是找借口推辞掉。

她不明白这是怎么回事。

一个偶然的时机，在去休息室冲咖啡的时候，刚刚走到门口，小刘就听到两个同事在说："听说咱们这儿刚来的那个姓刘的秘书和咱们老总搭上了，老总经常给她东西，什么咖啡啊，茶啊，从来都不给咱们。"另一个同事说："现在咱们得小心点儿了，她可是老总安排在咱们身边的眼线。"

此刻，小刘明白大家发生异常的原因了。

于是，气愤的小刘将这些传闻对领导说了，而领导却说："清者自清，浊者自浊，何必为这点儿小事伤脑筋呢，慢慢地，大家觉得没意思了，这种谣言也就消失了。"

然而，小刘却总是对这件事情耿耿于怀。

在一些企业中，很多管理者都认为，员工传播谣言、散布小道消息是他们娱乐的一部分，不必放在心上，其实，不处理好谣言，任其发展传播，更容易伤害员工的士气。管理者应该做的是应对谣言，向员工传递正确的信息。

当然，尤论是关于管理者本人还是公司的某一位员工或者是公司的谣言，都可能在毫无预期的情况下出现，但是，如果这种谣言指向了公司的某位员工，此时，管理者也就遇到了麻烦。

办公室中的谣言是员工之间矛盾冲突产生的根源，尤其对于管理者而言，它更是一种祸根，由于大家都喜欢对灾祸避而远之的心理，所以，很多人也就对谣言听之信之。

但是，谣言是无孔不入的，谣言所到之处，会对公司产生极大的不利影响，尤其是对被中伤的人来说更是一种精神上的伤害，它会影响办公室中本来和谐的气氛，降低员工的工作热情，而你辛苦很久建立起来的团队也会在谣言的传播中被破坏，所以，作为管理者必须出来消除谣言。

那么，管理者如何来消除谣言呢？

第一，了解谣言产生的原因。全面了解谣言产生的根源可以为管理者提供一个很好的依据。

第二，找出谣言的漏洞。这是彻底击毁谣言的关键点。

第三，找出谣言的散播者，但不要对其进行言辞激烈的批评，点到为止是一种不错的批评方法。

第四，为员工提供良好的工作环境。这有利于减少员工的矛盾冲突。

第八章
用对人才能管好人

一个好的企业管理者会因才制宜。正如汉朝的杰出皇帝刘邦，文不行，武不行，治国安邦也差得很远，可他就是会用人，能够把适当的人才放在最适合的位置上，让张良献计、韩信掌兵、萧何管钱粮，人尽其才，物尽其用，这才是真正高明的管理者。

为合适的人才选择合适的岗位

索尼公司在近年来能够不断地获得发展，这跟它的管理者能够为人才找到合适的发挥空间是分不开的。作为演员出身的大贺，被索尼公司提升为公司的总裁，就是最典型的例子。他充分地发挥了自己在乐声和经营方面的特长，仅仅几年时间，就让索尼公司成为全日本最大的录音公司。

"21世纪什么最贵？答案是人才！"这句台词来自一部知名的电影，它很形象地道出了当今人才对企业发展的重要性。在使用人才的时候，需要注意"量体裁衣"，要给予适合人才一展拳脚的岗位。

现在企业之间的竞争，其实就是企业人才之间的竞争。拥有了人才，就拥有了在竞争当中克敌制胜的法宝。作为公司的管理者如果不懂得知人善用，只会白白浪费了人才优势。"知人善任"，这话说起来容易，但真正实行起来就难了，特别是"善任"。善于用人的管理者，不光要考虑人才的资历以及在任用前后可能会遇到的各种问题，还须具有一定的远见和魄力，不然是很难做到"知人善任"的。

当一个企业管理者在不断感叹自己手下人才匮乏的时候，其实更应该考虑自己是否做到了人尽其才。是否在不知不觉当中浪费了人才资源。

福特公司工程师哈罗德·斯伯利特曾经大力主张生产一种微型货车，他敏锐地觉察到这种微型货车将会是未来汽车制造业的发展趋势。但是，作为福特公司的领导人，亨利·福特二世还在为之前埃德塞尔开发微型货车的失败耿耿于怀，他认定自己的能力比不上自己的前人埃德塞尔，他认为他都做不到的事情，自己自然也做不到。

正当斯伯利特踌躇满志地提出自己制造微型货车的意见时，福特毫不犹豫地拒绝了。斯伯利特因此对福特公司失望透顶，他认为这家公司已经不能满足自己的发展要求了，于是就有了另谋高就的想法。

当斯伯利特离开福特公司的消息传出时，沃尔沃、通用汽车等福特的竞争公司纷纷向斯伯利特抛出了橄榄枝。最后，福特公司第一死敌——通用汽车捷足先登，得到了斯伯利特的垂青。在这里，斯伯利特研制微型货车的想法得到了该公司总裁艾科卡的全力支持。在研发新型车上，斯伯利特用了足足五年时间。其间，他也经历了无数次的挫折和失败，但是艾科卡始终对他充满了信心，对他的一切需求都满足供应。

五年后，斯伯利特的新型微型货车终于上市，并大受欢迎，成为通用汽车的支柱产业。斯伯利特终于在通用汽车完成了自己的心愿，他自己也从此登上了事业的高峰。

从上面的例子我们可以看出，斯伯利特之所以离开福特公司，是因为该公司无法满足他的岗位需求。一个不适合自己发展的岗位，谁还愿意留下呢？但是通用汽车总裁艾科卡眼光独到，为斯伯利特量体裁衣，用合适的岗位和全力的支持招揽到了他。最后，事实证明，斯伯利特没有让人失望，他为通用汽车公司创造出了他人无法超越的业绩。

有一句话"良禽择木而栖，良臣择主而事"，福特公司没能知人善用，导致人才流失，不得不说亨利·福特二世和艾科卡两人在用人方面有很大的差距。

英国管理学家德尼摩曾经说过："任何人都有他自己该有的位置，只有将一个人放在适合他的位子上，才能发挥出他身上的潜能。"

那么，管理者如何给员工量体裁衣呢？

第一，根据员工的性格特点。

每个员工都有自己的性格特点和个人爱好，对企业的管理者来说，应该按照下属的优点和喜好来合理地分配工作。比如，让成就欲望比较高的下属单独去做一件有挑战的事儿，并在他完成任务后及时给予肯定和赞扬，提升其工作的积极性；让有权力欲望的人，按照他们的能力担当相适应的管理职位，同时要加强下属对企业的认同感，增强员工之间的凝聚力，这样才能激发员工的工作热情。

第二，根据员工的爱好和专长。

"闻道有先后，术业有专攻。"这句话是亘古不变的道理，是我们老祖宗总结出来的精华。假如我们把瓦匠调去做木匠的活，将木匠调去做瓦匠的工作，最后不仅工作效率低，也会把事情做得一塌糊涂。每个人都有自己的长处，而企业管理者该做的就是给予每个人才适合发展的道路。量才适用，需要按照不同人才身上的不同素质来安排相应的岗位职责，将合适的人才放到合适的位置上，同时，在做这些工作之前，企业管理者要注意记住人与人之间的性格、气质、兴趣和专业等之间的差距，发现他们的专长。

对许多企业来说，知人善任或许就是一件难事，需要管理者花费大量的时间、精力，去观察、了解一个人才的能力范围。有时候，为了一个关键职位的适当人选，管理者会大伤脑筋，会使企业管理者行事过于小心翼翼。但这种小心翼翼是必需的，否则，当发现因为用人不当而造成重大损失时，就无可挽回了。这样的教训，在企业当中并不少见。

将一个有才华的人才放到合适的位置上，才能发挥其特长，才能施展出他身上的才干。如果把不适合的人强行放到不适合的岗位上，就会造成员工既无法完成企业设定的目标，又会造成卜属心中的不满，从而造成企业工作效率的降低，也是对人才资源的浪费。企业管理者必须时刻谨记，对人才就该"量体裁衣"、"知人善用"。

抛弃个人成见才能用好人

"建安七子"之一的陈琳曾写过一篇讨伐曹操的檄文，历数"操之罪"。檄文不仅写下了曹操的罪状，而且将他的祖宗三代也骂了个遍。当这篇檄文传到许昌时，曹操正因为头疼病而躺在床上，听了檄文的内容之后，曹操又惊又怕，顿时觉得毛骨悚然，出了一身冷汗。

官渡大战之后，曹操生擒了陈琳。但曹操没有因为一时气愤而杀了陈琳。他认为陈琳极有才华，杀了可惜，因而下令"赦之"，并"命为从事"。

曹操是中国历史上有名的枭雄，他能够在汉末乱世之中独霸一方、成就大业，这跟他善于用人是分不开的。在官渡之战后，曹操能够撇开个人恩怨，进而对陈琳委以重任，其度量是常人不可比拟的。同样，作为企业的管理者，就该如曹操一般，也需要有"宰相肚里能撑船"的气度，员工犯下了错误，或者没有完成工作，也要拿出度量，不计前嫌。

自古以来，中华民族最高尚的传统美德就是"宽容大度"，这种美德能够展现出一个人的个人魅力。一个企业管理者是否目光远大、心胸博大，关键就看他是否能不计前嫌。有句话叫作"退一步海阔天空"，凡是成就大事业的人，都是具有宽大胸怀、容人之量的人，因为他们在用人上能够不计前嫌、唯才是用。

爱德华·利伯是著名的玻璃制造商，他手里有一家规模并不宏大的企业——新英格兰玻璃公司。利伯渴望自己的企业能够发展壮大，成为美国玻璃制造业的龙头。

利伯有一个手下名叫迈克尔·欧文斯，他是玻璃公司一名普通的工人，也是当地颇有声望的工会领导人。当时的欧美社会，无产阶级的工人运动正蓬勃发展，欧文斯经常鼓动公司工人举行罢工，一起反对利伯，要求公司增加薪水、缩短工时、改善工作条件。因为罢工运动，利伯不得不将自己的公司迁到了另一个城市。但他在把公司迁走的同时，并没有开除欧文斯，反而在到了新厂后，继续重用曾经的反对者欧文斯。

原来，在罢工运动当中，欧文斯曾经代表公会和利伯进行过一次谈判。在谈判中，利伯不光发现了欧文斯血气方刚、敢想敢说的性格，同时还发现他在玻璃生产和技术革新方面是一个不可多得的人才。

当他决定重用欧文斯的时候，欧文斯不失时机地提出要求改善职工待遇，同时猛烈地批评了利伯在玻璃生产管理、技术革新等方面上的问题。利伯不但没有生气，他反而认为欧文斯有独到的见解。

到了新的公司后，利伯人尽其才，十分注重发挥欧文斯的才干，他的宽宏大度，让欧文斯深受感动，从此他们之间开始了合作历程。

过了三个月，欧文斯向利伯提出了很多有用的建议，这些建议被利伯全部予以采纳，他的这些建议，让公司获得了重大利益。利伯也因此更加赏识欧文斯，从而决定进一步重用他，让他担任了部门的主管。仅仅两年之后，欧文斯被利伯调到了公司业务部门主管的位子。

对于现代企业管理者来说，要想成功用人，就必须有宽大的胸怀。利伯的不计前嫌，让两个曾经在谈判桌上针锋相对的敌人变成了一对亲密无间的合作伙伴，也为公司带来了实际的利益。

作为企业的管理者，能否具有不计前嫌的胸襟，直接影响到企业的发展前途。因此，一个优秀的管理者对于有才华的反对者，就应以宽广的胸怀和大度的气量主动地去接近他们、起用他们，让他们感受到管理者的爱才之心和容才之量，从而使他们改变对自己的态度，全心全意地去做事，为企业谋求利益。

在这里还需要记住，"度量"不是先天就有的，它是在后天中修炼出来的。企业管理者在修炼"度量"的时候，千万不能着急，需要一点点地去磨合，锻炼出不计前嫌的胸襟。

用人就要用人所长

一家公司的人事总监曾经跟人讲过这样一个故事：

在我升任人事主管的时候，曾经碰到这样一件难事：我手下有一个十分老实的员工，但是老实得有点儿过头。常言说："人善被人欺，马善被人骑。"他过于老实，也就不爱说话，遇到事情也不会请教人，工作成绩自然也就完成得很不好。

但是，他能够遵守公司的各项规章制度，上班从不迟到早退，凡事能够忠于职守。我好几次有辞退他的意思，但是看到他工作的态度，我就于心不忍。关于他职位的安排，让我很是头疼。让他闲着，工资照发？这样其他员工就会有意见；给他安排工作，他什么都做不好，甚至会对工作拖后腿。就这样，我开始丧气。

恰好，公司的仓库需要有人看管，我就正好将他派去管理仓库。因为看管仓库的工作太过枯燥，没几个人愿意去。原来的仓库管理员大都不耐寂寞，常常跑出去找人聊天。于是，我就让这位非常老实的员工去管理仓库。没想到，这位非常老实的员工十分适合仓库管理的工作，因为他整天面对大堆的材料，什么话都不用说。他十分忠实于自己的工作，也十分适合这份工作。我暗暗庆幸当初能够包容他的短处，不然，我不知道什么时候能够找到一个合适的仓库管理员。

人们追求完美，是因为还没有达到完美。所以，世界上不可能有完美的人。有句话说得好："天生我材必有用。"一个人再怎么一无是处，也不可能没有任何作用。他的身上既有长处，也有短处。作为人才也是如此，因为世界上根本就不存在全能型的人才。企业管理者在用人的时候，既要看到长处，也要看到短处，尽情发挥其身上的长处，做到"用人所长，扬长避短"。

上述例子中，公司的人事部总监身上有一种非凡的能力，就是"容忍"。面对员工的短处，他选择的是包容，最后的包容为企业换来了一个恪尽职守的人才。

曾经，一个公司对内部所有的员工进行性格上的测试。企业的管理者按照评测的结果，不但让他们发挥个人长处，而且利用员工们每一个"短处"为企业做出贡献。比如，让喜欢挑挑拣拣的人去当质检员；让好胜心强的人去管理公司的生产；让喜欢炫耀自己的人去搞公司市场的公关，等等，最后达到人尽其才的最大效果。

中国有句俗话："骏马行千里，犁田不如牛。"这句话的意思是说，骏马能够日行千里，征战沙场，但是如果让它到田间耕种，那它的作用还不如农家豢养的黄牛。每个人都有他自身的优点和缺点，因此，作为企业的管理者，在任用人才时应该扬长避短，发扬人才身上的长处，避开短处。

我国南宋时期，兵马大元帅张俊在无聊的时候，无意间走到后花园中，看到一个老兵正在呼呼大睡，让他心中很不高兴。他心想，眼下天下太平，军营兵士也都无所事事，怎么才能让他们有点儿事情做，而不至于浪费人力资源呢？

他叫醒了老兵，问他："睡觉就这么好吗？为什么你会喜欢睡觉？"

老兵看清是元帅大人，立马恭恭敬敬地起身回答："不是小人喜欢睡觉，而是眼下真的无事可做。"

张俊就问他："那你能做什么事情呢？"

老兵说道："小人在当兵前什么都做过，什么事情也都会做，最大的长处还是经商。"

张俊对经商之道完全不懂，但也知道经商需要投入很多的资金，就问那个老兵做一笔大生意需要投入多少资金？老兵就说："无本难求利，小本求小利，大本求大利。元帅大人如果只是为了一家老小的开销，一万钱就足够了。可如果是为了军队充实军饷，投入的钱越多才是越好。"

张俊就想，虽然国家处在太平之中，但"养兵千日，用兵一时"的原则是不能抛诸脑后的，既然手下有这样一个懂得经商的人才，为什么不让他带人经商，为军队筹集军饷呢？这样不仅可以减轻国家的财政支出，也能够不浪费人力资源。

这名老兵得到张俊的支持后，生意做得很大，为军队筹集军饷立下了很大的功劳。

上面的例子中，我们可以看出，老兵对站岗实在没有天赋，但是在经商上表现出过人的才智。如果将老兵一直放在站岗的岗位上，可能会给军队带来危害，但是调去经商，为军队筹集军饷，功劳不是三言两语可以称赞的。大元帅张俊懂得"用人所长，扬长避短"，发挥他人的长处造福军队，是当今企业家们学习的榜样。

综观现代企业，只有那些真正懂得"用人所长，扬长避短"的企业，才能在商业界创造出惊人的奇迹，使企业不断地获得发展。真正的善用人者，第一件事，就是对员工的优缺点保持清醒客观的认识，然后根据个人的长短处合理地安排工作岗位。

有人说，管理是一门艺术，企业的管理者就是一个艺术家。如果员工是花朵，管理者就需要从各个角度绘画出每个员工的美丽，将美丽发挥到极致。这里的美丽指的就是员工们的长处。让员工的长处与职位相互结合，企业必然会获得利益。

压制人才是最大的浪费

唐太宗是中国历史上一位极有作为的君主，他能够广开言路，善纳忠言，很多人能够勇于进言。但是到了晚年的时候，唐太宗却犯了历史上很多明君不可避免的错误，因为年老而变得思维迟钝，考虑问题也不能像当初那样周密，对那些敢于出言进谏的大臣，也不再那么欣赏。于是，敢于进谏的人就少了。唐太宗想不通当中的道理，就找来魏徵询问此事。

魏徵回答说："陛下可能不知道，大臣们能够直言进谏，是陛下开明之故，所以才会有人直冒天威，敢于进谏。而近来，很多官员被陛下的天威给压制住了，大臣们猜不透陛下心中所想，所以大家不再像原先那样直言进谏了。"

唐太宗对魏徵的话仔细思考后，颁布了一道圣旨，圣旨的意思是所有进谏的人不管他说的什么事情，只要说得有道理，就有功无罪。一段时间过后，敢于进谏的人又多了起来。

常言道："忠言逆耳。"历史上有很多将相帝王不能面对自己的过失，听到不好的话，就会自动过滤，并且给予献出忠言的人处罚。所以，最终导致国家衰败，甚至是灭亡。但是，能够直视大臣谏言的帝王，国家必定会变得繁荣，呈现出太平盛世的局面。作为企业管理者，其措施和决策与企业发展的动向息息相关，所以用人这一环节极为重要。企业管理者面对人才对企业发展提出意见的时候，不论好坏，都应该认真权衡，以免压制企业人才。

身为企业的管理者，每一天都要考虑很多的问题，还要考虑如何解决这些问题。但是再优秀的企业管理者，想问题都有不全面的时候，不可能事事都做到称心如意，有时候还会因为一些小的疏忽而做出一些压制人才的决定，从而毁灭人才做事情的积极性，为公司造成不可挽回的损失。

老张已经年至四十，他在企业当中打拼多年，终于成为公司里的科长。而小李是公司新招聘进来的助手。客观来说，老张是一个尽职尽责的科长，但他性格十分固执，而且一旦固执起来，就让人承受不住。加上老张是靠一步步地奋斗走过来的，所以他的企业思想也十分保守，对电脑等现代化办公方式也不太熟悉。

有一天，老张让新来的助手小李给国内其他分公司发一份国庆节进行降价销售的通知。小李接到任务后，通过电子邮件，几分钟就将降价销售的通知全都发了出去。但是，老张却很不放心，过了一会儿，他又将小李叫到办公室，要求他用传真把降价促销的通知再发一遍。没办法，小李只好站在传真机旁边不断重复这样的话："你好，某某分公司吗？我这儿是总部，请给我一个信号，我发一份传真过去，签收后再回传一份……"小李用了整整一个小时的时间，才将整个事情处理完毕。

这件事情过后，口干舌燥的小李回想这件事情，越想越觉得憋闷，最后在忍受不住的情况下，和老张展开了激烈的争吵。小李说道："造成公司人力资源浪费和工作效率低下的原因，都是像你这样食古不化的人造成的。"老张固执的脾气也上来了，就大声吼道："你要是不想干了，随时都可以走人，反正你现在也是在试用期，公司少你一个也不会有什么损失！"就这样，性子冲动的小李愤然辞职。

事后，老张回想起这件事情，觉得小李其实是很有才能的，全怪自己考虑问题不能全面地看人，才导致了小李的辞职，是自己的固执使公司损失了一个人才。

在企业的管理上，企业管理者难免会遇到和自己有冲突的员工。这个时候，企业的管理者首先要做的是要克制住自己的脾气，凡事和员工多多商议，彼此之间能够平静下来好好谈谈。管理者要思考自己有没有压制员工的举动，避免双方产生间隙，从而使很多人愤然离职，给公司带来人才损失。

企业管理者与员工相处的时候，或多或少地会听到一些对企业的意见。既然员工存在意见，就说明企业还不完善，在某些方面有欠缺。企业管理者不能对这些意见视而不见，或者对提出意见的人进行压制。企业管理者这时候应该做的是肯定员工的想法，否则这次遭到压制后，可能再也不会有人进言了，即使他们发现了企业当中更多的弊病。

企业当中，会有新想法的一般都是公司里的年轻人，管理者对他们进行压制，肯定会挫伤他们的自尊心，进而使公司失去蓬勃发展的生机。作为企业的管理者，一定要仔细地考虑他们的意见，留心企业发展中的一举一动。

一个企业管理者如果真的有压制人才的行为，这无疑是将公司推向风口浪尖。这个时候，就需要企业管理者时时刻刻、仔仔细细地思考自身问题，将要说的话、要做的事进行全方位的考虑，避免因为权衡不周，让员工有被压制的感觉，最终造成不可挽回的损失。

"刺儿头"也可以贡献自己的力量

莉莉是个不折不扣的女强人，在企业当中争强好胜，与企业员工相处得不够融洽，每次聚会都显得格格不入。老板察觉到了这样一个情况，为此很为苦恼，恰好发现手上有个很难搞定的案子，其他员工尝试过后都是以失败告终。于是，心中涌起一个计谋。

老板于是把莉莉叫到办公室，将案子交给她，并且规定在多少天内完成。莉莉看过后，点头答应了。没过几天，莉莉就做好了案子，就连合作的企业都联系好了。

这一回，莉莉的争强好胜没有被众人所排斥，反而对莉莉刮目相待，对莉莉的态度发生了改变。同事在请教莉莉问题的时候，莉莉说话很是犀利，但都直中要害。同事一开始会显得不悦，但是细细回想莉莉的话，发觉的确有道理。

因为有了莉莉这个"刺儿头"，员工们都积极地工作，为企业创造出了业绩。

仙人掌是可以药用的，但是仙人掌有很多刺，这些刺保护着仙人掌，让人们避而远之。玫瑰也是美丽的花，但是它身上的刺让人们有些忌讳，每每摘采的时候都要小心翼翼。在企业当中也有"刺儿头"一般的人，他们遇事刁难他人，不好对付。但是，如果企业管理者能够运用好"刺儿头"员工，对企业也是有益处的，就像上面的小例子。

人才往往兼具才能与个性，因此很多"刺儿头"都极有才华，或者是具有能力的专家。他们满是创新精神，对事业有勃勃的雄心，他们极其渴望成功。也许"刺儿头"和同事相处不融洽，但是却让老板欣赏，在企业是不可忽视的存在；也许"刺儿头"在同事中极富有号召力，但是与老板的关系有些僵硬，使得老板左右为难。这些"刺儿头"是企业管理者最伤脑筋的。但是如果能像前美国总统一般，将"刺儿头"当作鞭策自己前进的动力，似乎也不再伤脑筋了。

1860 年，林肯当选美国总统，之后，一位名叫巴恩的银行家亲自到林肯的总统府拜访，碰巧看见参议员萨蒙·蔡思从林肯的办公室走出来，于是巴恩见到了林肯之后就说："如果您要对内阁进行重组的话，千万不要将这个人选进您的新内阁当中。"

"为什么？"林肯十分不解。

巴恩解释："因为这是个自大成性的家伙，他自认为比您都伟大。"

林肯笑着说："哦，你是否知道，除了他以外，还有谁自认为比我伟大得多吗？"

"这个我就不知道了，"巴恩摇着脑袋说，"不过，您可以告诉我您这样问的理由吗？"

"因为我想让他们全部选入我的内阁。"林肯说。

诚然，巴恩的话并非纯粹的攻击，蔡思的确确是个傲慢不逊、狂妄自大、忌妒成性的人，他对最高领导权有十分狂热的追求，早就有了入主白宫的想法。林肯当选总统，他只好退而求其次，想要成为美国的国务卿，林肯却仍不肯答应，最后只做了林肯政府的财政部长。蔡思对此一直耿耿于怀，但是，不得不说，蔡思在财政预算宏观调控方面是个少见的天才。林肯也因此更加赏识这个人，想方设法地避免和他发生正面冲突。

《纽约时报》杂志的主编亨利·雷蒙知道这件事情后，亲自登门拜访了林肯，告诉他蔡思正在为竞选总统而活动，并拿出了一大堆有关的资料。林肯看了之后，微微一笑，颇为幽默地说道："亨利，你是在农村长大的吗？那你一定知道苍蝇了。一次，我的兄弟在自己的农田中耕种粮食。我吆喝马儿，他耕地，偏偏那匹马很懒惰，老是在磨洋工。但是，有一段时间，它可以跑得很快，我们差点儿都跟不上。直至到了地头，我们才发现在它身上叮了一只很大的苍蝇，于是我只能选择先将它身上的苍蝇打落。我的兄弟说：'原来是因为这只苍蝇，它才跑这么快。'"说到这里，林肯稍微停顿了一下，说道："现在正好有一只苍蝇正叮着我，它就是蔡思先生。它能让我跑得很快，我还不想打落它。"

在当今市场当中，很多企业家都有些狂妄自负，眼里没有任何人的存在。因此，真正精明的企业管理者，对这些"刺儿头"员工，就要善于运用自己的智慧，利用"马蝇效应"，借此让他们能够团结在一块儿，充分发挥他们身上的优点，为公司争取最大的效益。

只要仔细分析一下，我们不难发现这些"刺儿头"员工身上有一个共同的特点：那就是他们不会轻易地满足已经取得的成绩，他们有很强的占有欲望，他们不满足自己的利益、权势、金钱。他们总是想着更加与众不同，总是想给上层领导留下更为深刻的印象。

正所谓"生于忧患，死于安乐"，那些马蝇的存在，是让自己进步的一种激励。善用"马蝇效应"的管理者，不但可以有效减少组织中的冲突，还可以让这些拥有能力的"刺儿头"们更加积极地为企业效力，为企业的发展做出更大的贡献。因此，作为一个有能力的企业管理者，对于这些各有神通的"刺儿头"，需要特殊的方法去管理。

那么，具体要有哪些方法呢？

第一，树立权威。

这些"刺儿头"们在各自的专业领域肯定有很强的能力。作为管理者，决不能容许这些"刺头儿"对企业制度的破坏。从一开始，就要让这些"刺儿头"明白，不要以为自己身上有某些别人没有的优势，就可以凌驾于企业的管理制度之上。一个好的企业管理者，应该懂得找他们谈谈心、了解他们内心的想法。此外，还应该懂得，实际的行动永远比苍白的语言更加具有说服力。在巧妙运用企业有限的资本时，要为这些自负、狂妄的人立下一个典范，让他们明白，一个有权威、有能力的人是怎样处理问题的。

第二，用简洁的命令叮嘱。

对"刺儿头"不能说太多的话，因为他们有才能，所以对待事情都是有自己的看法，说太多只会让他们心中厌烦，使管理者的形象大打折扣。所以，管理者们应该试着运用智慧和动员能力。在工作时，对这样的员工适当地"冷落"，让他们明白一个道理，有时候个人的能力跟整个团队相比，仍然是微不足道的。就好比做销售业绩，一个人就算有通天的本事，也不可能超过团队的总业绩。管理者应该让"刺儿头"知道，地球少了任何一个人，仍然会转不停，企业少了一个人，仍然可以运作。

第三，适当安抚。

情绪是每个人的影子，要想将影子除去，只有去没有光的地方。企业管理者遇到浮躁的"刺儿头"时，需要做好安抚工作。安抚是保障"刺儿头"为企业的发展付出激情和努力的原动力。

有时候，一些员工会因为磨合不好，想要离开企业，作为管理者，不能因为逞一时之快而丢失一个人才。但是，也不能盲目地去放纵员工，管理者要给自己划出一个底线，倘若真的留不住，也只能随之而去了。

凡事都是双面性的，"刺儿头"也是一个双面性的存在，它有着利与弊两方面，运用得好，"刺儿头"会给企业带来利益，运用得不好，"刺儿头"就会给企业带来损失。企业管理者应该发挥聪明才智，用智慧战胜"刺儿头"。

把员工的力量拧成一股绳

一个农民养了三个儿子，一起住在深山里。在冬天到来的时候，他的儿子拉了大车，准备到集市上购买过冬用的粮食。

山中道路崎岖，通往山下集市的路有三条，三个儿子都坚持认为，自己选择的路最好走，他们谁都不让谁。于是，三个儿子各自拉着车，向自己认定的方向走去，可是车子却怎么也拉不动。这个时候，他们的父亲来了，父亲对自己的三个儿子说："你们这个样子，永远都不可能到达集市，也不可能买到米，你们只有坚定地朝着一个方向走，车子向前走，才能到达集市。"

听了父亲的话后，儿子们商量好了方向，就朝着大哥的方向走，终于到达了集市，买好了过冬用的米。

故事中的三个儿子其实并不是愚蠢的人，他们有自己的思想，他们所选的路并没有错误。但是车子只有一个，如果三个人朝着不同的方向用力，最终会让车子失去方向。企业在经营的时候，管理者也会遇到类似的问题。手下员工都很优秀，但是工作起来不朝着一个方向前进。如果一味地相互较劲，这样一来，即使是最简单的工作都不一定能够做好。所以，企业管理者该让员工们朝着一个方向使劲。

"滴水穿石"的道理谁都知道，石头是坚硬的，它不可能因为一滴水的冲击力而出现一个洞，但是成千上万的水滴朝着一个方向坠落，日积月累后，自然会被磨穿。人们常说"一支筷子容易被折断，但是一把筷子就不容易折断了"，其实就是为了说明团结就是力量，会聚在一起的力量坚不可摧。企业管理者常常遇到不配合的员工，因为员工价值观的不同，所以每一个都朝着自己的方向走，最后形成了"各奔东西"的局面，对企业发展没有益处。

那么，如何能够会聚员工们的力量呢？让他们朝着一个方向使劲呢？有这样两个例子。

一个化妆品公司的销售部门总是业绩平平。为了提升工作的业绩，上层将原来的部门经理辞退了，让公司精英员工老刘去收拾这个烂摊子。很多人就去奉劝老刘，对他说："老刘啊，赶紧推了吧，在你之前，销售部门已经连续换了两个经理了，你还是别当第三个了吧。"老刘只是淡淡地笑了一下，说道："在三个月之内，我要让销售部起死回生，你们就等着为我庆祝吧。"同事们吃惊地都瞪大了眼睛，他们实在是无法想象，老刘能有什么回天之力。

出乎同事们的意料，老刘到了销售部门后的第一个月，什么事情也没做，只是一如往常地按时上下班，同事们都很纳闷："人家都说'新官上任三把火'，这位经理却是一点儿脾气都没有，这是为何？"

平静地度过了一个月后，老刘终于开始了他大刀阔斧的行动，他首先取消了业务员们单独外出跑业务的制度，再按照他一个月对下属员工的了解，将他们重新分成了几个小组，要求每个小组都将各自成员的优点全部发挥出来，互相学习，弥补自身的不足。这样一来，老刘仅仅用了几个月的时间，就让公司销售部的业务足足翻了一番。可销售部的员工只觉得自己本身的工作量和先前一样，没有增加，只是突然之间扭转了局面，地位、薪酬足足提升了一个层级，心中自然是无比地欢喜，工作的积极性就这样提升起来了。

其实，老刘的做法很简单，他并没有用什么高明、先进的管理办法，他做到的只是捋顺员工，让大家将劲儿都朝一处使，发挥了"众人拾柴火焰高"的作用。总之，一个公司、一个部门要想健康地发展，靠的是集体力量，个人的力量终究是有限的。项羽有"力拔山兮气盖世"的气概，但是面对千军万马，他的力量就有限，最终只能落个乌江自刎的下场。

小吴是一家房地产公司的部门经理，手底下有四五十个工作人员。最近一段时间以来，市场上的房价涨了好几倍，造成小吴所在工作部门的业绩也在急速降低，但是小吴却没有急得团团转。因为小吴是个脚踏实地的人，他在公司的地位是从基层的业务员开始，一步一个脚印走上来的，心理素质相当好。

为了弄清业绩下降的原因，他主动地离开了自己的办公室，抱着一大堆资料和基层员工们一起工作。对小吴的举动，员工们自然很不理解。通过几天的工作，小吴终于摸清了几个问题：

第一，自己手底下的员工中，有很多都是工作比较细心的，但是他们不善于言谈，不适合在外边跑业务。一些员工虽然做事有点儿马虎，但反应极快，有很好的口才和外交能力，小吴觉得这些人就很适合外出跑业务。

第二，管理者和员工之间的隔阂。管理者可能会和下属出现矛盾，但是矛盾不能太久，久了的话会给企业带来损失，那么唯一的办法就是多多交流。

第三，要多多虚心倾听员工的内心想法，同时还应该懂得将员工的意见做出相应的记录。安排工作的时候，尽量避免安排不同意见的员工在一起工作。同时也应该就一些事情表达出自己的观点，让员工知道自己的工作特点。

小吴通过这一个月的"深入基层式"的改革，终于将部门的业绩一下子提升了起来。

小吴这样的例子，在企业当中是十分常见的。道理谁都能明白，真正能做到的却没有几个。如果一个部门出现了类似的情况，那么，作为管理者，绝对不要犹豫，首先做到放下自己的架子，将自己和员工们融为一体，找到问题的根源。

如何才能找到根源呢？最简洁快速的方法就是交流。人们常说，交流是人与人相处的必经之路，再大的矛盾也能通过交流去解决。深入地交流可以了解到员工们内心的真实想法，比如，两个性格内向的人去做一件案子，但是因为出发的角度不同，案子是南辕北辙。所以，企业管理者在划分任务给他们的时候，就该当着他们的面问出内心的想法，通过交流了解到彼此的观点，之后再慢慢磨合。如此，两个内向的人才能朝着一个方向使劲。

让员工们劲往一处使，其实不是很难，关键是切入点的选择，否则就会出现前文中拉车买米、各选道路的局面。在一个团队之中，每个人都有各自的作用，但是作用发挥不到一起，也是徒劳无功的，所以，可以运用相互补足的方式将力量会聚，朝着一个方向运作。比如，三个人去送货物，一个人会开车，一个人的力气大，还有一个人够细心，这三人一同出去做事，必定是能完成任务的，他们相互补足，把自己的长处会聚在一起，朝着目标出发。

珍珠项链是美丽的，但是没有一条线作为贯穿，又如何成为人们的佩饰呢？作为企业管理者，就要成为那条线，将员工们的力量会聚在一起，让他们知道企业的目标，朝着目标共同前进，为整串珍珠的美丽现出光芒。

用才的关键在于信赖

在沃尔玛超市，每一个管理者都有镌刻着"我们信任我们的员工"字样的纽扣。这是沃尔玛公司能够由一家小型企业发展成为美国最大的零售连锁集团的诀窍之一。

有一回，沃尔玛企业内出现了偷窃现象，公司报警处理。当警察问道："你们就不怀疑是你们公司内部人员偷走物品的吗？"企业管理者十分自信地说道："用人，信赖是前提。如果我连我自己的员工都不相信，还怎么去经营企业呢？我绝对相信此次偷窃事件与企业员工无关。"这位管理者的话让警察不得不相信他。结果调查之后，发现偷窃者果然另有他人。

信赖是人与人交往的前提，而一个企业在用人的时候，也是经过多番地思索，只有产生出信赖的桥梁，员工才会心甘情愿地与企业站在同一条战线，为企业尽心尽力地做事。

世界上永远都没有既要马儿跑，又不让马儿吃饱的事情。任用人才的关键，在于对人才的信任。就比如品牌效应，想要做出品牌，首先就是让客户们信赖。只有产生了信赖，客户们下次还会光顾，商品就不怕卖不出去。同样，企业在做管理的时候，也是在经营人才，只有与员工达成共同信赖的认知，企业才会形成一股强大的凝聚力。

如果用人，却不能对这个人予以全部的信任，处处猜忌，处处予以控制，这样一来，被任用的人就很难开心、用心地工作，完成工作的积极性也不会很高。适当地向下属表示信赖，是确保人才能够全心全意投入工作的前提。

三国时，有"江东之虎"之称的孙策在年仅十几岁的时候，便手握千军万马，横扫江东，为东吴打下了基础。孙策能够在三国乱世当中运用短短数年便做出一番轰轰烈烈的事业，这跟他对下属的信任是分不开的。

孙策对下属的信任，换来了下属的忠勇。史书上曾经记载："策为人，美姿颜，好笑语，性阔达听受，善于用人，是以士民见者，莫不尽心，乐为致死。"可以说，如果不是对下属的信任，孙策是不可能在那么短的时间内取得那么大的成就的。

从孙策对太史慈的重用当中，就可以看出孙策对下属的信任。太史慈原为刘繇部下，后被孙策收降。当刘繇被孙策杀得大败，率领残兵败将四处逃散的时候，孙策派下属太史慈去招纳刘繇的下属。这个时候，孙策身边所有的人都担心太史慈借这个机会一去不复返。而孙策却笑着说："我了解太史慈的为人，知道他决不会这么做的。"临行前，孙策亲自为太史慈饯行，在宴会上，孙策拉着太史慈的手，问他："你这次去，需要多长时间能够完成任务？"太史慈说："不用两个月。"果然，五十多天之后，太史慈带领浩浩荡荡的军队回到了孙策大营，那些人都是刘繇的残军。

人们常说："疑人不用，用人不疑。"既然将人委以重用，那就该去信任他。从孙策的例子中，我们不难看出他对下属的信任。如果一个老板不相信下属，那么如何靠着一己之力去运营一个公司呢？像世界知名企业联想公司，其前任执行董事柳传志将权力交给了没有任何血缘关系的人，他没有一点儿担心，他的气魄就是来自于信任，他相信企业会在自己选中的接班人手中壮大。

曾经有人说过："信任是一种有生命的感觉，信任也是一种高尚的情感，信任更是一种连接人与人之间的纽带。你有义务去信任另一个人，除非你能证实前一个人不值得你信任；你也有权受到另一个人的信任，除非你已被证实不值得前一个人信任。"总而言之，只有对一个人充分予以信任，让下属真切地感受到管理者对他的信任，才能激发出那个人工作的积极性和创造性，进而从中获得最大利益。

那么，怎么才算是对下属的充分信赖呢？需要做到以下几点：

第一，主动拿出信赖的态度。

人与人的情感是相互的，如果管理者主动拿出了信赖的态度，那么员工感觉到后，也会尽心尽力地为企业做事，为企业付出自己的忠诚。

第二，不用权势压人。

有一句俗语："日防夜防，家贼难防。"担心手底下的员工对自己不忠诚，是一个企业管理者最直接的想法，这也是企业管理者不能充分信任自己下属的根本原因。所以，对下属充分信赖"难"在思想上需要转变。管理者不仅要牢牢记住"用人不疑"这一用人准则，同时也要懂得放权，不能牢牢地攥着手中的权力不放，这样显然是对下属的一种不信任。

第三，充分信赖下属，使上下级之间感情化。

要做到这一点，就需要企业管理者认真地分析下属的心理活动，尽全力地满足下属的各种心理需求。在《三国演义》中，刘备对下属十分信赖，同时也将上下级的关系感情化，他与关羽、张飞桃园三结义，得到的是他们的忠诚，就算付出生命也心甘情愿。作为当代的企业管理者，要学习刘备的用人方法，用真诚去融化他们的防备，给予他们充分的信任，使得他们全心全意地为企业和自己做事。

人生的艰难，竞争的激烈，迫使每个人都要给自己加上一些虚假的"保护色"，以此来掩饰自己真实的内心世界。脱去这层"保护色"，这就需要管理者的信赖，要充分地信任下属的能力，相信他们的工作热情和为企业奉献的真诚。

巧妙组合，取长补短

骆驼有"沙漠之舟"之称，它能够在条件恶劣的沙漠中长时间地穿行。它长有很长很长的睫毛用以抵挡吹进眼中的风沙，从而能够在凛冽的风暴中找到前进的方向；高耸的驼峰能够帮助骆驼储存足量的养分和水分，用来解决长途跋涉中的饥饿之苦；坚实宽阔的脚掌能够帮助骆驼大幅度地减少在沙漠中行走时其沉重的身体对沙土的巨大压强，达到行走自如的目的。

如果将骆驼比作为一个企业，而它身体的各个部分就是企业的人才，每个人才都在各自的岗位发挥着作用，才能使企业立于不败之地。每个企业都是由多个方面组成，每个部门的员工，他们的特长都不相同，但却能够将力量会聚在一起，使企业蓬勃地发展，这和管理者的领导能力息息相关。唯有人才合理搭配，合理互补，企业才能稳步地成长。

每个人都有其自己的性格、脾气、优缺点、人生经历。假如一个人身上的各种优点能够进行有效地搭配，就会产生最佳效果。在中国历史上，很多大人物都将人才"合理搭配，合理互补"的手法运用得炉火纯青。用人才互补来完成自己的大业。就比如市井出身的刘邦，他在秦末乱世中，只用了短短的几年就夺取了天下。

汉朝建立后，刘邦为自己的大业而感到兴奋。有一天，刘邦招来各地诸侯和很多与他一同打天下的将领，大家在一起饮酒畅谈。

宴会当中，刘邦趁着酒兴问大家："诸位今日说说心里话，为什么我刘邦能够得到天下，而项羽却丢掉天下呢？"高起、王陵二人起身作答："陛下攻城略地，每取一处，便分封有功之臣为诸侯，能够和其他人一起分享利益，让大家都尽心为您尽力，这是陛下能够在短短几年内取得天下的重要原因；而项羽滥杀功臣，对贤者常常抱有疑心，总想着一个人独享天下，这是他失去天下的原因。"

刘邦听了他们的话之后，说他们"只知其一，不知其二"。接着他为大家分析了自己能够成就大业的真正原因，其实刘邦能够取得天下，很大一部分原因是因为合理运用人才。

刘邦给各个军队都配备好大将军和军师，从中可以发现一个共同的特点，就是军师和将军性格上的差异。军师性格淡然、临危不乱，将军队部署得有条不紊，而将军性子急躁，但骁勇善战，每每出兵都杀得敌人片甲不留。将军和军师能力互补，自然能凯旋。经营企业就当有刘邦的智谋，合理运用人才，做到互补互足。

人才的使用，一定要配合适当，在用人的时候，必须考虑员工之间的相互配合，只有这样才能发挥出整体的智慧。唐太宗李世民能够实现"贞观之治"的宏伟大业，除了他的睿智外，跟他的合理搭配人手也是分不开的。

唐太宗手下有一位叫作王珪的大臣，他不光有识别人才的能力，而且极善言辞。一次，唐太宗在和王珪谈论朝中大臣的时候，对王珪说道："如今我大唐朝臣众多，我想听听，他们各有什么样的才干呢？另外，将你自己和他们放在一起进行比较，说说在你身上有哪些过人之处和不足之处。"

王珪经过沉思之后，说道："房玄龄为国尽忠，事无巨细，必亲力亲为，只要知道哪些事情没做成，就会尽心尽力地去做，这一点上，我不如他；魏徵见微知著，时常关注皇上的一举一动，又敢于当面直言进谏，这一点上，我比不得魏徵；李靖能文能武，外可征讨外敌，内可辅佐皇上处理政务，这一点，我比不上李靖；温彦博处理公务一丝不苟、刚直不阿，并能够简单明了地传达皇上的命令和向皇上汇报工作，这一点我比不上他；戴胄智谋过人，善于处理各种疑难问题，这一点我同样比不上他。但在惩恶扬善、维护正义方面，我做得有声有色，我认为这一点便是我的过人之处。"

唐太宗治理国家就好比是在经营企业，他手中的大臣就是企业的员工，在每一个职位上，这些人发挥自己的长处，这些力量会聚在一起，才让朝堂一片祥和，全国欣欣向荣。无论是建立千秋霸业，还是要在生意场上有一番成就，都离不开人才的作用，而人才的利用，也要做到合理搭配，相互补足，"损有余而补不足"，才是对人才最好的利用。

原中国女排主教练袁伟民这样总结道："一个队十几个队员应有各自的个性，这个队打起比赛才有声有色，如果把棱角都磨平了，这个队也就没希望了。"这与企业在配备人才的时候所运用到的"人才互补"的道理是相同的，球员各有所长，用长处补缺短处，效果显而易见。所以，企业在搭配人才的同时，不光要考虑人才的多样性，还要考虑到各种人才所占有的比例，从而达到最佳的人才互补。

合适的人才就是最好的人才

　　小王开了一家物流公司，公司有几十辆货车，所以发布了一个招聘司机的启示。因为小王给出的工资不低，所以很多司机都来应聘。经过几天，岗位差不多都招满了，还剩下一个专门跑长途的司机岗位。

　　这一天，有两个人来应聘，第一个人以前有开长途客运的经验，第二人是开赛车的，而且还获得过奖。开赛车的自信满满地认为小王会选他，但是结果恰恰相反，小王留下了开长途客运的。

　　于是开长途客运的司机就问小王为什么留下自己，小王说道："只求合适，不求最好。"开赛车的在技术上可能会胜过开长途客运的，但是小王要的不是这样的高端人才，他希望找的是以安全为主、稳当为主、跑长途的耐力司机。

　　"闻道有先后，术业有专攻"。每个人都有适合自己发展的行业和道路。员工在应聘的时候，第一目标就是找到自己专业的工作，秉持"只求合适，不求最好"的原则。而企业管理者在用人方面也是用同样的道理。全能型的人才是不存在的，"量才适用"是当今企业选拔人才的主要方向，以合适为原则。

　　一个人不可能适合所有的岗位职责，也没有一项工作会适合所有人去做。公司的员工是由各式各样的人才组成的，他们有自己的个性，有自身独特的优缺点，每个人都有适合他自己的岗位，每个岗位也都有能够适合它的人。就好比麦当劳企业，它是全世界快餐企业中的龙头企业，它的成功与企业领导层能够善用人才是离不开的。麦当劳的用人原则也是众多世界顶级企业中独树一帜的。用麦当劳的话说："只用有用的人才，不用最优秀的人才，一切以合适为主。"

究竟怎么做才能找到合适的人才呢？经过在企业经营中多年的摸爬滚打，王永庆终于总结出两条用人经验：第一，人才要自己培养；第二，没必要苛求优秀的人才，只要适合企业发展，中等人才也可以用。

只想着要最好的人才，而不去寻找合适的，最终只会导致两败俱伤的局面。管理者应该明白，顶尖的人才是可遇不可求的，寻求适合企业发展的人才才是当务之急。

相较来说，得到中等人才较为容易，只要稍微经过培养，他们就能够很快地适应自己的工作。此外，中等型的人才比一般的人更加容易培养，那些自负才华的人，在工作中出现不如意的地方，就会心生抱怨，不能积极地完成自己的工作职责。带着这种态度工作的人，他们的责任心和工作热情都不会太高。这样一来，尽管他们身上有一流的才能，却不能很好地得到发挥，还不如一般的人才。

中等人才因为没有多少可以傲人的资本，使得他们谦虚好学、勤恳务实，他们能够重视公司安排的工作职位，能够为自己的职责尽心尽力，能够安于现状，这样的人，反而能够取得更好的业绩。

鞋子穿起来要合脚，走起路来能够稳稳当当，而不能只看鞋子花花绿绿的外表，企业用人也是这样的道理。如果企业常常不知道自己公司到底需要什么样的人才，那将会是企业发展中的一个大打击。弄清楚自己到底需要什么样的人才后，还要明白，人才是被任用的，不是用来装门面的。联想集团的用人观点是："用的人才都是适合联想的，但并不一定都是最优秀、最好的人才。"

"不需要最好"，指的是人力资源管理者要在合适的基础上给人才安排岗位。在安排岗位的同时，就要求被任命的人既能满足工作职责，还要能具备一定的提升空间，另外还要注重培养有潜力的人才，使他们能够"永远有差距，就永远有追求"。

当年，伯乐为寻找千里马更是走遍全国，最后只是发现一匹瘦骨嶙峋的千里马。人才对企业来说是可遇不可求的，企业管理者在用人的时候要明白"只求合适，不求最好"，衡量当前与以后的利益，不能因小失大。

高效的团队决不需要闲人

太平天国定都天京后，洪秀全在天京滥封王爵，到太平天国运动失败的时候，整个天国竟然封了两千七百多位王爵。这种天国内部诸王并立、各王拥兵自重以及彼此之间争权夺利的现象，最终发生了诸王内讧的"天京事变"，从此太平天国逐步走向败亡，退出了历史的舞台，在历史上昙花一现。

与太平天国类似的例子还有很多，就像东晋有名的"八王之乱"，因为皇帝封王太多，最终导致权力失衡，让一个国家因为内战而走向衰败。企业用人的时候，需要秉持着"不用任何一个多余的人"的原则。

不用任何一个多余的人，对企业来说有什么好处呢？

第一，可以保证企业的工作效率。

随着市场经济的快速发展，"兵不在多而在精"的企业思想越来越为企业领导人所重视。有种情况在如今的企业当中并不少见，就是一个工作职位，明明一个人便足以应付，却偏偏同时安排了好几人共同来做。这种现象，表面上看来是企业本身的制度问题，实际上是管理者在用人上的错误。这种错误会造成企业工作效率低下的问题。所以，不用多余一个人是企业工作效率的必经之路。

第二，可以保证企业秩序井然。

近些年，企业也有改革，在企业改革上，很多公司也都大力实行下岗分流的政策，削减不必要的机构和冗员，这样的做法不但减轻了财政负担，又大大提高了行政效率。精简裁员，也使许多企业逐渐由财政亏损转变为赢利，各个机关和部门变得井然有序。

唐太宗李世民在用人上长期坚持"官在得人，不在员多"的原则。他数次对自己的臣子们说："选用精明官员，虽然人少，但行政效率却极高；如果任用那些只知道阿谀奉承而没有实际才能的人，数量再多，也无济于事。"他曾经命令房玄龄对30个县的行政区域重新进行划分，实行精兵简政。此外，唐太宗还亲自监督精减中央机构，将中央文武官员由原先的两千多人精减到643人。

唐太宗还积极提倡让那些真正有能力的年轻官员取代那些体弱多病的年迈官员，成为国家处理政务的重心。正是这种用人方法，大大地提高了朝廷的行政效率，于是大唐帝国上上下下政通人和，出现了中国封建社会最为繁荣昌盛的太平盛世之———"贞观之治"。

古人似乎先知先觉，早已经总结出"人多未必是好事"的道理。做企业不是在做慈善，不是人多了，慈善就越大。也不是在进行拔河比赛，不是人多了力量才大。作为企业管理者，应该根据具体问题来分析需要用人的数量，不能盲目任用，不然会导致企业机构出现臃肿的局面。

有一句话是"林子大了，什么样的鸟都有"。同样，人多了，员工们的想法和看法也会变多，会出现很多问题，对企业发展造成危害。如此的话，企业得不偿失。所以，最佳方法就是企业绝不用多余的人。

古人说："一个和尚挑水喝，两个和尚抬水喝，三个和尚没水喝。"这就生动地表现出人多未必能够做好事的道理。

第九章
充分授权的力量

事必躬亲，总会累坏自己，善于用人，方为管理之道。一个人的精力总是有限的，成功的管理者却能在有限的精力内做出无限的业绩来。所以，那些精明的管理者无不懂得授权之道，大胆地任用自己的下属，心甘情愿地将权力下放。

不懂授权就管不好企业

三国时的诸葛亮是一个很有智慧的人，但他的智慧仅于出谋划策，却不能很好地管理蜀国。他凡事都"事必躬亲，呕心沥血"，殚精竭虑为蜀国的事业终生奋斗。但也正是因为此，他不放心放权给属下，怕属下"做不好"，因此他没能培养出一个可以独当一面的领导团队，以致在他死后"蜀中无大将"，从而使得蜀国破败。

放权是什么？放权就是把权力的重心下移。

懂得放权，就是懂得用人。

换一种说法：管理者最大的资本是什么？当然是权力，有了权力，管理者才能实施有效的管理。但是，有很多的企业管理者却并不善于运用手中的权力，把自己的权力看得太重，什么事都不放心，都要亲自过问才行。这种企业的管理方法导致的直接后果是：管理者成了最忙最累的人，但是管理的效果却并不乐观，是典型的出力不讨好。

美国著名的管理顾问比尔·翁肯曾提出过一个十分有趣的理论——"背上的猴子"。我们来阐述一下他的理论："猴子"指的是企业中各成员的职责，而"背"，则是管理者的职责。当员工进入企业后，管理者按照下属的职责分配给他们不同的"猴子"。员工的职责就是喂养自己的"猴子"，当然，这也是他们的权力。

显而易见的是，员工能够出色地胜任自己的职责，"猴子"健康，企业自然成功；反之，如果员工不能很好地胜任自己的职责，"猴子"不健康，则企业当然问题多多。我们来看，"猴子"的健康与否是直接操纵在企业员工手中的。

问题来了：当一些企业管理者看到一些"猴子"生了病，也就是这些员工无法胜任手中的权力的时候，这些管理者们就开始动摇了。他们担心这些"猴子"员工"照顾"不好，后来者也"照顾"不好，于是就迫不及待地将其接了过来，亲自喂养，他们觉得这样才是最保险的，可以让"猴子"尽快康复，却不知道如此的做法恰恰犯了企业管理者的用人大忌：不把权力下放给下属，自己肩上的担子越来越重，"猴子"越来越脆弱，而员工却失去了成长的机会。

由此，管理者的这些下属们将不再有独立解决问题的能力，变成事事处处"听命令等指示"，失去主动性和独立性。这些下属们会变得不再去操心怎样把工作完成得更好，"反正有领导的安排，怕什么！"领导一声令下，他们就动起来；领导不发话，他们就不知该做什么了。

不知道各位读者遇到过这类问题没有，如此的企业能腾飞吗？如此的管理者，累不累？能管得好企业吗？答案不言而喻！

美国著名的管理咨询专家艾德·布利斯有一句名言："一位好的领导总是有一副忧烦的面孔——在他的助手脸上。"布利斯这句话的意思是说，好的经理懂得向助手或下属授权，充分地调动他们的主观能动性去完成工作任务，而不是自己包揽一切，结果使自己疲惫不堪，面孔烦忧。

给部下授权，给其一个腾飞的空间，如此一来，他们就可以依托着企业，带动着企业向前快速发展。

别让下属产生依赖感

天空中盘旋着几只老鹰，小鸽子们看了很是害怕，不敢出去练习飞行，于是它们向护院的大狗求助。大狗抬头看了看空中的老鹰，很神气地对小鸽子们说："不怕，有我呢，它们不敢下来，你们只要安心待在鸽舍里就行。"

小鸽子们听了很是开心，把练习飞行的事抛在了脑后，快乐地在鸽舍里做起了游戏。

很快，它们长大了，一个个雄赳赳、气昂昂，长得很壮实。

一天，主人带着护院大狗到野外打猎了，那几只老鹰看准了空子，猛然从天空中冲了下来。小鸽子们被这一变故吓呆了，回过神来开始拼命地四处逃窜，这个时候它们忽然发现了很大的问题：它们根本就飞不快。

结果可想而知，它们都成了老鹰的午餐。

很多时候，外力不值得完全依赖，自立自强才是最重要的。

在企业管理中，管理者可以给自己的下属一种外力的保护。当下属们还太弱小，不能独自披甲上阵的时候，需要管理者给予适当的保护。但请记住，这种保护只能适当，保护程度浅了，他们有可能会被企业发展的车轮所淘汰；但如果过度保护，却会容易使他们变成依赖性太强的"小鸽子"，成为永远也长不大的弱者。

让我们进入百度搜索一下什么叫作"依赖别人"，就可以得到大量的信息反馈。

概括起来，依赖别人的意思主要就是：放弃对自我的主宰。放弃对自我的主宰是一个很严重的问题，这样往往不能形成自己独立的人格。过分依赖别人的人，很容易失去自我，当遇到问题时，自己不去多想想、多动动脑筋，往往人云亦云，随帮唱影，容易产生从众心理。

从心理学的角度来讲，过分依赖别人的心理主要表现为缺乏自信心，从而放弃了对自己大脑的支配权。这类人最显著的特点是没有主见，总觉得自己能力不足，难以胜任一项任务，甘愿置身于从属地位，跟在别人背后行事。

其实生活中过分依赖别人的人随处可见。小孩子依赖性强，过分依赖父母，因为他们没有独立生存的能力；小学生依赖性强，过分依赖老师，因为他们才懂事，对一切都处于懵懂状态，老师在他们心目中无所不能。

还有一些人依赖性强，他们因为没有自信心，会对正常的生活、工作感到漠然和不知所措，甚至会感到吃力，极度缺乏安全感。当然，他们会过分依赖自己的领导。

小张大学学的是电气自动化，找工作的时候，她凭借自己的文艺特长和在学校社团的经历，很轻松地应聘到了一家大型外贸公司做经理秘书。这家公司给她的福利和各方面的待遇都很不错，她也暗自感到幸运。

因为有了这种想法，小张很珍惜这个来之不易的机会。她努力地工作，总是尽量把自己分内的事做到最好。但是很快她却发现，在自己的周围，比自己漂亮、比自己优秀的同事比比皆是，大家都在努力地工作。

她的心开始动荡起来，她固执地认为，自己在各方面都不如别的同事，随时会有可能被淘汰掉。她的自信心开始大受打击，刚到公司时的那股拼劲儿荡然无存，终日处在一种朝不保夕的惶恐状态之中。

在工作中，经理对她不错，什么事都很照顾。她觉得经理很赏识自己，并开始幻想，只要能紧紧依赖着这棵"大树"，别的都不重要。只要听话，经理会给自己创造一个发展的好机会的。

从这以后，她在工作的时候不再积极主动，什么事都依赖经理，等着经理给自己安排任务，等着经理告诉自己处理的方法。她觉得只要听从经理的安排，按照经理的话去做，就是最好的工作态度，经理就会喜欢。她深信唯有如此，自己才能紧紧抓住这份工作。

可事实上真是如此吗？

好景不长，没过多久，经理突然跳槽去了另外一家大公司当领导，走的时候还语重心长地对小张说："你是个很不错的年轻人，相信在我手下的工作经历，一定可以让你胜任很多重要的工作，好好干。"小张觉得这很像是一个玩笑，在这一刻她才发现，在上司手下做事的时候，她把上司当成了自己的全部依靠，居然没有学会一点儿可以让自己独立工作的经验。

她知道，在残酷的职场生活中，以她这样的工作经验，注定只能是一只还不太会飞的小鸽子。

管理者是下属们的主心骨。当一些企业员工初到一家公司的时候，很容易把自己的领导当作是长征中的前辈。这本来也无可厚非，但麻烦就麻烦在，他们会把领导当作是自己在这家公司扎根的全部依靠——过分依赖管理者。

这个时候，就需要管理者来把握这个度了。你的下属可以依赖你，你教他们技能、给他们方法、告诉他们路的方向，让他们不至于如同瞎子摸路一样摸索着成长，而是快速而稳健地前进。如果能做到这些，那么恭喜你，作为管理者，你的用人绝技更精进一步了。

但是，如果这个度过了，他们变成过分地依赖于你，无论大事小事、难事易事都看你的眼色来做，自己不再思考，没有一点儿主心骨。你在企业里，他们会做；你不在企业里，他们就做不了。那么很遗憾，他们对你的过分依赖，使你肩上的担子更重，什么事都得亲力亲为；使他们自己停步不前，不再进步，甚至退化。当然，也会使你所在的企业蒙受无形或有形的损失。

作为企业的管理者，我们应该怎么做？

很简单，别让你的下属过分依赖你，给他们足够的空间，让他们成长，不仅是对他们负责，也是对你的企业负责。

既然授权，就要授得彻底

战国时，魏国的国君魏文侯打算发兵征讨中山国，有人向他推荐一位叫乐羊的人，说他文武双全，一定能攻下中山。可是有人又说乐羊的儿子乐舒如今正在中山国做大官，怕乐羊不肯下手。后来，魏文侯了解到乐羊曾经拒绝过儿子奉中山国君之命发出的邀请，还劝儿子不要追随荒淫无道的中山国君，魏文侯于是决定重用乐羊，派他带兵去打中山国。乐羊带兵一直攻到中山国的都城，然后就按兵不动，只围不攻。

几个月过去了，乐羊还是没有发动进攻，魏国的大臣们都议论纷纷，可是魏文侯不听他们的，并不断地派人去慰劳乐羊。又过了一个月后，乐羊发动攻势，终于攻下了中山国的都城。魏文侯亲自为乐羊接风洗尘，宴会完了之后，魏文侯送给乐羊一只箱子，让他拿回家再打开。乐羊回家后打开箱子一看，里面全是自己攻打中山国时大臣们诽谤自己的奏章。

如果魏文侯听信了别人的话，沉不住气，中途对乐羊采取行动，那么不但自己托付的事无法完成，而且双方的关系也无法维持下去。信人之术，其精要就在于此。

在前面我们了解到了管理者用人的一大绝招是授权给下属，并相信他们一定能够尽善尽美地演绎自己交到他们手中的这份权力。信任下属，并授权给他们，是这一绝招的重中之重，千万马虎不得。

"管理的绝招在于如何授权"，授权是企业管理中的重要组成部分，是管理者要学习和掌握的一门艺术。但遗憾的是，有很多管理者明明知道应该放权给自己的下属，也授予了下属一部分权力，但是却又不能完全放心地把手中的权力交给下属。

于是一个怪圈出现了：管理者在一头把权力交给了自己的下属，下属们也摩拳擦掌，准备接过这个权力大干一场，但是始料不及的是，这权力上还拴了一根绳子，远远握在了管理者的手中。

权力介于"半授"与"不授"之间，下属们该何去何从？管理者又该何去何从？导致这种现象的原因又何在？

这需要我们细心推敲！

我们知道，一个人的能力总是有限的，即使领导可以"日理万机"，但要把所有的事都照顾过来，而且全部办好，那也是不可能的。如果硬要说有人可以做到这些，我们只能用一个词来形容——"天方夜谭"。所以好的管理者不能把权力都集中在自己一个人的手中，而是应该授权给下属，自己则以权统人。

放权是正确的用人之道，其好处在前面也讲过，一方面可以让管理者的才能得到充分的发挥，更好地维护企业的运作；另一方面，可以锻炼下属的能力，为企业培养出优秀的高素质、高能力的人才。当然，从管理者自身的角度来说，这样做也可以使管理者的工作更加轻松。

但这些放权的好处，归根结底却要集中在一个地方，那就是这一章主要告诉管理者的授权之道——信任。我们说了"用人不疑，疑人不用"，管理者必须要信任自己的下属，尤其是将要对其放权的下属。只有这样，管理者才可以大胆放心地把权力授给下属。

应该说，有些管理者对下属授权时"半授不授"，最主要的根结就在这里。这些管理者们不太信任那些为自己鞍前马后效力的下属，担心他们能力不够，怕给他们太大的权力会把事情办砸了，当然，更怕事情办砸了很有可能要影响到自己的利益。他们很想凡事都亲力亲为，这样就不会有许多的顾忌。但是思前想后，看来看去，他们又发现，不放权给下属们也不行，因为事情太多，自己一个人精力有限，根本忙不过来。

当然，还有一类管理者是不愿意分散自己手中的权力，大权握在自己的手中才放心，才能高枕无忧。但事实是，不放权，自己一个人纵然有三头六臂也忙不过来。

无论是哪一种情形的管理者，他们最终都出现了一种情况：不放权给下属不行，但是放权又不放心。于是经过综合考虑，他们采取了一种折中的办法：放权给下属，但是授权的时候半授不授，权力绳索的一头还是要牢牢握在自己的手中才对。这样多好，二者兼顾！

但是事实上真是如此吗？

诸葛亮是中国老百姓最为推崇的智者，他可谓是一代英杰，空城计、赤壁之战等战例为世人广为传颂。这样的人如果放在现代，定然也是一位传奇人物。但是一些学者却认为，如果诸葛亮也奔波在现代的职场当中，他只能是一位机智百出的专业型人才，而非一个成功的企业管理者。原因很简单，他不能很好地处理对下属的授权关系。

这不是无的放矢，诸葛亮可以说真的是为蜀汉"鞠躬尽瘁，死而后已"，他处理国家大事，虽然日理万机，但却事必躬亲。虽然最后精力有限，他也肯授权给人，把自己的很多治国之方和经验传授给了姜维，让其可以为自己分担。但他始终放心不下，授权的时候"半授不授"，使姜维始终不能放开手脚大干一场。

最终的结果我们都知道，诸葛亮死后，蜀汉终于化为梦幻泡影，付诸历史。

很明显，管理者授权的时候"半授不授"，看似可以二者兼顾，实则是一种错误的管理方式。在这种状况下，下属在领导工作中的积极性、主动性、创造性和能动性都受到了不同程度的阻力，他们会觉得自己手中有权力，想把事情做到最好，可是做的时候却又会非常沮丧地发现，权力的重心原来还是不在自己手中，自己根本就没有足够的权力来处理这件事情。

如此一来，他们办事的信心就会大打折扣，到头来怕是不能二者兼顾，反而还会在很大程度上影响企业的利益。由此我们可以得出一个结论：授权时要切记不可以"半授不授"。如果这样做了，那么这个管理者不是聪明，而是糊涂。

无为而治是管理的至高境界

《庄子》中有一段老子与阳子臣的对话，译成白话是这样的。

阳子臣："假如有一个人非常勤奋，而且还具有果断的行动力与敏锐深入的洞察力，那么这个人可以做一个称职的官员了吧?"

老子："不可以，如果一定要用官员来说明，那么这个人只能做一个小官。他虽然有才能，但是却也会被自己的才能所累，使自己很累却又管理不好下属。这就像是虎豹因为身上有美丽的斑纹而招致猎人的捕杀，猎狗擅长捕猎而被人拴上绳子。有时候，这样的优点反而会束缚住了人们的手脚。"

阳子臣："那么您能告诉我好的官员是什么样子的吗?"

老子："好的官员可以让众人都知道他的好，但这些好却又与他无关。他帮助周围的人，使人们成长，但别人却丝毫感觉不到他的帮助。他通过自己合理而有效的管理制度，潜移默化地影响周围的人。"

朋友们，明白什么叫作无为而治了吗? 老子其实已经给我们讲得非常明白了。无为而治并非是让管理者无所作为地去管理，而是要提高个人的修养，预先做出计划。虽然给下属们权力，但却不放纵，不听之任之，一切都要做到成竹在胸。当然，给下属安排工作或授予权力时，要仔细斟酌，不能空大远，而加重下属的负担。

懂得无为而治的管理者要随时留心下属的动向，及时发现下属在自身权力范围内出现的问题并给予解决。无为而治的管理者要懂得分离职权，为下属创造一个宽松而又充满活力的工作环境。

这是管理者最重要的职责。

有一点我们可以肯定，懂得无为而治的管理者必定是一个很聪明的管理者，他的企业把制度隐藏在了"无为"之后，必然可以快速发展。

有一天下午，一家玩具公司的总经理经过公司人力资源部办公室的时候，发现其大门敞开。出于习惯，他在经过门口的时候向里面瞄了一眼，这一看让他不由得勃然大怒。

办公室里，人事经理小王正跷着二郎腿在办公室的老板椅上闭目沉思，他面前的桌子上干干净净，除了一部电话及一支笔外，空无一物。这个时候正是上班时间，看到下属如此，总经理焉有不怒之理？他满脸不悦地走进了人力资源部的办公室。

"喂，醒醒！"总经理的嗓门变得相当大，"你在做什么？是在工作吗？"他很生气，想要看看这位上班时间偷懒的人事经理会做何回答。

出乎意料的是，小王并没有出现他预料之中的慌乱和不知所措，而是笑着站起来，轻描淡写地回了一句："我在管理我的手下呀。"

"笑话！"总经理冷哼一声，"是在梦中管理吧？"他的气有些想要往上蹿，这是在管理还是在睡觉？这不是在睁着眼说瞎话吗？

小王继续微笑着解释下去："是这样的，有个同事建议我引进一套心理测验设备来诊断所有新员工的心理状态，我觉得这个方法不错，正在考虑要不要采纳。"

"这个建议倒真是不错，可是除此之外呢？难道你除了考虑这件事情之外，不需要进行别的工作了吗？你都在忙些什么？为什么你的桌子上什么也没有？一份文件，甚至连张纸片也没有？"总经理的声音更高了。

"总经理，我的手下不是那些建筑工地的民工，也不是那些只会抄抄写写的菜鸟，他们都有很强的能力。我给他们的权力是除了例行业务之外，都可以在权力范围之内自行决定一些事务。老实说，我是让他们替我分去了自己肩上的担子。当然，在每天上班之后，我的第一件工作就是排出当天工作的轻重次序表，然后授权，去交给他们处理。我给了他们权力，也相信他们有能力处理好那些事情。而我自己，则主要管思考和决策。"

总经理心中一动，他似乎已经明白了小王的管理方法。

"可是，我还有一点不明白，你这么信任你的下属，如此放任他们去处理事情，一旦遇到难题他们解决不了怎么办？又找谁来解决？"

小王又笑了："自然是来找我。我给下属们遇到难题自行解决的机会，相信遇到过一次难题后，他们下次再遇到同类的难题时，那难题已经不叫难题了。"

总经理点点头，明白这应该就是无为而治的管理艺术了。

在一个企业中，管理者的任务是什么？这显然是一个极其简单的问题，管理者的主要任务自然就是管人治事。现代社会是一个经济高速发展的社会，苛刻的社会条件要求管理者必须具备突出的才干，这是作为一个领导最基础的条件。

但是问题出现了，职场中经常会出现这样的一种情况：两个才干相当的管理者，在业绩和成就上却有较大的差异。这不是一种特殊状况，而是一种普遍现象，在我们的工作和生活中似乎随处可见。导致这种现象产生的根本原因，是管理者管人用人的艺术。

这是一个简单的道理，善管人者，指挥若定、运筹帷幄、一呼百应。他们不但让下属尽心竭力地为其办事，而且还是心甘情愿、心悦诚服。这还只是从小的方面来讲，如果从大的方面来讲，就是这类管理者可以牢牢地抓住人心，轻松而又怡然自得地管理着他们的这片小王国，有条不紊。

试想一下，企业中的这类管理者，焉能不永远立于不败之地？又焉能不使企业一帆风顺、蒸蒸日上？

至于不善于管人者，我们也可以很容易想到他们在企业中的境况：顾此失彼、焦头烂额、疲于应对、奔波劳累。最重要的是如此辛苦，却不会有好的结果，企业必定是人心涣散，一盘散沙。

这两者的差别一较便可知。显然善于管理者比不善于管理者多掌握了一门学问，或者说是一门艺术。他们把管理这门艺术修炼到了无为而治的境界，让人瞠目结舌的同时，也使得自身在管理这个大池塘里如鱼得水，挥洒自如。

小权下放，大权紧抓

有位老板觉得自己是个很开明的人，懂得如何合理地分配工作。所以他每次向下属交代任务时总是会说："这项工作就全拜托你了，你看着办，不必向我请示，有了结果告诉我一声就可以了。"

这位老板好不好？当然好！他很信任自己的下属，把权力完全下放给自己信得过的人，并相信他们一定可以很好地完成工作。可以说，他的下属在他的领导下能完全放开地工作，不会有拘束感，不会觉得被束缚住了手脚，可以完全按照自己的意思去做这项工作。

下属们的想法就是：老板要的只是结果，而且看他的意思，这项工作并不怎么重要，否则他怎么一点儿也不紧张？我尽量做好就是，至于最后做不好也没什么太大的关系，老板根本就不太重视嘛！

如此一来，我们可以试想一下，这项工作还能做得好吗？很难！

这个故事告诉我们这样一个道理：不负责任地放权，不仅不能完善管理工作的职能、很好地激发下属的创造性和积极性、更好地带动企业的发展，反而会起到很大的负面影响，甚至有可能会为企业造成难以估量的损失。

授权很重要，如何合理地授权对于企业的发展起着至关重要的作用。这就如同是一座大水坝的闸门，不经常开闸泄洪不行，大量的洪水流不出去会把整个水坝冲垮；但是如果总是大开闸门，那么水坝将会失去它应有的作用。

管理者是企业的一个大的闸门，在放权的时候必须要慎之又慎。放权处理得好，将会推动着企业向前快速发展，更可以很快地为企业培养出一批又一批有能力的管理者；但是，如果放权处理得不好，那么就是乱授权职。这种情形导致的后果和不懂授权一样严重，将会造成恶劣的影响和难以弥补的损失。

所以在这里，我们要告诫身为管理者的朋友们：权要放，但大权一定要紧握在手中，小权可以分给下属。

我们还是以上面的小故事为例。那位老板信任自己的下属，这一点非常可取，"用人不疑，疑人不用"是管理者必须具备的素质。但是，他可以换一种方式来交代任务。他应该把这项工作的生产计划交给下属，并明确告诉下属：这项工作由你来全权负责生产计划的实施。人员的调配、原料的供给以及机器的使用全部由你来安排。但是，你要定期向我汇报工作的进度以及工作中遇到的各种问题。遇到棘手的问题要尽快通知我，并在我的授意下处理。如果是你力所能及的问题，你自行解决就行了。总之，我要最好的结果。

这样一来，这项工作能得到最好的结果吗？这一点应该不容置疑，肯定可以得到最好的结果。因为下属手中有了权力，可以尽情发挥，但大权还在你的手中，你的整体控局观要强些，工作方向稍微有些偏差，你就可以尽早发现，自然可以取得好的结果。

授权是管理者走向成功的一项法宝。在今天，面对着经济、科技和社会协调发展的复杂管理，再高明的管理者也不能独揽一切，这是我们都已经明白了的道理。但是即便是明白，我们在管理、在授权的时候仍然还是会出现这样或那样的问题，究其原因，还是我们没有准确领悟"大权自己握在手中，小权分给下属"这句金玉良言。

作为管理者，你要学会"因事择人，视能授权"，以被授权者的能力大小作为依据，力求选择出最适合这项工作的人。

当你完成授权任务时，你会发现被授权者因为接到这项工作的处理权而处于一种兴奋状态，那么授权任务最重要的一半，你已然完成。

但是到了这个时候，你应该开始慎重了。放权，并不是说你可以把这项工作的任何细枝末节一股脑儿地交给下属去处理，而你自己则是品茶赏月，清闲自在。在大权方面，你应该牢牢握在自己手中。比如说，涉及全局问题的、组织决定的目标、方向和重大政策等，都不可轻易授权。

总体来说，管理者把目标、职务、权力和责任四位一体地分派给自己的下属，充分信任他们，放手让他们去拼，是用人的要领。但无论管理者如何授权，有一点必须要牢记：大权要握在自己手中。这并不是不信任下属，而是管理的绝招。

一个军队之中必定有一个统帅掌握军政大权，他可以把所有的小权分给自己的部将，但大权一定不能放。试想一下，如果统帅把军政大权都全部放给了自己的下属，那将会出现一种什么样的局面？

怕是仗都还没有打，整个军队就已经全乱了吧！

但是反过来呢？管理者只要把大权抓在自己手中，就不怕把小权分给下属。有统帅坐镇军中，何愁大事不成？

授权最忌越级管理

有一位职业经理人很是苦恼，他在自己所在的企业担任副总的职务，但是很多年过去了，他一直没有获得什么实质性的进步。他的工作非常轻松，可是却总是没有什么锻炼的机会。原因就是，他的总经理经常越级管理，把原本应该是他分管的工作直接安排给了他的下级。如此一来，下级汇报工作的时候也不再找他，而是直接找总经理汇报去了。

为此，这位副总已经开始萌生退意。

在现代化的企业当中，都有一定的管理层级，正常的管理需要管理者在下达命令和管理指令时按照管理层级逐级进行。但是在实际的管理过程中，许多管理者却往往喜欢跨越管理层级进行越级指挥，对部下的部下指指点点，而且还美其名曰提高管理效率。

管理者的越级管理很容易在团队内部造成团队成员意识的混乱，同时也会给那些投机钻营者创造机会，使正常的管理工作难以进行，使原来的工作计划难以有效地执行。同时，还会出现信息紊乱的现象，使企业内部小山头林立。

一个正常的企业内部都是管理者对直系下级传达指令。然而有一天，顶头上司还没有传达指令，但是上司的上司的指令却直接传过来了。如果你是员工，你会怎么想？你肯定会有一阵子惊愕：这是怎么回事？怎么头儿不给我们安排任务了？为什么头儿的上司要把这条指令传达给我？

你的惊愕可能会持续一阵子，然后会忽然转过弯来：是不是头儿要不干了？所以上面就不再让他传达指令？对了，也许是上面想让我接替头儿的位置呢，要不然，怎么这个指令没有传达给别人，偏偏传给了我？

你一阵子猜测揣摩，还能安心工作吗？恐怕有些难吧！或许经过这次事情之后，你就不再愿意听从上级的指挥，而是一直在等着上级的上级来指挥你。你会有很大的优越感和荣誉感，感觉受到了上上级的青睐，已经高人一等了。如此一来，你的直接上司在你面前还有威信和权威吗？

一旦管理者在下属面前失去了威信和权威，那么他以后的工作指令将很难再顺利下达。下属们会对管理者的指令质疑、评头论足、迟疑执行，更有甚者会产生对抗情绪。如此这般，管理者的工作将很难再进行下去。

由于管理者经常越过下级进行管理，会使下级失去很好的锻炼机会，从而难以快速成长。

当然，还有一点也很重要，越级管理会使企业内部的信息产生紊乱。这很容易理解，也许管理者越级指挥的时候，他的下属并不知情，还在按着自己原来的计划进行管理。两种不同的管理方案同时下达给一个小团队。如此一来，这个小团队不乱才怪。下属们都会有一个疑惑：到底该听谁的好呢？

这可以说是越级管理的一大害处了。许多管理者对于上级的越级管理很是反感，但却又无可奈何，于是就会产生消极怠工的心态，并以此来进行无言的对抗。如此一来，企业能不乱吗？而且这是一个恶性循环，长此下去，企业的管理只能是越来越乱。

有一天，狮王的肚子饿了，就想找个下属给自己打只野羊回来。平常这事都是副手负责，不过正巧这会儿副手不在跟前，于是它心血来潮，独自走到一个强壮的年轻狮子跟前对它说："孩子，我肚子饿了，快去给我打只野羊回来，我会为你加油的。"

年轻的狮子看了狮王一眼，想说什么却又没有说，低头跑了出去。

半天过去了，年轻的狮子还没有回来，狮王等得有些着急了，就开口询问副手。

副手也是一只成年的雄狮，它听了狮王的话后，长叹了一声说道："陛下，那头给您打猎的狮子可能是回不来了。它前几天被野羊的角给刺伤了，伤口刚刚愈合。我原来是想让它多休息几天的，可是……它不能违背您的意思，不过这个时候它很难斗得过野羊。"

那头年轻的狮子果然没有回来，它在猎杀野羊的时候被野羊踢到了伤口上，一命呜呼了。

不要越级对部下的部下指指点点，有的时候，这样做不但得不到你想要的结果，反而可能会付出惨重的代价。

作为一名优秀的管理者，我们应当时刻谨记越级管理的危害。可能我们站得很高，但是摸着石头一级级地向山下走，才是最安全的。

授权不等于放任自流

在春秋战国时期，齐桓公得到了管仲的辅佐，使得齐国实力越来越强大，因此，管仲的地位直线提高，成为齐桓公的宠臣，更是被尊称为"仲父"。齐桓公觉得，他给予管仲的权力不大，所以想给予他更大的权力，于是就向各位大臣说道："管仲的才能你们都看到了，我打算给予他更大的权力，赞成的话就站在寡人的左边，不赞成的话就站在寡人的右边。"

所有的大臣都做出了选择，只有大臣东郭牙站在中间，齐桓公觉得很奇怪，于是询问原因。东郭牙说道："大王觉得管仲可以靠着他的智慧平定天下吗？"

齐桓公点头回道："当然可以。"

东郭牙继续问道："那管仲具备成大事的决断能力吗？"

齐桓公想都没想就点头了。

东郭牙最后说道："既然大王认为他有平定天下和决断大事的能力，那还不断地去扩大他的权力，难道您不认为他是一个危险的人物吗？"

齐桓公沉默了一会儿，觉得东郭牙的话很有道理，于是就让鲍叔牙、隰朋等人与管仲同列，牵制管仲。

上述例子中，如果将整个齐国比喻成一个企业，企业的管理者就是齐桓公，而管仲、东郭牙等人就是其下属。如果齐桓公没有听从东郭牙的劝阻，把权力肆无忌惮给予管仲，那么管仲的权力势必会牵动齐国上上下下。在东郭牙的提醒下，齐桓公想出让其他大臣牵制管仲的办法，目的就是为了防止管仲的权力发展壮大。企业当中也是如此，如果管理者给予下属太过庞大的权力，后果不是能够轻易控制的。所以管理者必须懂得，授权不等于放任自流，任其发展。

何谓"授权"？授权就是指掌权者将自己的权力转移一部分给自己的下属，让下属替代自己行使。但授权不是盲目的，有时候管理者授予下属太多的权力，会让下属内心膨胀，对权力更加渴望，造成企业管理混乱的局面。

在历史上，很多君王因为授予下属太大的权力，导致自己的皇位被篡夺。在企业内也有类似的状况。

企业管理者应该明白，授权给下属不等于放任自流，那该如何保证权力发挥积极的一面呢？答案就是监控，管理者应该建立科学的监控方法，并且不断地完善管理体制。对于那些因为权力过甚而放纵的下属，绝对不能姑息，需要采取措施，果断处理。

摩托罗拉是知名电子企业，其总裁高尔文曾经就犯下过因为授权而放任自流的错误。因为高尔文给下属充分授权，放手下属去做事，对下属权力缺乏必要的监控措施，导致企业付出了惨重的代价。

高尔文是摩托罗拉创办人的孙子，他的性格温和，待人宽厚，在下属心中印象极好，同时也是下属们公认的好领导。在 1997 年的时候，高尔文担任了摩托罗拉的总裁。那时候高尔文的管理理念是：作为一个企业的高级主管，想要看到下属们发展，就决不能束缚他们的手脚，需要给予他们充分的权力，让他们无后顾之忧，大胆地去做，大胆地去尝试。

但是，市场是残酷现实的。自 2000 年以来，摩托罗拉的市场占有率、股票市值、公司获利能力都直线下降，摩托罗拉在手机产业的占有率只有13%那么多。作为曾经的手机行业龙头老大，现在的业绩下滑得让人惊讶。摩托罗拉与诺基亚相比，悬殊太大。更让高尔文没有想到的是，在他2001年上任总裁的第一季度，创下了首次亏损的纪录。美国《商业周刊》给高尔文的领导能力进行综合打分，结果分数低得可怜。

高尔文对下属实行充分授权的措施是积极的，但是他的错误就在没有对下属的权力进行科学监控。除此之外，高尔文放手尺度太大，没有及时掌握公司的经济状况和财政状况。对于企业高层主管一周一次的会议，他改为了一个月一次，给下属的电子邮件中，大都讲的是如何平衡工作和生活，没有关注企业销售额的问题。

高尔文有时候发现下属的做法不对，也不愿意去干涉，处处为下属的面子着想，给予了下属太多的权力，导致越来越放纵。

曾经，摩托罗拉准备推出一款叫作"鲨鱼"的手机，准备进军欧洲。在讨论"鲨鱼"手机的会议上，高尔文了解到欧洲人喜欢轻巧、简单的机型，而"鲨鱼"手机的价格与其他手机相比较，机型过于笨重。但高尔文就问高层员工："市场调研结果真的支持这个项目吗？"

销售主管说道："是。"之后高尔文没有进一步的讨论，就让经理人推出了"鲨鱼"手机，结果"鲨鱼"手机在欧洲的市场上昙花一现。在变化万千的科技产品市场上，摩托罗拉公司犯下了一个错误，就是因为不假思索，对手下的权力过于放纵，任其发展，才导致业绩下滑，掉下了龙头老大的位置。

直到2001年初，高尔文才意识到问题的严重性，如果再继续放任下属的权力，很有可能会让摩托罗拉面临死在沙滩上的厄运，于是高尔文开除了首席运营官，对内部进行调整，让六个事业部门所有的问题都得向他报告，他也开始每周和企业的高层开会。

高尔文对"授权"加强了防范和监控，力挽狂澜，终于见到了一些成效。

可以说高尔文在这几年里是吃一堑，长一智，在重大的损失中，意识到授权不等于放任自流。作为一个企业的管理者，可以对下属适当地放手，但是前提是要掌握科学的监控，防止权力肆意发展。

授予下属太多的权力，会造成哪些不好的影响呢？

管理者给予太多权力给下属，企业很有可能上演一种"狐假虎威"、"狗仗人势"的故事，下属会因为权力而自以为比其他同事高上一截，由于虚荣心作祟，会对同事的工作指指点点，给予过分批评，最终会让普通员工不满，与被授权人形成一种敌对的状态。如此的话，员工还能安心、忠心地为企业奉献吗？

企业管理者要懂得权衡权力，不能太过放纵下属的权力，否则会给企业埋下一颗定时炸弹。如果企业管理者盲目地给予下属权力，只会让下属为所欲为，给企业带来一发不可收拾的局面。授权不等于放任自流，对下属的权力进行科学监控是避免企业出现不和谐的手段，同时也能提升企业整体实力，为企业营造出一个完善的管理机制。

让下属对自己的权力负责

小张是公司销售部的员工，他在销售这一行做了好几年，按说工作经验是十分丰富的。可是马有失蹄，小张因为一时的疏忽，将去年年底的压货当成了工厂刚生产的新货物，并按照订单发放到客户手中。

这次失误让公司的信誉大打折扣，买家们大呼上当，纷纷要求退货。面对这样的危局，公司的刘总向来推行"推功揽过"的用人方式，这次也决定主动地将责任揽到自己身上来。但是，在公司的例会上，还没待刘总开口，小张就主动站了起来，主动地承担了这个责任。他说道："我的职责是负责销售，对货物进行分发是我的权力，也是我该干的。既然出现了严重的错误，我应该对此负责。"

刘总听后，非但没有责怪小张，反而对小张的态度十分佩服，他的公司需要的就是这样对自己的权力负责的员工。

"人有失足，马有失蹄"，犯了过错不可怕，怕就怕在不能为自己的行为负责。例子中的小张就是一个负责的人，面对管理者给予的权力，非但没有骄躁，更是在出现错误的时候主动对自己的权力负责，让人心里佩服。在当代企业中，需要的就是能够对自己的权力负责的人才，但又有多少人能做到小张这般"洒脱"呢？

企业做得越大，手下的员工组织也就越庞大，企业的管理人就是有再大的本事，也不可能凭一己之力管理好企业，这就需要企业管理者懂得对下属进行授权，让下属帮助自己共同管理公司。对下属授权，首先就需要为企业建立相应健全的授权制度，让每个员工都有自己的工作职权，同时也要让每一个被授权的员工知道对自己的工作责任，为自己的权力负责。

企业的管理者在下放权力的同时，应该懂得加强对下属权力的控制，这样才能让下属最大限度地激发出身上的工作潜能，同时企业的管理者也能够很好地控制住下属内心权力的膨胀欲望，让管理者能放心大胆地使用下属。

某公司的企业管理者在管理员工的时候，懂得授予下属一定的自主权，同时也告诉他们，权力越多，承担的责任也就越多。

一般的情况来说，只有到了 35 岁到 40 岁之间的员工才能进入公司的决策层，才能够有资历、有职权去决策公司的策略，了解企业经营状况。但在该公司发展，就不需要员工在企业熬上那么久，只要有能力，随时可以坐上企业主管的位置。

一位整合产品部的经理在她 22 周岁的时候，就已经有了可以左右公司发展的影响力。她自己曾经说过，在她刚刚进入公司的前半年，自己所处的环境就像是"一团毫无头绪的乱线"，公司里面所有的事情都要自己亲自来做，没有上级领导的指挥，出了问题却需要自己来承担。等到她适应了公司混乱的局面之后，就需要她能够控制住公司混乱的情况。等到她进入管理层，她还需要做出各种各样的决策，比如发展客户进行产品的发布、建立起和她自己有关的工作流程。

从上述例子中不难看出，这家公司给予了年轻经理充分的信任，给予她相对的职权但公司授权制度完善，首先就叮嘱下属在行使权力的时候要为自己的权力负责。可以说，这家公司在对待下属上从没有任何的偏袒，能够为员工提供出一个可以发挥自己才能的舞台。

那么充分授权给下属有什么作用呢？

第一，激发员工进取心。

有这样一个例子。

一天，一家公司的行销总监走进了两个年轻的行销员房间，跟他们说道："我们公司准备创建一本杂志，成立一个'用户联合会'，你们两个根据自己的能力说说看，自己适合负责哪一个工作？"那两个人相互望了一眼，根据自己的特长选择了一项工作，于是总监就全权让他们两个负责自己选定的工作，将处理工作的权力给予了他们，并且在他们工作过程中也没有一丁点儿插手。

如今，两位员工组建的"用户联合会"已经有了数万名会员，每一年都在世界各处举行年会，而他们公司发行的杂志也达到了 13.5 万多份。当问到为何能够成功，两位员工表示：是因为总监对他们的信任，是他们有对自己权力负责的自觉性。

上述案例中的行销总监对下属大胆授权，为公司赢得了实实在在的利益。让下属有一定的职权，在一定的范围内可以自主地处理各种问题，可以让下属知道自己身上承担着什么样的责任，进而让下属时刻保持着强烈的进取心。

第二，激发员工潜力和带动员工积极性。

一家公司的新进员工打从第一天进入企业开始，就不需要整天对上司报告自己的工作，也不用整天看上司的眼色。在处理问题的过程中，他们有高度的自主权。但是，他们必须要为自己的工作负责。对整个企业来说，虽然基层员工也有很大的自主权，但是都脱不开公司管理部门的约束。

在整个公司当中，工作流程放在个人的表现之后，这就意味着他们每个人都有完成公司给予任务的所需空间。有一个研发员名叫小王，他是在公司完成了股票公开发行之后加入企业的，并进入了公司的资源开发部。当时，团队连小王在内一共三人，需要负责建立公司的一项核心前端产品。这项工作进行到六个月之后，团队增加到六个人，而先进公司的研发员们成为这个团体资历深的员工。小王告诉那些新进的成员，在这里，工作完全可以依靠自己的想法进行工作上的创新，不用担心来自上级的掣肘。

在小王的带领下，团队的员工各自发挥自己身上的长处，终于提前完成了公司交代的任务。

企业管理者给予下属充分权力，能够将下属身上的潜能激发出来，在相应的监控制度下，使得员工明白必须要对自己行使的权力负责。

授予下属处理问题的权力，也等同于在给下属施压，和"恩威并施"有同样的道理。"施恩"是在告诉员工，这件事情完完全全由你负责，当中发生任何的问题，你都有权处理；"施威"是在告诉员工，既然公司将这件事情完完全全交给你处理，你就要做好，要是办砸了，就是辜负了企业的厚望，同时也要承担失败的责任。

那么，作为企业的管理者，应当如何对下属进行授权呢？可以从三个方面下手：

第一，能够充分地信任自己手下员工的工作能力。

作为整个团队的领头人，必须毫无保留地信任自己的下属有处理问题的能力。相对于实践，理论的制定是较为容易的，但真正执行起来，各种难题就成为"拦路虎"。将决策权交给处于工作第一线的员工，可以最大限度地减轻这些问题带来的阻力。因为处于生产第一线的基层员工比坐在办公室里的领导更加清楚当前的工作面临的情况，也更加清楚解决的方案。

第二，让团队每一个成员为他们做出的决策负责任。

这就需要企业规定相关制度，当员工明白，如果在自己负责的业务上出现重大失误、造成企业重大损失时，要能爽快地接受自己应当承受的惩罚。

第三，分清楚授权与责任。

企业的管理者应该让员工明白，上级对自己授权，是为了让员工更好地完成企业任务，而不是将承担责任的风险推给下属。很多的企业管理者总是想插手员工的工作，告诉员工应该做什么、怎么做。这样做只会扼杀整个员工的责任感和自信心，让员工在之后的工作中失去承担责任的积极性。

权力与责任往往是相互的。拥有权力，也就意味着要承担权力带来的责任。世界上不存在只享受权利却不承担责任、义务的事情。企业的管理者在进行授权的时候，就等同于将权利和义务授给了下属，每一位员工在行使权力的同时也能承担起自己应尽的责任。

第十章
竞争是团队进步的内推力

　　压力总是与动力并存，在压力的推动下，人的潜能反而会比正常状态下更容易调动起来。为此，管理者不妨引入竞争机制，给员工施加适当的压力，让他们明白，如果他们不努力工作的话，就有可能被公司淘汰出局。这样一来，竞争便成为团队进步的内推力。

良性竞争可以增强企业的活力

有一段时间，日本本田汽车公司的员工士气不振，销售量不断下降，这令总裁本田大为忧愁，他找来了自己的得力助手、副总裁宫泽，询问有何良策。宫泽给本田讲了鲶鱼效应，于是本田决定去找一些外来的"鲶鱼"加入公司。经过周密的计划和努力，他把松和公司销售部副经理，年仅35岁的武太郎挖了过来。

武太郎接任本田公司销售部经理后，凭借着自己丰富的市场销售经验和过人的学识，以及惊人的毅力和工作热情，受到了销售部全体员工的好评，员工的工作热情被极大地调动起来了，活力大为增加，公司的销售出现了转机，月销售额直线上升，公司在欧美及亚洲市场的知名度不断提高。

本田深为自己有效地利用了"鲶鱼效应"的作用而得意不已，从此本田公司每年都会从外部聘用一些精干利索、思维敏捷的30岁左右的生力军，有时甚至聘请常务董事一级的"大鲶鱼"，这样一来，公司上下的"沙丁鱼"都有了触电式的感觉，工作起来也格外卖力气。

强有力的竞争，可以促使员工发挥高效能作用。在对员工的管理中，引用个人素质高、业务能力强的外来优秀人才，利用"鲶鱼效应"让每个员工都有竞争的意识并能投入到竞争之中，激发企业内部活力，这是每一个管理者都应该学会的激励方法。

需要注意的是，"鲶鱼"的数量应当加以控制，如果一个企业"鲶鱼"数量多的话，整个团队就会出现"个个是英雄、整体是狗熊"的现象，因为个个"鲶鱼"都想坚持自己的观点，合作和沟通就不存在了，整个团队就乌烟瘴气了，所以日本有些企业信奉"一流管理者，二流员工"的用人信条，既然一条"鲶鱼"能够带动一群鱼翻腾搅动，那就没有必要再放第二条了，"一山不容二虎"说的也是这样的道理。

人为施压，逼出员工的潜力

美国前国务卿基辛格博士，他以能在非常繁忙的情况下，仍然坚持把计划书做到最好而闻名。当一位助理呈递一份计划书给他的数天之后，该助理问他对其计划书的意见。基辛格和善地问道："这是不是你能做的最佳计划书？"

"嗯……我在这份计划书上确实花费了相当大的工夫。"助理的表情有些不快。

"我相信你再做些改变的话，一定会更好。难道你不希望将这份计划书做得完美无缺吗？"基辛格充满期待地对助理说。

助理回答："也许有一两点可以再改进一下……也许需要再多说明一下……"

随后助理走出了办公室，腋下挟着那份计划书，下定决心要研拟出一份任何人——包括亨利·基辛格都必须承认是"完美的"计划书。这位助理日夜工作三周，甚至有时候就睡在办公室里，终于完稿了！

助理很得意地迈着大步走入基辛格的办公室，将计划书呈交给基辛格。

当他听到那熟悉的问题——"这的确是你能做到的最完美的计划书了吗"时，他激奋地说："是的，国务卿先生。"

"很好，"基辛格说，"感谢你的辛勤劳动。"

"知足常乐，能忍则安"，这是耳熟能详的经典名句。知足常乐不是意志消沉、不求上进的代名词，但是有些员工却以"知足"自诩，讲究"无欲"和"不贪"，不主动给自己压力，在工作中得过且过，不思进取。针对这一现象，管理者要善于给员工施加一定的压力，进而激发员工积极进取的上进心。

看完这个故事，相信我们不难得出这样一个结论：每个士兵都有成为元帅的可能，关键看有没有一个逼他成才的上级。管理者要及时给员工施加一定的压力，逼出他们的竞争意识，逼出他们的进取意识。

那么，管理者如何给员工施加压力呢？据一项权威研究显示，工作越忙碌，时间越紧张，人的精力越集中，能力提升越快；工作多而人员少，员工就不得不寻找最有效率的工作方法。如果任务紧迫，员工就不能再懒懒散散、得过且过，就必须设法使自己的速度加快，加快与其他人的配合。

一家只有350名员工的小公司，为军方及民间的飞行员制造氧气面罩及其他救生设备。商海总是难以预料，这家公司的营运突然陷入了困境，一些骨干也离开了。主要原因是公司发给员工的工资较多，所有按钟点计酬的工作、加班费多出一倍半，但最大的问题在于公司上下每个人全都用"平常心"

做事。从经理到工人，各人做各人的事。只要做好分内的工作，或者是他们自认为做好就是了。

为了使公司能够重焕活力，总经理聘用了一个名叫艾隆·布鲁姆的年轻人，担任主管。布鲁姆接受了新任务后，首先召集剩下的150名员工训话，他宣布："每天自上午八时至下午五时，各人做自己分内的事。你是秘书，就做秘书的事；你是经理，就做经理的事；你是工程师，就做设计的事。但在五点以后，从秘书到我自己，全都加入到生产线中去，协助装配工作。你们和我都得听生产线领班的命令。没有加班费，只有一块三明治当晚餐。"

在两年的时间里，这家公司又恢复正常，甚至营运得比以往还要好，员工的士气为之大振，公司也开始赚钱了。对于自己的成功，布鲁姆解释道："竞争是培养人才的动力，忙碌则是培养人才之母。"

"竞争是培养人才的动力，忙碌则是培养人才之母。"这是一句值得每一个管理者铭记的话。的确，当每个人都有事要做时，整个组织就会呈现出一片繁忙且生机勃勃的景象。每个人的精神面貌会得到改善，个人的业务能力也会有所提高，组织的风气也会不断改善，其效率自会不断地提高。

虽然给员工施压是一种促进良性竞争、提高工作效率的好方法，但也应该有一个限度，施压过头的话，就会让员工陷入"超负荷工作"的不良状态，如此不仅会损害员工个人的身体健康和心理健康，而且也会直接威胁其家庭关系，更有甚者精神会过度紧张，这样即使有再多的潜能也是无法得到开发的，企业哪来活力？

鉴于此，在实际工作中，管理者既要给员工施加一定的压力，又要注意把握工作节奏，这样反而能更好地激发员工体内的潜能，促进员工之间的良性竞争，使员工的士气犹如勇士一样气势磅礴。

优胜劣汰员工才会进步

在非洲大平原上，清晨，狮子和羚羊同时醒来。

狮子想：今天我要飞快地奔跑，一定要追上羚羊。

羚羊想：今天我要飞快地奔跑，一定要快过最快的狮子。

最后，狮子吃掉了跑得最慢的羚羊，自己变得更健壮，养育了自己的下一代。羚羊中的老弱病残被淘汰，整个群体变得更为强壮、机警、有活力，得到了优化。

自然界遵守适者生存、优胜劣汰的法则，在这个竞争日益激烈的社会中，"适者生存"也应该成为企业员工生存、发展的金科玉律。竞争对个人和企业本身的确是惨烈的，但对于个人与企业的进化也是非常有利的。

为了增强企业的活力与竞争力，在公司内部的用人机制上，管理者需要遵循适者生存、不适者淘汰的原则，及时地裁减冗员，将那些不胜任工作的员工淘汰下去。这样一来，一方面减轻了企业的负担，另一方面也使留下来的精英时刻有一种危机感，也就是"今天工作不努力，明天努力找工作"的效果。

百事可乐公司是一个成功运用优胜劣汰用人法则的世界性大公司。该公司的产品行销全球，在国际市场上长盛不衰。该公司主管韦恩·卡洛韦被问及他的公司是如何取得这一切的时候，他肯定地回答：坚持优胜劣汰的用人法则。

卡洛韦对他的员工大多数都了如指掌，他亲自制定下属各类人员的能力标准，每年至少一次和他的下属共同评价他们的工作。如果这个下属不符标准，也许会再给他一段时间以观后效；如果已达到标准，就会在第二年习惯性地提高要求。经过评估，公司的工作人员一共被分为四类，采取四种对待方式。第一类，最优秀者将得到晋升；第二类，可以晋升但目前尚不能安排；第三类，需要在现有的岗位上多工作一段时间，或者需要接受专门培训；第四类，最差者将被淘汰。

无独有偶，日本的松下公司每季度都要召开一次各部门经理参加的讨论会，以便了解彼此的经营成果。开会以前，公司领导会把所有部门按照完成任务的情况从高到低分别划分为A、B、C、D四个等级。开会时，由A级部门首先报告，然后依次是B、C、D级报告。这种做法就充分利用了人们的竞争心理，这样一来，所有人都会努力提高业绩，因为谁也不愿意排在最后。

中国家电第一品牌海尔集团也是一样，他们将优胜劣汰的自然法则作为激励法，而且还直接将企业变成了"赛场"，让每位员工参赛，提出"变相马为赛马"的用人理念。海尔的赛马规定包括三条原则：一是公平竞争，任人唯贤；二是适职适能，人尽其才；三是合理流动，动态管理。对人才的任免考核讲求公平、公正、公开，简称"三公"，决不搞"暗箱操作"。在这里，只要进入公司的员工都可以参赛，所有的人都是赛手，所有的岗位都是赛场，人人都能升迁，而且向社会全面开放，不分年龄大小、身份贵贱、资历高低，只要有技能、活力、奉献精神和创新精神，这里就是人才驰骋的赛场。也就是说，只要员工工作绩效突出，又具备相应的素质能力结构，可以胜任较高职位要求，那么员工个人就可以按照规定的步骤得到升迁和提升。

不过，凡事不能走极端，走极端必然走向反面。优胜劣汰制是以员工竞争为基础，竞争搞过头了，也会走向反面，导致同事之间的关系紧张，企业处于一种人心惶惶的氛围，团队合作几乎没有，在员工心理上便成了一件十分有压力的事情。因此，管理者在使用前一定要慎而又慎，不妨使用"末位淘汰"制。

"末位淘汰"是指对某一范围内的工作人员实行位次管理，规定其在一定期限内，按特定的标准对该范围内的全部工作人员进行考核并据此排出位次，并将位次列在前面的大多数予以肯定和留任，而将居于末位的一个或几个予以否定和降免职的制度。淘汰末位者不是孤立的，而是保留比被淘汰者合适的、优秀的人员，同时让出位置给新的比被淘汰者合适的、优秀的人员。

当然，末位淘汰的目的并不在于员工的流失，而是给员工施以压力。在末位淘汰的压力下，员工为了免遭淘汰，继续从事原有的工作，得到原有的待遇，就会加倍努力，进而使员工之间产生强烈的竞争气氛。末位淘汰的另一优点就是可以直接单纯地优化队伍，不断地为企业补充新鲜血液，保持活力。

国内就有一家有上百家营业部的证券公司实行末位淘汰制度，但这项制度仅针对业务人员，且被淘汰人数仅有 3~5 人，淘汰下来的也不是让其辞职，而是为其调换一个更适合的岗位。这么做所带来的直接效果就是既调动了员工的积极性，又不会给整个企业形象造成负面影响。

不过，管理者在进行末位管理时要注意保证公平性和合理性，否则不仅会失去人才，还会引起其他员工的恐慌，使他们得不到肯定且没有安全感，很容易引发一系列负面效应，甚至导致企业的不稳定。

总之，市场经济条件下，员工间竞争如同逆水行舟，不进则退。优胜劣汰、适者生存是激发员工竞争意识的一种策略，管理者在实践中必须结合自身的实际情况和管理需求来贯彻这一管理理念，使企业永远充满活力，进而处于不败境地。

给员工们一个"假想敌"

美国某大型企业的总经理赫斯激励下面的员工，就是用了这种竞争方法。他对一个一向很努力的工人说："米勒，为什么我叫你做的一件事情这么慢才做出来呢？你为什么不能像唐克那样快呢？"反过来，他对唐克却这样说："赫尔，你为什么不以米勒为榜样，像他那样做事快呢？"

过了不久，赫斯需要两个不同的铸件，便叫米勒和唐克一人负责一件，尽快送到铁道开关及信号制造厂去。他中午下达的命令，下午米勒和唐克便都把这件事办好了，不过这时候。赫斯还不知情，他以为他们明天才能办好。

赫斯问："米勒，你何时去铸呢？"

米勒回答："已经铸了。"

这速度令赫斯有些惊讶："啊，那什么时候可以铸好呢？"

米勒回答："已经铸好了，已经送到您的办公室了。"

赫斯笑了："很好。"

"不过，"米勒追问道，"听说唐克也已经铸好了铸件，请问他快还是我快?"

赫斯又笑了。

　　每一个人都有被尊敬的需要和成长发展的期望，其潜在心理都希望自己"比别人站得更高"，或"比别人更重要"，从心理学上来说这种潜在心理就是自我优越的欲望。即使一个人的竞争心很弱，也会有这种欲望。当这种自我优越的欲望出现了特定的竞争对象时，其超越意识就会更加鲜明。

　　一个有上进心的员工最怕的是没有对手，如果没有对手，他就容易看不清自己能力上的缺陷，就会失去进取的动力，也就无法激发其最大的潜能。很多员工能力出众，工作表现优秀，却常常抱怨工作没劲，其中缺乏竞争对手是主要原因之一。

　　所以，管理者要善于利用员工的这种心理，给团队的每一个人设立一个竞争的对象，让员工知道竞争对象的存在和超越对方的重要性，从而激发起他们争强好胜的竞争意识，并且体会到竞争带来的快乐。当员工们你争我抢、全力以赴地为公司做出贡献时，管理者的工作也就做到极致了。

　　那些聪明的管理者都深知这一点，所以他们会时常利用员工的这种自我优越的欲望，为其设立一个竞争的对象，让对方知道竞争对象的存在，进而轻易地激发起员工的工作热情，从而让他们主动展开竞争，工作效率自然就会提高。值得一提的是，这种方法不仅适合单个的个体，也同样适合团队。

　　下面的故事就是很好的例证。

　　琼斯先生是温哥华一家航运公司的总经理，他提拔了一位非常有能力、有潜质的人到一个生产落后的船厂担任厂长。可是半年过后，这个船厂的生产状况依然不能达到生产指标。为了激励工人们完成规定的生产指标，他曾用了加大奖金力度、优胜劣汰等多种激励方法，但怎么也不见效果。

这一天琼斯先生站在办公室门前，沉默着。这时恰逢换班时间，白班工人们已经陆陆续续走出车间，晚班工人们则准备交班。"给我一支粉笔。"琼斯先生说，然后他问旁边的一个白班工人："你们今天完成了几个生产单位？""6个。"只见，琼斯先生走到车间门前，在大门旁的墙上写了一个大大的、醒目的"6"字，然后一言未发就走开了。

当夜班工人们进到车间看到这个"6"字时，就问白班工人是什么意思。白班工人回答："琼斯先生今天来这里视察，他问我们完成了几个单位的工作量，我们告诉他6个，他就在墙壁上写了这个6字。"

次日早晨，琼斯先生又走进了这个车间，夜班工人们已经将"6"字擦掉，换上了一个大大的"7"字。下一班白班工人看到了墙壁上的"7"字，"哼，夜班工人比白班工人好，是不是？好，给他们点颜色瞧瞧！"他们全力以赴地工作，下班前留下了一个神气活现的"8"字……就这样，该船厂的生产状况逐渐好起来了。

"哼，夜班工人比白班工人好，是不是？好，给他们点颜色瞧瞧！"琼斯先生利用工人们"好斗"的本性，不仅巧妙地解决了该厂完不成定额的难题，还使工人处于自动自发的工作状态，最终的受益者是不言自明了。

由此可见，当企业发展不尽如人意，员工们士气不振时，假如管理者能够给员工们设立一个"假想敌"，设立一个可以竞争的对象，那么就可以有效激发员工们的竞争意识，使他们的能力得到充分发挥，进而帮助企业扭转困境。

不过，培养"假想敌"是一柄双刃剑。虽然员工们在竞争中打败对手取得胜利，会促使他们产生更强的工作积极性，但是，如果怎么追赶都不及"假想敌"、屡遭失败，反而会使员工的自信心受挫，导致工作积极性不增反降。

因此，管理者在给某些员工选择"假想敌"时，最好选择比他们成就或能力方面强一点点的人，双方实力不要相差太多，努力一点就能赶上，让员工能看到进步的希望，能体验成功的喜悦，他自然就会在工作中全力以赴了。

时刻关注，避免竞争"恶化"

A公司为了激发员工的竞争意识，无论是职称的评定，还是奖金的发放，以及升职名额的选定，都讲究PK原则，即有能力者上无能力者下。一开始这种方法收到了预期效果，经理挺满意，但是不久各种问题就出现了：

这次单位有一个提拔女干部的指标，几名符合条件的女同事都想争这个名额。为了争取到这个升职机会，甲第一时间就跑到经理面前讲同事的坏话了："经理，你不知道，乙经常趁你不在时偷懒、开小差。"甲刚走丙又来了："经理，我觉得甲不应该得到这个名额，她清高孤傲，不适合做干部工作。"丙刚走，乙又来了："经理，丙是不是说我坏话了？她这人就是这样，老喜欢打小报告。"

就这样，这几个员工整天都忙着相互拆台，工作不能顺利完成；而且她们之间也是矛盾不断，谁看到谁都恨不得吵上一架，结果导致单位的业绩平平。怎么会这样呢？该经理陷入了思考：该不该鼓励竞争呢？

管理者引导竞争的目的通常是好的，竞争带来的结果是进步、活力和效率，但有些员工却在竞争中滋生了阴暗的忌妒心理，他们想的是如何给别人脚下使绊，如何诬蔑别人，搞臭他们的名声，如何让同事完不成更多的任务……总之，就是通过扯先进员工的"后腿"来让大家都扯平，以掩饰自己的无能。

毋庸置疑，这种行为就会导致公司内部的恶性竞争，它会使公司内人心惶惶，员工相互之间保持强烈的戒心，大家都提高警惕防止被别人算计。这样一来员工的大部分精力和心思都用在处理人际关系上去了，管理者也会被诸多的相互揭发、投诉和抱怨缠得喘不过气来，公司的业绩自然会下降。

竞争有调动员工积极性的作用，但竞争不当也会产生消极影响，导致员工出现以互相拆台、尔虞我诈的不正当的手段来达到目的的行为，这是非常不利于企业发展的。所以，管理者在利用竞争激励法的同时，也要注意关心员工的心理变化，一旦发现问题要及时采取措施防止恶性竞争，积极引导良性竞争。

管理者引导团队成员间良性竞争具体可以从以下几个方面做起：

1. 鼓励员工争取团队荣誉

在企业运作上，致力于让员工明白在提升个人绩效表现的同时，也应该互相帮助，争取团队荣誉。以公司的业务员为例，在制定目标时就要包括部门和个人的目标，让部门的成绩切实影响到个人的收入，这样才能真正营造团队工作的良性竞争气氛。

2. 关注员工个体的差异

企业的工作需要竞争，但是如果不考虑员工的个体差异，特别是年龄差异，搞一刀切式的"开展各种名目的竞争"，其结果必然是产生种种矛盾，导致员工热情降低，甚至同事之间人际关系紧张。所以管理者要关注员工个体的差异，结合员工的实际情况，尤其是已有水平和个性特点，提出适当的要求，而不要过分强调竞争。

3. 保证人人机会均等

在企业中，民主的第一层含义就是平等，每一个员工都是平等的。因此，管理者应当为每个员工提供均等的发展机会、选拔机会，如果连起码的公平都无法保证，公正也就无从谈起，竞争必然会被引到对立面。

4. 灌输正面竞争的意识

管理者要时常提醒员工："可以向竞争对手正面挑战，但不要把对方视为仇敌。"对有恶性竞争行为的员工要进行批评教育，在企业里树立正气，倡导良性的、公平合理的竞争，引导员工要把竞争对手的存在，当作是促进自己努力工作的动力，同一企业内部的竞争对手更应当协调一致，共同进步。

竞争是企业进步的动力，但是孤单的竞争、没有合作的恶性竞争却是无力量的，这一点管理者切不可轻视，要及时适当地引导员工，使竞争意识与合作精神相统一，竞争中有合作，合作中有竞争，如此才能将竞争机制的激励功效发挥到极致，才能真正调动员工的工作积极性，推动企业的进步与发展。

树立员工的危机意识

有这样一个著名的生物实验：

把一只青蛙放到盛满开水的大锅里，这只青蛙一被放入水中，便立刻感觉到环境的变化而迅速挣扎，蹦跳出来，虽受轻伤，却避免了被煮死的命运。同样，他们又把一只青蛙放到盛满冷水的大锅里，然后，用小火慢慢加热，青蛙没有感到温度的慢慢升高，一直在水中欢快地游动。随着水温逐渐增高，青蛙的游动渐趋缓慢，等到水的温度变得很高时，青蛙也已变得非常虚弱而无力挣扎，最终无奈地死去。

从这个实验中我们可以发现，生物是有惰性的，若任其自由蔓延，这种惰性常常会消磨其意志力，以致放松对外界最基本的警惕性，最后会丧失对一切变故的应对能力。人和生物一样，也是有一定的惰性的，在安逸的工作环境中，斗志就会被逐渐消磨，沦为自我设限、安于现状的人。

当一个员工的工作激情衰减到对企业的危机无动于衷时，这个企业也就同步衰败了，这也是许多优秀企业的短命根由。因此，当下属过于安逸，看不到外界激烈的竞争，变成"温水青蛙"时，管理者有必要引用"青蛙效应"，给员工制造一种危机感，以增强他们对外界环境的敏锐性和应变力，以重新换发企业的活力。

其实，每个员工都是一块宝藏，蕴藏着巨大的潜力，但这种潜力的发挥和周围的环境是息息相关的，过于舒适或平静的环境并不利于潜力的发挥，反而是在环境比较恶劣，或受到某种外在刺激的情况下，潜力才会像火山爆发一样，喷射出无穷的智慧能量来。所谓"生于忧患，死于安乐"，便是这个道理。

20 世纪 60 年代，佳能公司采取多种经营方式打入计算器市场，公司研究出的键盘式计算器试销后获得成功，这使得员工们大松了一口气，甚至觉得高枕无忧了。但好景不长，没过多久，佳能在与"卡西欧"推出的小型计算器的竞争中连连失利，于是公司又研制新型计算器再次上市，但由于研制仓促，产品缺乏合理性，结果销路不畅，此时又正值第一次石油危机爆发，佳能出现巨额赤字，濒临倒闭。

挽救败局成为此时最为紧要的事，董事会最终决定，把企业遭遇的危机告诉全体员工，让他们知道企业处于危险的境地，唤起他们的危机感，振奋员工的士气以背水一战。于是，公司向全体员工发出危机警告。那些身心放松的人、高枕无忧的人都重新变得紧张了起来，继而员工小组加强活动，新建议、新方案层出不穷。危机激发出了许多智慧，如何挽救佳能成为员工日常议论的话题，员工们充分发挥自己的主动性和积极性，结果佳能很快就走出了困境，重振雄风。

危机虽然可怕，但却是让员工展现自我，挖掘员工潜能的最有效的武器。

商场上可能有积极进取的常胜将军，却不可能有故步自封、恃才傲物的常胜将军。面对现今激烈的市场竞争，面对残酷的淘汰机制，任何一位企业管理者和员工都应该持有一种危机感，持有一种忧患意识。

需要注意的是，身处逆境和困境，危机迫在眉睫，自然谁都会有危机感。可是，真正的危机感强调的其实是一种心理状态，其存在不一定是事实的逆境和困境。聪明的管理者，要使员工在顺境下也保有危机感，保持忧患意识，始终坚持不懈地努力。所谓居安思危，未雨绸缪，有备无患就是这个道理。

日本日立公司成立于 1910 年，现在是日本最大的综合性电气公司，也是世界十大电气公司之一，全球 500 强企业之一，在全世界拥有约八万名的员工。这样一家大型国际公司，却有着主动给员工制造危机感的传统。

在公司成立后的前几十年里，日立始终是顺风顺水，稳步发展。但是，在公司一片欣欣向荣的景象中，公司的高层领导们却意识到，如果一家公司长期在顺利中行进，那么公司里的员工们就会不可避免地产生可怕的惰性，进取心也会日渐衰退。为了避免这种颓势，日立公司把危机管理提到了日程表上。

有一年，日立公司宣布所属工厂的 2/3 员工，共 67.5 万名工人，暂时离厂回家待命一个月。在这个月中，公司发给每个员工原工资的 80% 作为生活费；1975 年 1 月，日立公司又突然通知，公司并不准备全力生产，新录用的 100 名员工上班日期推迟 20 天，促使新员工一进入公司便产生了一种危机感、紧迫感，这样做同时也让其他老员工加深了忧患意识。

日立公司采取了上述一系列管理措施之后，全公司包括新老员工都开始更加奋发地努力工作，都绞尽脑汁为公司的发展出谋划策。就这样，在忧患意识的诱发下，全体员工共同努力，公司取得了令人满意的业绩。仅仅半年的时间，它的结算利润便翻了一番，达到了三百多亿日元。

一个富人说："21世纪，没有危机感是最大的危机。"日本日立公司主动制造危机事情，这是一项人事管理的权宜之计，它虽然节省不了什么经费开支，但可以使员工意识到自己手里捧的不是铁饭碗而是泥饭碗，稍不注意饭碗就被砸了，而避免被自身的惰性俘虏，增强忧患意识及竞争力。

总之，在企业发展过程中，管理者如果能从改变员工的惰性这个角度入手，适时地制造一些危机，利用危机去攻击它、刺激它、克服它、战胜它，这对员工和企业的发展来说，都不失为一个好事。

强化员工的荣辱观念

刘铭是某文化公司的经理，他经常率领员工们阅读四书五经等经典，"子曰：巧言、令色、足恭，左丘明耻之，丘亦耻之。匿怨而友其人，左丘明耻之，丘亦耻之。""仓廪实而知礼节，衣食足而知荣辱"……这些话大意是说做人不能说假话做假事，要把荣辱放到与人格同等重要的位置。

对此，刘铭给出了自己的解释："在过去一段时间部门及职工急功近利思想严重，工作上只求形式，不讲内容；做事脱离实际，好摆花架子或只动动嘴皮，这给公司带来了不小的危害。公司要发展就要树立求真务实的工作作风，让员工们知道什么行为是值得提倡的，什么行为是应该杜绝的。"

果然，一段时间后，员工们深刻地认识到做事要从实际出发，实事求是，与时俱进，开拓创新。时刻以公司兴旺为荣，以公司衰败为耻。心往一处想，劲往一处使，最终推动着公司从一个胜利走向了另一个胜利。

就企业内部的员工而言，只有员工具有较强的荣辱意识，才能有赶超别人的愿望和冲动，管理者使用竞争激励的效果才好；相反，如果员工荣辱不分，或者荣辱意识不强，不分美丑黑白，觉得先进并不光荣、落后并不可耻，那么竞争激励就成了一句空话，企业就会是死水一潭。

荣誉和耻辱，是荣辱观中的一对基本范畴，是指社会对人们行为褒贬评价以及人们对这种评价的自我感受。知荣辱，是人性的标志，是人区别于动物、人之为人的重要标准。荣辱意识是使员工勇于竞争的基础条件之一。

古人曰：不知荣辱乃不能成人。古人还提出了不少有关荣辱的格言，如"宁可毁人，不可毁誉"，"宁可穷而有志，不可富而失节"，"立大志者，贫贱不能移，富贵不能淫，威武不能屈"，等等。这充分说明古代的仁人志士将荣辱放到了与人格同样重要的地位。

从古至今，人们始终通过强烈的荣辱意识来维系基本的文化价值。莎士比亚说过："我的荣誉就是我的生命，二者互相结为一体；取去我的荣誉，我的生命也就不再存在。"在这里生命与荣誉结为一体。孟子云："无羞恶之心，非人也。"朱熹解释道："耻者，吾所固有羞恶之心也。有之则进于圣贤，失之则入于禽兽，故所系甚大。"

问题的关键是，每个人的荣辱意识各不相同。有的人荣辱感非常强烈，而有的人荣辱意识则比较弱，甚至还有的人几乎不知荣辱。因此，要让竞争发挥出其应有的激励功能，管理者必须强化员工的荣辱意识。

我们知道，荣辱意识的前提是知荣辱，这就涉及了自尊心的问题。自尊心是人的重要精神支柱，是进取的重要动力，与人的荣辱意识有着密切联系。因此，强化荣辱意识，首先要激发员工的自尊心。

根据有关的分析，员工自尊心的表现程度大致分为三种类型。

1. 自大型员工

对于自大型的员工来说，他们的荣辱感极强，甚至表现为受"荣"而不能受"辱"，并且他们的荣辱感往往带有强烈的忌妒色彩，不能正确地看待同事之间的竞争，这就要求管理者对他们加以正确引导，以防止极端情况的发生。

2. 自勉型员工

对于自勉型的员工来说，其荣辱意识也比较强，大多能够正确地看待荣辱之事，而且他们一般能够自觉地督促自己近荣远辱，是非常适合开展竞争激烈法的群体，这时只需要管理者稍加引导就可以了。

3. 自卑型员工

自卑型的员工，大多对自己没有信心，妄自菲薄，情绪低落，这样就不能深刻地体会荣辱的意义，进而影响到激励效果。对此管理者必须通过教育、启发等各种办法来激发其自尊心，尤其是要引导其认识自身的能力和价值。

强化荣辱意识还必须明确荣辱的标准。究竟何为"荣"，何为"辱"，管理者应当让员工有一个明确的认识。管理者应当让员工分清正确的荣辱界线，这样才能保证竞争机制的有效性和正确方向。

此外，强化荣辱意识还必须使其在工作过程中具体地表现出来。管理者可以在平时的工作中通过一些奖励先进者的活动，让员工们看到：进者荣，退者辱；先者荣，后者辱；正者荣，邪者辱，这样他们的荣辱意识就能得到增强了，其进取之心也必然会得到增强。

让责任落实到每个人的头上

"人非圣贤，孰能无过"，人不可能不犯错误，但是对于自己应该承担的责任就该负责，而不能随便找个理由推脱，这样才是一个称职的员工，这样才能尽心尽力地做好工作。

在日常工作中，每个员工都难免出现失误，但是当问题发生后，有些员工只知道一味地怪罪别人，为自己辩解，并且说得振振有词，头头是道："别人不采纳我的意见"、"我是按照公司的要求做的"，等等，把责任推个一干二净。

对待这样的员工，作为管理者的你该怎么办呢？原谅他吗？

其实，这个问题看小实大。何为"责任"？责任，即应尽的职责。如果责任可免则免，那么员工会出现这样一种局面：只要工作出现问题就努力寻找借口，工作上变得消极而被动。更糟糕的是，推卸责任的行为就像瘟疫一样是会传染的，在一个公司里，你不承担责任，我不承担责任，相互推诿和懈怠，那么会使得问题更加复杂，最终会损坏公司的利益，公司怎么可能做大、做强？

一位著名的成功企业家曾经遭遇到过一段事业低谷，问及他如何"鲤鱼大翻身"时，他如是说："当我们的公司遭遇到前所未有的危机时，我知道必须依靠自己的智慧和勇气去战胜它，因为在我的身后还有那么多人，可能会因为我的胆怯从此倒下。所以，我决不能倒下，这是我的责任，我必须坚强、更坚强！"

西点军校有一句名言："没有责任感的军官不是合格的军官，没有责任感的员工不是优秀的员工，没有责任感的公民不是好公民。"由此可见，责任是一种担当，是一种付出，也就是承担应当承担的任务。责任虽然是一种压力，但它绝对不是一种负担，相反它还是一种动力，它会促使人完成应当完成的使命，做好应当做好的工作。

一个能够勇于承担责任的员工，对于企业有着重要的意义。对此，亚伯拉罕·林肯说："逃避责任，难辞其咎。"在美国卡托尔公司的新员工录用通知单上印有这样一句话："最优秀的员工是像恺撒一样拒绝任何借口的英雄！"因此，管理者要学会强化员工的责任感，不能给员工寻找借口推卸责任的机会。

那么，如何培养员工的责任感呢？雅芳公司负责组织绩效的副总裁波拉·西姆塞这样说："要让工作真正发挥激励作用，个人必须了解自己的努力在全局当中的位置，清楚自己的责任边界和工作角色。"

为此，管理者不妨与员工签好责任状，也就是事先明确每个人的责任，将责任真正落实到个人头上。让员工清晰地认识到哪些责任是自己必须、应该承担的，是不可推卸的，那么他们就无法找到为自己开脱的借口了，这是制止员工在工作中互相推脱责任、激发工作热情的最好方法。

在这一点上，海尔集团的员工们是一个榜样。

海尔电冰箱厂的材料库是一个五层的大楼，这五层楼一共有 2945 块玻璃，凡是去过的人都会发现，这 2945 块玻璃每一块上都贴着一张小条！每个小条上印着两个编码，第一个编码代表负责擦这块玻璃的责任人，第二个编码是负责检查这块玻璃的人。

这是做什么呢？原来，这是海尔职责分明、责任到位的一种做法。擦玻璃、检查玻璃人员的名字都印在玻璃上，清清楚楚、一目了然地明确制定了两个责任人。一旦出现问题，谁也赖不掉责任。

在海尔，小到一块玻璃，大到机器设备，都清楚标明事件的责任人与事件检查的监督人，有详细的工作内容及考核标准。其中，海尔冰箱的生产过程总共有 156 道工序，海尔精细到把 156 道工序分为 545 项责任，然后把这 545 项责任落实到每个人的身上，如此形成了环环相扣的责任链。

"人人都管事，事事有人管"，海尔严格的"责任到人"的制度使每一个参与工作的个人和组织丝毫不敢懈怠，尽职尽责地努力工作。正因为如此，海尔成了高质量的"代言人"、中国企业的榜样。

总之，每名员工，无论职务的高低，无论工作量的多少，都对企业负有不可推卸的责任。责任状就是军令状，签了责任状就是领了军令状。以此为鞭策，员工必会将工作做得尽善尽美，为企业增光添彩。

第十一章
给员工一个光明的发展前景

俗话说，人无远虑，必有近忧。管理者需要操心企业的未来发展，员工也需要为自己的未来发展进行谋划。当下属发现你时刻都在为他的前途和未来着想时，就会加倍地努力工作，同时这也显示了你非凡的工作能力与领导才能，出色的人才自然就会聚集在你的手下。

给你的员工一个未来

三个工人的故事想必大家都知道。

在一个建筑工地上有三个工人，有人问："你们在做什么？"

第一个工人头也不抬地说："砌砖。"

第二个工人抬了抬头说："我正在赚钱。"

第三个工人热情洋溢、满怀憧憬地说："我正在建造世界上最美的殿堂。"

十年后，第一个工人成为这个手艺行当里的老师傅；第二个工人成了这个建筑工地的工长，而第三个工人则成了当地赫赫有名的建筑师。这是为何呢？因为第三个人有"愿景"，心中装有的是一座殿堂。

盖房子的时候，建筑师都是先把自己的想法具体地表现在蓝图上，再依照蓝图完成建筑。如果没有建筑师的具体规划，那么整个建设就无法完成。同样的道理，企业在运行时也必须要有一个行动的蓝图，用专业术语说就是愿景。在这里，愿，就是心愿，景就是景象。愿景是人们永远为之奋斗希望达到的图景，概括了未来目标、使命及核心价值，是愿望实现以后伴随而来的美好景象。

既然愿景是最终希望实现的图景，那么愿景就能让我们在行动之前就有所准备，并接近我们所需要的，远离我们不需要的。愿景能够给我们带来力量，激励我们去争取自己真正渴望的东西。正如一位哲人所说："预见未来的最好方式就是在大脑中先创造一个未来。"

一个优秀的管理者，一定是一个善于描绘未来的人，一定是一个善于用企业愿景激励员工的人。因此，管理者激励员工的一个重要方法就是在未来愿景上下功夫，能够将大家所期待的未来愿景着上鲜丽的色彩，并用充满自信且热情洋溢的话语，向员工描述企业广阔的发展空间。

当员工了解到企业的优势和发展目标及企业的美好前景后，他们在做决策的时候，脑子里会有明晰的最终结果，而且对下一步该做什么也将变得清晰了。在这种文化氛围下，员工就可以做出明智的选择，并且激发出工作热情和实现目标的强烈渴望，全力以赴地朝着愿景前进，最终达成目标。

当年为打败严重威胁法国安全的欧洲反动联盟，在进攻意大利之前，拿破仑还不忘鼓舞全军的士气。他说："我将带领大家到世界上最肥美的平原去，那里有名誉、光荣、富贵在等着大家。"拿破仑很正确地抓住士兵们的期待，将一个美好的未来愿景展现在他们的面前，以鼓舞他们的斗志。

关于愿景的重要性，有人给出了这样的解释："愿景，目前已经成为企业管理者所必需的一种职业期许，企业管理者具备并树立自己的愿景，才能让员工得到一种更好的发展的设想与空间，才能更好地建立团队稳定性与战斗力，从一定程度上延长团队寿命！"

通俗地讲，一个普通的上班族，其最大愿望无非是追求物质上的满足，衣食住行的高档消费品、可靠的红利及带薪假期等就是他所期待的愿景。愿景是一个打工者奋斗的动力，是促使其努力工作的兴奋剂。一个成功的管理者要做到，把未来的愿景说给员工听，让员工相信"跟着领导有饼吃"。

不可否认，愿景在本质上是一种看不见摸不着的企业文化，但是一个强有力、形象生动的美好愿景对员工的激励作用不容低估。员工越了解公司未来的愿景，归属感越强，公司就越有向心力。

那么，管理者该如何向员工描绘愿景呢？

第一，重视员工对愿景的看法。

作为企业的领头人，管理者必须明确要把团队带到哪里去。不论你最初是如何起草愿景的，重要的是你先要得到员工对愿景的看法和相关信息，只有这样才能运用团队成员的知识和技巧，从而创造出真正激励人心的最佳愿景。

为此，你可以问员工以下几个问题："这个愿景令人感到激动和鼓舞吗？""这个愿景对你有指导意义吗？""你愿意为具有这样愿景的组织工作吗？""你能看到你与愿景的契合点吗？""这个愿景会帮助你确立工作的优先顺序吗？""我们还遗漏了什么？我们应该去掉什么？"……

第二，愿景必须要明确具体。

一场长跑，是需要一米米地往前跑的，而长跑运动中需要有分阶段的目标和供给。每一个愿景都是堪称伟大的，都不是一蹴而就的，正因如此，将愿景进行分解就更显其必要性。因此，管理者不但要为员工描绘美好的愿景，而且要保证愿景必须是明确的，要干什么，达到什么程度，都要清清楚楚。愿景必须是具体的，用什么办法去达到，什么时候达到，要明明白白。把愿景和实实在在的工作结合起来。员工知道自己在做什么，也知道为什么要这样做，他们自然就会毫无疑惑地追随。

不断地向员工展示企业发展的宏伟蓝图，让员工对企业前途充满信心，是松下先生的重要"攻心"谋略。早在1931年，松下幸之助在向企业员工演讲使命感的时候，就曾描绘了一个在250年内达成使命的愿景。其内容是：把250年分成十个时间段，第一个时段的25年，再分成3期，第一期的10年是致力于建设的时代；第二期的10年继续建设，并努力活动，称"活动时代";第三期的 5 年,一边继续活动,一边以这些建设的设施和活动的成果贡献于社会,称"贡献时代"。第一时间段以后的 25 年,是下一代继续努力的时代,同样要建设、活动、贡献。如此一代一代地传下去,直到第十个时间段,也就是 250 年以后,世间将不再有贫穷,而是变成一片繁荣富庶的乐土。

松下的这种具体而详细的规划,让每个员工都拥有了灿烂辉煌的梦想,使员工对企业前途充满了信心,从而提高了他们的工作热情和积极性,提高了工作效率,促进了企业的快速发展。其作用是不可估量的。

松下为员工描绘的未来愿景,可以说是绝无仅有的,不仅在企业界未有先例,就是那些赫赫有名的政治改革家,也没有多少人有这样宏伟的规划。难能可贵的是,时至今日,可以说他的愿景正在一步一步实现着。

第三,管理者应身体力行。

一个团队或一个部门,犹如一艘航行于大海中的轮船,作为这艘船的管理者,应成为何种角色,是船长还是舵手,是摆在每一位管理者面前的问题。因此,为了共同愿景的实现,管理者必须身先士卒、身体力行,发挥"头雁"的作用。而且,对于管理者来说,这个共同愿景也应该是你的个人愿景,而且管理者的个人愿景在共同愿景中占有很大的地位,这就更需要身体力行,进而激励员工行动了。

如果没有希望和愿景,人心就散了,队伍就不好带了。企业的管理者就是要给员工描绘一幅美好愿景,让大家朝着这个方向迈进。如果你不能给员工带来希望和愿景,你就不是一个好的带队者,队伍迟早要垮,或者,你被人取代。

让企业成为员工的发展平台

一段时间里，Sun 企业为了提高工作效率，经常最大化员工的价值，导致一个人干两人的活。软件工程师帕特里克·纳夫顿对工作感到厌倦。对 Sun 的开发环境感到不满，决定离开 Sun 企业去 Next 企业工作，于是向公司董事会主席斯科特·麦克尼里递交了辞呈。本来对于 Sun 这样一个人才济济的企业来讲，走一两个人是无足轻重的，但是麦克尼里敏感地意识到了企业内部可能存在着某种隐患，于是他请求纳夫顿写出他对企业不满的原因，并提出解决的办法。

当时，纳夫顿抱着"反正我要走了，我无所谓了"的想法，大胆地指出了 Sun 企业的不足之处。他认为 Sun 企业的长处是它的开发能力，但是员工往往是完成上一个工作，马上赶下一个工作；完成一个项目，立刻赶下个项目，没有总结、回顾的时间，更谈不上工作的创新、持续改进，这不利于个人才能的发挥，企业应该早日改变这种现象，才能真正做到以技术取胜。

对于纳夫顿的意见，麦克尼里做了慎重的思考，而后他通过电子邮件将一封信送给了许多 Sun 的项目软件工程师。信中说："公司将投入一大笔资金，用于帮助员工们在技术领域方面的研究和革新。"很快，纳夫顿的电子信箱就塞满了回信，这些信件都来自于支持他对企业现状进行改进的员工，当然也包括麦克尼里。

很多企业都讲以人为本，其实以人为本最简单的一个体现就是能够尊重员工的个人发展意愿。企业不应该是扮演索取员工剩余价值的机器，而是应该作为一个社会责任的承担者，引导他们、推动他们的职业生涯不断发展。而勤恳上进、胸有大志的员工，其实是企业很需要的，也需要留下来的骨干。

一颗树种，要成长成一棵参天大树，适当的土壤和环境是起决定性作用的。对企业的员工来说，也是如此，当一个管理者把一个人才招募到公司时，就如同播下一颗树种，只有为他提供适当的平台，他才能发挥出全部的才能，为公司创造利润。但是不幸的是，许多管理者只知道一味地向员工要效绩。

例如，有些企业过分强调工作的效率，往往把员工在工作中需要做的知识总结的时间、改进或创新需要的思考和讨论时间等都忽略了。这些都是重要但不紧迫的事情，看起来短期影响不大，但很可能令那些勤恳上进、胸有大志的员工产生再干下去也没有发展前途的感觉，于是在失望中寻找新的企业。

因此，除了为员工提供升职和培训的机会外，管理者还要从长远着手培养员工，给员工提供一个良好的平台、一份长远发展的事业，提供可持续发展的机会和空间，这样会让员工感到选择公司不只是选择了一份工作，更是选择自己一生的事业，如此自然会全力以赴地投入工作。

可以说，谷歌取得的成功源于其创办人——当时还是学生的拉里·佩奇和谢尔盖·布林非凡的想象力。时至十几年后的今天，谷歌已然发展成为拥有两万名员工、市值高达 200 亿美元的全球搜索引擎霸主，其成功的秘诀还在于他们重视人才，努力给每一位人才提供发展事业的平台。

作为信息产业，创新是一种持续性的生产力。为了鼓励创新，谷歌鼓励员工在上班时间尝试不同的事情，员工可以利用 20% 的工作时间做自己工作以外的事情，这可以理解成一个星期一天或是每五个星期一个星期，拉里·佩奇认为

"总结提炼、分享学习、使用和创新，需要给员工一些时间"。这一点很特别，公司很多产品就是在这20%的时间里开发出来的，比如谷歌新闻和谷歌电邮。

另外，谷歌还鼓励员工们通过自主创新发展自己的事业，这可以是内部创业，也可以是外部创业。员工外部创业时，谷歌创业管理机构会根据投入的创业基金、创业者的智力和技术等划分股份，作为合资方入股新创立的企业。当然，新创立的企业一旦盈利就必须按照比例与谷歌分成，成果显著。

就这样，谷歌对每一位年轻人都充满了吸引力，谷歌优秀的计算机科学专家遍及世界各地，谷歌精彩的创新也来自四面八方。

员工能否忠诚于一个企业，他们又为什么要忠诚贡献，其中最关键的因素是，在他们的成长道路上，作为管理者是否能够对他们多多栽培。有多少企业愿意让一线工作人员，特别是骨干人员，将10%~20%的时间花费在创新上或知识传承上呢？重视眼前利益，而忽略长远利益，这就导致了留不住人才。

一个企业人何以拥有成功人生？这是一个目标管理的问题。企业在高速发展一段时间后，就会发现，员工专业能力稀释了，导致了质量问题、成本控制问题、客户满意度问题、员工流失率问题。这时候，企业就不得不调整目标，放慢发展速度，加强员工专业方面的训练，调整几年，再重整旗鼓。也有些快速发展的企业，因为员工能力和创新跟不上竞争的要求，就倒下了。

鉴于此，管理者一定要及时了解员工对环境的需求和想法，尽力提供有利于其施展才能的环境，给予有能力的员工一定的发展空间，鼓励他们勇敢地创新，大胆地尝试，自由地发挥，让他们有充分的自由去做一些自己想做的事情，实践自己的一些想法，这对于企业只有益处没有害处。

当然，要给员工一个发展事业的平台，还要注意把员工放到合适的地方去，我们在后面的章节中将对此详细阐述。

提高要求是激励人才的关键

　　自古以来，就有这么一个传说：鲤鱼只要跳过龙门，就可以变成龙。鲤鱼的祖宗把跳龙门的事一代一代传下去，告诉自己的子孙，并且鼓励它们去跳龙门。这不仅是出于"望子成龙"的心理，而是因为在鲤鱼家族里如果能有一条鲤鱼成了龙，岂不是全族的光荣？因此，世世代代，年年月月，鲤鱼们都去跳龙门。

　　可是，没有一条鲤鱼能跳过龙门。河里的乌龟劝告鲤鱼说："'鲤鱼跳龙门'，这是不切实际的痴心妄想。你们应有自知之明，何必去白花力气呀！"鲤鱼回答说："不错，我们鲤鱼至今还没有能跳过龙门的，但因为这样高标准要求自己，锻炼了我们鲤鱼跳跃的本领，所以才能胜过河里所有的水族，登上跳高冠军的宝座。"

　　尽管没有鲤鱼能够跳过龙门，但是"跳过龙门就能成龙"这一目标，一直激励着世世代代的鲤鱼们不断地跳龙门，正是这样一种高期望值的激励措施，练就了鲤鱼们跳跃的本领与生存的才能。联系到企业管理，只有不断地提高要求，利用高期望的愿景激励机制，才能最大限度地引爆员工的潜能。

　　在实际工作中，不少管理者们会发现这样一个问题，有些员工原本是能力出众的，而且工作热情也很高，但是工作时间一长，尤其是有所成就之后，他们就会满足现状，不再积极进取，很多还沦为不起眼的人。面对这种员工，管理者应采取的激励办法正是：不断地提高要求，发展员工的能力。

能力出众、斗志昂扬的员工更喜欢迎接挑战，如果管理者能不断地提出高标准的目标，为他们提供新的成功机会，他们的潜能就会不断地释放，进而表现更为优秀。美国一位名为克雷格的管理顾问说："设立高期望值能为那些富有挑战精神的贤能之士提供更多机会，这是激励人才的关键。"

IT 行业的元老级人物堪查尔斯·西蒙伊、史蒂夫·鲍尔默在微软的成长历程就是很好的例子。

1980 年，西蒙伊加盟微软公司，之前他已经在 IT 行业取得了不俗的成绩，他原以为自己在微软的工作会很轻松，但是很快他就发现盖茨给他的工作多么富有挑战——进行电子表格程序、贸易图形显示程序和数据库应用程序软件的创作。微软提供的舞台让西蒙伊找到了挑战自我、挑战极限的快感，最终他凭借自己的努力完成了三个软件的创作。

微软从 1981 年开始开发 WINDOWS 操作系统，当时已经是微软商务经理的鲍尔默挺身而出，承担起开发的责任。盖茨只说，如果视窗软件不能在 1985 年春前上柜台销售，他就要鲍尔默走人。在当时这个挑战性的工作几乎是一个不可能完成的任务，不过鲍尔默却体验到了挑战的快乐，最终他没负盖茨所望，1984 年 11 月成功地把 Windows3.0 推向市场，不仅使自己声望大增，还赢得了总裁的位置。

对此，盖茨解释道："微软觉得，有一套严格的制度，你就会做一个很规矩的人，但你的潜力发挥到 70% 就被限制住了，微软要每个人都做到 100%。特别是做软件，需要人的创造力，所以微软有一种激励的文化，如果你现在的情况能做到70%，那公司给你资源，公司给你方向，公司给你鼓励让你去达到100%。"

当公司给员工的资源也够了，给的待遇也够了，给的奖励也够了，那么员工还追求什么呢？在微软，这个答案是唯一的，那就是对员工不断提出更高的要求，让他们开展挑战性的工作，为他们提供新的成功机会。

的确，一个真正吸引人的公司应该是一个能够让员工不断挑战自我的公司。喷泉的高度不会超过它的源头，思想高度决定人生高度。一个人只有不断地挑战，才能使自己的思想更积极，眼界更宽阔，进而激发内在的潜能为无限的成就，那么，未来的高度就有可能"会当凌绝顶，一览众山小"。

一家公司在总结企业用人方面的成功经验时，也曾指出激励人才的关键就是不断提高要求。他们认为，当一个员工能挑50公斤的担子时，而你只给他30公斤或20公斤，不仅难以发挥员工的能力和创造力，同时也会极大地挫伤员工的积极性和主动性。相反地，当承受的"担子"重量超过他日常的负荷能力时，他就会全力以赴，想方设法地提高自己，完成工作任务。

更为重要的是，这些被委以重任的员工在这种激励的鼓舞下，能够深刻地体会到领导层对他的信任和期望，能够感受到自己晋升的可能，从而激发出强大的精神动力，不遗余力地投入工作，从而形成良好的企业文化氛围，人人都对自己抱有较高的期待，人人都渴望更大的成功，这对企业无疑是非常有利的。

因此，对于自己的员工，尤其是满足现状的员工，管理者要学会不断地提高要求，给他们提供新的成功机会。当然，这里需要把握一定的度，过度的期望则会加重员工的心理负担，令人惶恐不安，有时还会产生反抗的心理。

加强培训，提升团队素质

    风行全球一百一十多年的可口可乐公司是全世界最大的饮料公司，也是软饮料销售市场的领袖和先锋。其产品包括世界最畅销五大名牌中的四个（可口可乐、健怡可口可乐、芬达及雪碧）。产品通过全球最大的分销系统，畅销世界超过 200 个国家及地区，每日饮用量达 10 亿杯，占全世界软饮料市场的 48%。而重视员工培训，正是这家传统饮料公司之所以能够长盛不衰的一个重要原因。可口可乐人事部 Claudia 说："可口可乐是一家培养人才的公司，生产碳酸饮料不过是我们的副业。"

    在可口可乐中国分公司，培训分为高、中、低三级。高层员工的培训主要是以总部培训发展组提供的培训项目为主，如每年挑选一些高级经理去清华大学接受一个月的培训。对中层员工的培训则主要侧重于他们掌握新的管理知识、新的技能，优秀者去厦门大学培训一个月。至于一般员工则侧重于本职岗位的专业技能培训，在培训中主要抓住潜力好、能力强的员工进行重点培训，这些培训主要是多提供给他们一些新领域的知识与技能，以达到升职后工作岗位的需求。而企业中层的重点员工与基层的重点员工，一般来说是企业培训的重点，公司会集中资源对他们进行强化培训。

在业务技能的培训上，可口可乐系统的培训是经常性、全员性的。如对于新的业务员，由老的业务骨干（业务主任、经理）在本单位内定期或不定期进行业务培训；对于老业务骨干（业务主任、经理）则分批到高层管理部门（称为可口可乐管理学院）参加培训，不断从实践的总结和理论的指导上提高业务技能。

在可口可乐公司，员工的流失率是非常小的，而且员工们的工作热情普遍十分强烈。对此，一名员工解释道："好公司大家都愿意留下来并为之努力，既给公司创造价值，同时也给自己一个实现自己价值的平台，这使我认识到我不仅仅是在为公司工作，而且也是在为自己工作。"

企业经营的目的是什么？相信绝大多数的管理者会给出这样的答案——"赚钱"，即让企业正常发展壮大，然后获利。这种说法并没有错，但是管理者若一味地依照这一目标经营企业，那么是很难激发起员工的工作积极性的，也是很难留住人才的。因为我们每个人都希望进步，都有上进心，员工也不例外，他们总是期望和考虑公司给自己提供更多的学习机会和进步空间。

因此，管理者要想提高员工的竞争力，并将他们的力量有效地凝聚起来，要使他们更好地为企业服务，最好的办法是树立"经营即教育"的观念，对员工进行一定的教育和培训，支持员工提升自己的专业水平。培训能让员工觉得自己是有用之才，更是有效的沟通方法，能使得员工的行为模式、思维模式和老板的经营理念达成一致，进而实现员工利益和企业利益的统一。

有些管理者也不是没想过要对员工进行培训，但是培训就得有投入，他们会存在这样一种疑问：企业注重了培训，更多地投入培训管理，那么员工会不会"学有所成"离开自己的企业，如果员工离开的话，这岂不是给企业造成了浪费？这确实是一个比较矛盾的问题，但是我们应该看到，员工的专业技术水平提高了，才能够更好地为企业服务，为企业创造更多的价值。如果仅仅是怕他提高了跳槽，那说明这个企业自己就没有底气，自己的基础就差，这种公司留下来也没意思。而且，这样做会造成恶性循环：员工愈是能力不足，这样的管理愈是失败。

基于此，如果你认为企业里的每个人都应该发挥他最大的潜力，来使企业繁荣发展，那么，适当的训练是绝对必要的。具体说来，就是为企业内部的员工提供各种大量、灵活的培训方式，增加员工的学习机会，让他们更有效地提高自身能力与素质，从而促进企业的快速发展。

一份工作除了能够养家糊口外，还能促进个人成长，这是让员工备受鼓舞，并且终身受益的，而且这对企业的可持续发展也是非常有利的。可见，企业培训是一项有意义而又实实在在的工作，对于激发员工的主人翁意识，培养企业的团队精神大有裨益，而这种团队精神正是企业的管理之魂。

利用员工培训来激励员工的积极性是员工激励最有效的手段之一。要想经营好企业就必须集合众智，使得每个员工都把自己当作企业的经营者，做好应做的工作，并在取得成功的过程中体现自身的价值，管理者必须要树立一种"经营即管理"的观念，在平时的工作中加强对员工的培训。

那么，管理者如何加强对员工的培训呢？以下五个原则是必须遵循的。

第一，岗前培训至关重要。

实践证明，开展培训的最佳时机应该是新员工进入企业之初，在激发新员工的工作热情的同时，还能加快员工进入工作状态的速度，增强新员工对企业的了解和认可，并且及早地设定自我目标。如果不能把握岗前培训的最佳时机，新员工就会对企业产生距离感，无疑这对企业是不利的。

在这里，最重要的是对企业文化的介绍，包括企业的经营理念、企业的发展历程和目标，通俗地讲，就是告诉新员工公司是什么样的一个企业，在同业之间的地位如何，最主要的竞争对手是谁，公司的发展目标和方向，等等，这些至关重要。

第二，重视员工的培训请求。

培训的目的是想让每一个参与培训的人员得到知识的补充和技能的提高，因此其主动性十分重要，因此主管者一定要对员工的培训请求十分重视，因为这是最好的培训时机，一旦员工发现自己在工作中存在不足并且亟待解决的时候，培训往往是他们首先做出的反应，抓住他们的需求，能起到事半功倍的作用。

比如，一些新员工急需的就是技能上的提高和公共知识的补充，但是对于老员工来讲，这些已经对他们构不成任何吸引，他们自然不会重视培训的机会，进而使激励效果大打折扣。这时候，管理者不妨先找到他们的问题，然后再刺激他们的需求，才能有效地制定出合理的培训方案，有的放矢。

第三，要为员工拟订培训计划。

毫无疑问，如果让员工自己凭感觉或者靠有限的经历去摸索提高自己的工作能力，效率低是肯定的，而且一旦他们被困难所阻，就会丧失信心，甚至对公司产生反感。即使能勉强应付，也会形成不少不良习惯，给以后的工作带来麻烦。如果管理者能够有预见性地为员工拟订培训计划，自然会起到事半功倍的效果。

第四，培训形式多种多样。

狭隘单一的职业培训会使员工产生厌烦，甚至抵触情绪，因而培训的形式要全方位、多层次。事实上，培训的形式是多种多样的，简直是无处不在，贯穿在日常工作的每一个细节中，因此管理者不一定要选派员工出去参加固定的培训班，也不一定要请专家前来讲课。抽时间和员工坐在一起聊天，说说新近发生的事情，这种谈话都可以被视作一种培训。因此不要吝啬你的语言和想法，哪怕它很不成熟，而在这个过程中对事件的不断完善则可被看作是对每个人最好的培训。

公司通过对员工的培训，不但训练出了很多具有高度生产能力的员工，而且还培养出一大批既有实际工作能力又有丰富生产和销售经验的优秀人才，这些员工成为松下公司不断发展的动力。

第五，重视员工培训的导向性。

给员工的培训以及帮助员工实现自己的目标，前提是把员工的个人发展目标和企业发展目标有机结合，让员工明白在努力为公司工作的时候也是在实现着自己的目标，从而激发其主人翁的意识。因此，管理者对员工的导向是非常重要的，通过各种培训潜移默化灌输给员工，员工就会朝着这个方向发展。

让企业与员工的目标统一

自20世纪80年代初开始，企业文化热风靡了世界管理舞台，特别是在发达国家，许多企业纷纷将自己的追求用简练概括的语句表述出来，冠以"企业哲学"、"企业精神"的名目，并力求在员工中达成共识。实践证明，这种明确化了的价值观念，在凝聚力量、统一思想和行动方面都起到了重要作用。

一个企业的凝聚力的形成，来源于员工个人目标与企业目标的一致性，也就是共同目标。著名经济学家毛仲强曾说过："现代企业管理的重大责任，就在于谋求企业目标与个人目标两者的一致，两者越一致管理效果就越好。"

的确，一个优秀的团队，必然是建立在相同的目标之上。试想，如果大家没有一个共同的目标，必定无法使所有人的力量凝聚在一起。就像十个大力士去推一辆货车，他们不是朝着一个方向使劲，而是你朝东，我向西，最终的结果可想而知。

相反，共同目标的建立，则就像灯塔一样，不仅为航船指明了前进的方向，还能给航船以前进的精神动力，一股较强的感召力，创造出众人一体的感觉，而使各种不同的活动融合到一起。这样的景象无疑是任何组织单位都追求和期望的，这种工作氛围可以展现每个成员的个人才华，形成强大的合力。

在企业，"共同目标"是企业中所共同持有的"我们想要创造什么"的一种愿望，始终为企业指明前进的方向，指导着企业的经营策略、产品技术、薪酬体系甚至商品的摆放等所有细节，是企业的灵魂。当这种共同愿望成为企业全体成员的一种执着追求和强烈信念时，它就成了企业凝聚力、动力和创造力的源泉。

由此可见，管理者在鼓励企业成员为自己打拼之前，一定要让企业的目标和员工的目标相一致。既然企业目标的实现与加强员工的职业管理是一致的，那么，它们两者的一致性怎么体现，或者两者的结合点在哪里呢？管理者怎样才能使员工和企业的发展目标一致，使员工和企业和谐发展，共同实现目标呢？

以下几个要点，管理者一定要牢记：

第一，经济利益目标要一致。

企业与员工目标的一致性首先表现为经济利益目标的一致性。企业追求效益目标是其存在的前提，员工获得经济利益是其最终的目的，企业最大的经济效益与员工最大的满意是相辅相成的，二者缺一不可。看来，组织与员工是相互依存的关系，两者都是为了求得良好的发展，这就是目标上的一致性。

比如，联想公司、方正公司、同方公司等在媒体上宣称：在多少年之内造就多少百万富翁。其实，这是企业发展的一个目标，也正好迎合了员工在利益方面的期望。当然，这也是吸引员工为企业效力的有效激励措施之一。

没有这些人的努力，企业不可能发展；没有良好的企业环境，这些人才也难以成为百万富翁。

因此，企业与员工在利益追求上是一致的，这也是职业管理的有机结合点，管理者一定要关注员工的利益。员工的满意必定会带来企业的效益，不考虑员工个人利益而获得的企业效益是不会长久的，也谈不上真正实现了企业的经济目标。

第二，贯彻"共同目标"这一理念。

有了共同的目标之后，管理者就要想方设法地把"共同目标"这一个理念贯彻到每一个员工的心里。只有让员工深刻认同共同的目标之后，看到自身在企业中的定位，看到自身的历史责任，才能使他们感到自己隶属于一个优秀的团队，感到自己极具敬业精神、乐于奉献，进而更好地为了这一共同目标而奋斗。

日本大荣公司总裁中内功就善于利用共同目标统一员工行动，他以"大荣誓词"来统一思想、规范行为，以形成颇具个性的经营思想，在员工中间贯彻"共同目标"这一理念，创立大荣在市场中的良好形象。

"大荣誓词"是大荣公司经营哲学、价值取向以及公司精神的结合体，是体现大荣的价值追求的形象口号。大荣誓词为大荣公司的精神大厦打下了三根基础桩：第一，通过我的工作，为顾客提供高质量的生活服务。第二，真实诚恳，为不断提供物美价廉的商品而劳动。第三，热爱顾客，热爱商店，努力不已。

除此之外，大荣总店和分店还实行连锁经营制，从视觉上统一标识、统一认识。办公用品规格化，员工服饰标志分明，进一步弘扬和实践了大荣的经营理念，使员工们认识到这是一个优秀的团队，并且愿意为企业目标奉献力量，进而极大地提高了大荣的知名度，使大荣在市场上脱颖而出。

可见，如果要使员工为了实现公司目标付出努力，就必须使他们首先能够认同这些目标。对于管理者来说，能把企业的目标以通俗易懂、简洁明了的方式和盘托出，清清楚楚地传达给团队成员，是至关重要的。

第三，要以员工个人目标为基础。

要让员工把企业的目标视为自己的目标，那么企业目标必须相当具有包容力，才能使全体人员参与，从而让企业目标体现在日常工作之中。企业目标应建立在员工个人目标的基础上，只有以此为前提，才能激发出员工工作的积极性，充分发挥其创造力。为此，管理者在确立企业目标之前，最好应了解每位员工的个人目标是什么，借此最终确立一个能够得到整体认同的、可发挥员工凝聚力和创造力的共同目标。

总之，在企业和员工之间塑造一个共同的目标，创建共同的价值立场和相同的价值理念，是引发员工积极性和工作动力的重要手段。因为员工认同企业，同时企业也认可员工。这样一来，激励便非常有效。

建立有效的晋升制度

日本企业界权威富山芳雄曾经亲身经历过这样一件事：

日本某设备工业企业材料部有位名叫 P 君的优秀部长，因为精明强干，上级交给他很多工作，而 P 君工作积极、人品好，深受周围同事的好评，富山芳雄也认为他是很有前途的。但是十年之后，当富山芳雄再次到这家企业时，竟得知 P 君这几年来一直只是一个小员工，而现在他已经辞职了。

对这一情况，富山芳雄感到很惊异，经过调查了解他明白了事情的真相。原来十年之间，P 君的上司换了三任。第一任上司因为 P 君的精明强干，且是个靠得住的人物，丝毫没有让他调动的想法。第二任上司在走马上任时，人事部门曾经提出提升 P 君的建议，然而新任上司认为 P 君是工作主力，如果把他调走，势必要给自己的工作带来很大的威胁。总之，哪任上司都不肯放 P 君走，P 君只好长期被迫做同样的工作，提升只能不了了之。

P 君最初似乎没有什么想不通的，干得不错，但是随着时间的推移他逐渐变得闷闷不乐、脾气暴躁，甚至愤世嫉俗，对工作不再像以前那么上心了，以致工作出了问题。就这样，上级人员认为，P 君虽然工作内行，堪称专家，但是工作态度不够好，便将他调离了第一线的指挥系统，不久 P 君辞职了。

在企业中，让员工原地踏步是不可取的。因为每个员工都很重视工作上的成就感和自己的发展空间，不给员工晋升的机会，这给员工的感觉是你不信任他，不放心他，怀疑他的能力，他肯定是不会尽心竭力去工作的，跳槽也就是自然而然的事情了。正如美国密歇根大学工商管理学院教授戴夫·沃尔克所说的："员工在一段时间内会关注薪水，但如果雇员对工作失去了兴趣，单单靠金钱是不能留住他们的。"

那么，我们怎么让员工一直对工作保持兴趣，选择留在公司呢？制定有效的晋升制度！晋升，既是一种对员工能力的一种肯定和赞许，又会给员工更大的发展空间。让出色的员工适时地得到提拔，可以满足员工的心理需要，并且让他感觉到上级对他的信任，从而忠心于所在企业。

不要怀疑这一点，在我们身边有这样一些人，他们辞掉收入较高的工作而跳槽到收入相对较低的企业工作。为此，有关研究人员曾针对 150 个高级职员的跳槽行为进行了调查，调查结果显示其中 41％的人是因为晋升的机会有限，25％的人是因为他们的业绩没有得到赏识，只有 15％的人是因为钱的因素。

有专家研究发现，人才，特别是高级人才在看待一项工作时，最看重的是事业上的成就感，也就是自己是否有晋升的机会。行为科学家赫兹伯格的双因素理论也指出：工资、工作条件、工作环境等属于"保健"因素，不具有很强的激励作用，而工作成就、发展前途等因素才是真正的激励因素。

要真正留住人才，使人才有用武之地，就得靠晋升来激励员工。那么，管理者如何制定有效的晋升制度呢？概括起来，职位晋升有四种方法：

第一，职位阶梯。

职位阶梯是指一个职位序列列出了职位渐进的顺序，序列包括每个职位的头衔、薪水、所需能力，经验、培训等能够区分各个职位不同的方面。管理者以这些职位阶梯为指导来水平或垂直地晋升员工。有了职位阶梯，员工的任职资历就将成为其是否被晋升的依据。

第二，职位调整。

职位调整的目的在于晋升那些职位发展空间非常有局限的一小部分员工。管理者会从他们中选择晋升候选人，而不会考虑其他资历更老的员工。如果这一小部分员工中没有合格的人选，并且该团体并没有达到其承诺的目标，那么管理者宁愿从外部招聘也不会晋升不属于这一部分的员工。

第三，职位竞聘。

职位竞聘是指允许当前所有的员工来申请晋升的机会。其好处在于增强了员工的动力，同时减少了由于管理者的偏爱而产生的不公平晋升的可能。然而，职位竞聘意味着大量的文字工作和过长的竞聘时间，管理者必须做出正确的判断，排除不合格的员工，而且必须对被淘汰的应征者做出合理解释。

第四，职业通道。

职业通道是指一个员工的职业发展计划。对企业来说，可以让企业更加了解员工的潜能；对员工来说，可以让员工更加专注于自身未来的发展方向并为之努力。这一职业发展计划要求员工、管理者共同参与制定。员工提出自身的兴趣与倾向，管理者对员工的工作表现进行评估，并且负责评估其未来的发展可能。

一般来说，资历和能力是管理者做出晋升决策的基本依据。资历可以从员工服务年限、所在部门以及工作岗位来衡量；能力可以从技能、知识、态度、行为、绩效表现、产出、才干等方面进行衡量，总之能力衡量是一个复杂过程。不同类型的企业以及同一企业中不同的等级所需的能力结构是不一样的。

除了衡量员工能力之外，在做出晋升决策之前，管理者还有必要首先评估新工作本身。明晰该工作目前和未来存在的问题，并设立短期目标；评估该工作所需的知识、技能和个人品质。最佳的候选人应该达到新职位的最低标准。基于这样的系统评估方法，管理者就能够找到最合适的任职者。

不过，晋升制度一定要讲究公正公平原则，让所有的员工都有平等的机会，绝对不能晋升不称职的员工。不公正、不公平的晋升会引起员工的抵触、猜疑和担心，使得企业的正常运作被打断，让企业的效率低下，从而影响到最终目标的实现。为此，不妨鼓励员工进行职位竞聘，所有员工都可以加入到晋升选择中去。这样，可以使员工得到很好的激励和回报，并实现企业绩效得到改进的目的。

总之，晋升机制是对企业管理者和员工的一种良好激励，实施得好，能形成良好激励氛围，提升个人和团队的业绩，留住人才。管理者在平时的工作中，要多多对员工进行晋升方面的帮助和培训，做到扶上马并送一程。

为员工提供持续晋升的机会

赵旭经营着一家大型互联网公司，在元旦发完工资后，有八名员工同时离职，其中有五名年轻职员。对此，赵旭感慨道："IT 行业人员流动性非常大。一般都是刚毕业的'80 后'、'90 后'，他们对换工作也不在乎。有的人来了两三个月就走了，离职的原因也五花八门，考研、考公务员甚至是回家过年！"

赵旭目前最头疼的是怎么熬过年底这段时间，明年要认真考虑招聘和留住员工的问题："明年我是不是不该再招聘年轻员工了？不过，年轻员工大多要求的工资比较低，可以减少公司的开支，到底怎么办呢？"

"其实，不是我想辞职，谁不希望有一份长久的工作啊，"田宏曾是赵旭公司的一名职员，说起自己的辞职，他给出了这样的解释，"在公司我工作一直很努力，能力也得到了经理的赞赏，但是一有晋升的机会时，经理总是先考虑那些老员工，这让我觉得在这里干下去没有意思，还不如赶快走人呢。"

在这里，先提一个问题：准备提一个部门经理，有两个人可以选择，一个是公司的资深老员工，工作经验挺丰富，但学历不高，工作能力相对薄弱；另外一个是刚到公司两年的新员工，但工作能力很强，做事也有思路和想法，你会选择谁呢？

相信许多企业管理者，有和赵旭一样的想法，一有晋升的机会首先考虑那些老员工，一是老员工经验丰富，二是老员工对自己忠诚。与此同时，还认为年轻职员经验欠缺，心浮气躁，需要在基层经历更多的磨炼。

殊不知，这是一种多么错误的想法。从心理学角度来看，年轻人富于朝气并喜欢新鲜事物，年轻的员工当然也是，他们喜欢面对挑战，并希望自己的工作充满乐趣并富于变化，不愿意整天工作在单调乏味的工作环境中，迟迟得不到晋升的机会无疑会打消他们的工作积极性，忍无可忍之时他们就会选择跳槽。

有一个大型招聘单位，曾在对中国 30 个省级行政区的 9986 名年轻职场人士进行调查，报告显示，在很多年轻人眼里，如果工作了几年还没有得到晋升，就是"混得不好"；92%的员工希望晋升至高管职位，72%的职场员工因为得不到晋升机会想在五年内转换职业发展方向（包括转换行业、专业及公司）。

换一个角度说，既然年轻员工希望工作能满足其成就感和好奇心，并渴望获得及时、明确的肯定和承认。那么，管理者不妨大胆地使用能力突出的年轻人，并以持续晋升的途径来激励年轻的员工，这样不仅能使他们与企业之间产生有益的互补共振效应，还可以增强与提高企业的实力。

在任用将领时，拿破仑坚持的原则是"勇气过人"、"机智天才"、"遵循兵法规律与自然法则"，当然最好的一点是"年轻有为"。拿破仑曾经说过：将领是一个军队的象征，任用年轻的将军，就等于拥有了一支年轻的军队，等于拥有一支如狮子般的军队。

我们来看一下，拿破仑年轻而威武的军队将领阵营：

拿破仑手下的名将马尔蒙，26 岁任驻意大利法军炮兵司令，27 岁任军长和炮兵总监，32 岁任达尔马齐亚总督；达乌，28 岁，远征埃及的骑兵指挥官；苏尔特，25 岁任准将，30 岁晋升少将；奥什，25 岁任准将，29 岁任集团军司令……

可以说，拿破仑手下的将领绝大多数都是年轻人，拿破仑之所以能在短时间内创造所向披靡的神话，无不得力于他手下一大批优秀的青年将领。

为勤奋上进的年轻员工提供持续晋升的机会，也是麦当劳最吸引人的地方。

麦当劳晋升的机会是从最琐碎的小事开始的，每一位刚进入麦当劳的年轻人，不论他有什么文凭，一律都要从头做起，从事最基本的琐碎工作：炸薯条、做汉堡、烤牛排、每天两次擦洗门窗等，这个过程一般持续4~6个月，这也是每一个走向成功的麦当劳人的必由之路。

通过这些最基本的琐碎工作，有才能的年轻人被晋升为一级助理，他们除了抽出一定的时间负责餐馆工作外，还要承担起如进货、排班、计划、统计等的管理工作。已被提升为餐馆经理的年轻人同样还有充分的发展空间，只要业绩优秀就可以晋升为监督管理员，也就是说，同时负责三四家餐馆的监管工作。三年后，优秀的监督管理员将晋升为地区顾问。到那个时候，他将担任总公司的"外交官"派驻其下属的企业，而作为公司这一地区的全权代表，担任起重大的企业责任。当然，成绩优秀的地区代表仍然可以晋升，成为更大区域的地区代表，地位可高达麦当劳某一国家或行政区的副总经理、总经理和董事长。

就年龄而言，麦当劳的经理群与员工群都是非常年轻的人。每个经理都要管一百多人的中型餐厅，而他们的平均年龄仅为25岁左右。这种情况在其他公司简直是难以想象的，不过很显然正是这一措施使得麦当劳公司的年轻职员奋发向上，努力工作，而且它保证了麦当劳的管理人不会出现断层，公司业绩稳步上升。

为新来的年轻员工提供成长的机会，提供持续晋升的机会是麦当劳的重要特点和成功之道，难怪一位经理这样说："无论管理人员多么有才华、工作多么出色。如果他没有预先培养年轻有为的员工，没有培养自己的接棒者，那么他的管理就是不成功的，公司将有权不考虑其升迁。"

对于有较高才能的年轻下属，应该提拔到更为重要的岗位，让他们得以尽早地、充分地发挥才干，这样才能早出人才，快出人才，为企业服务更长的时间，带来更大的效益。有了优秀人才而迟迟不重用，不仅对企业发展无益，而且在目前的人才流动机制下，也不易留住真正有才能的人。

一个更为严峻的现实是，企业发展到一定规模后，老员工的能力和精力已经跟不上企业发展的需要，但是还是"占着茅坑不拉屎"，倚老卖老，压制年轻人或刚来不久的新人，甚至阻碍企业制度的执行，破坏企业规则，如此在某种程度上还制约并影响了公司的发展，成为企业发展的障碍。

因此，真正的管理者要能站在企业发展的全局晋升为企业创造价值的人，年轻人学习能力强、精力充沛、适应现代竞争环境，选择是让新员工晋升还是老员工出局，答案应该是不言而喻的。

扩大下属的责任范围

James 是某家居公司研发部的一名工程师，在不到一年的时间里，他先后做了几个大项目，并获得了客户的一致好评。总经理见此很是高兴，便将 James 晋升为了研发部的经理。晋升为公司中层干部了，James 心里挺开心的，心想"老板对我这么信任，我一定要好好干"，但是升职后才半个月困惑就来了。

因为技术研发岗位与管理岗位上所需的知识、技能和态度是完全不同的，面对突然降临的晋升机会，James在管理能力上的不足很快暴露出来。管理能力不足，下属都看在眼里，James很难树立管理者的权威，干什么都没底气，没自信，又得不到他人的帮助，结果寸步难行。

晋升是管理者未来愿景激励员工的一个绝招，值得注意的是，如何用晋升的手段激励员工也是有大学问的。因为晋升下属并不是简单地给对方一个更高的头衔就够了，而是一个交付工作、承担责任的过程。如果他挑不起这个担子，那就意味着公司又增加了一位名不副实的高级经理。如此，这种晋升就是毫无用处，甚至本末倒置的。

正确的做法是，可以先扩大下属的责任范围，等到证明了他确实有足够的工作实力，能够适合将要从事的新职务之后再授予头衔。这样一来，公司的其他下属也就不会有任何异议，因为这个头衔的确是用能力换来的。这一原则是"德才兼备"标准和"量才任职"原则的引申和具体化。

大学毕业后，陈倩倩进入一家出版社担任编辑工作。她很有才华，做事干脆利索，稿子质量高，工作效率高。对于这样的人才，社长自然是求之不得，他一心想提拔陈倩倩做编辑部主任，但是考虑再三后，他交给了陈倩倩一个比较难的选题，这种选题一般都是编辑部主任才能够做出来的。

接下任务后，陈倩倩就夜以继日地忙碌起来。工作上有很多不明白的地方，她就通过请教大学老师、在网上查阅资料等方法弄明白，最终她拿出了一份非常完美的策划。在此期间，陈倩倩认真负责、踏实努力的工作表现给其他同事们留下了深刻印象，她的完美策划也引来了一片喝彩声。

鉴于此，社长正式任命陈倩倩为编辑部主任。对于晋升，陈倩倩在承担起这份沉重的责任时，也得到了提升能力的好平台，她依旧尽职尽责，不仅创造出了很好的业绩，而且还带出一支十分优秀的编辑队伍。

记住，你是在培养一个人，而不仅是提拔一个人，培养的效用远远大于提拔的效用。员工只有能够胜任将要从事的新职务，并且确实能够取得实际工作成绩时，方可予以提升。在一个职责划分明确的公司里，扩大下属的责任范围，给予他特别的任务或者挑战性的计划，可谓晋升最可靠的方法。

举几个例子来说，工作表现杰出的员工，你可以送他去接受更高层的职业训练，你也可以让他负责训练别人，这样他就能扮演一个较活跃的角色；对于最优秀的员工，你可以让他扮演他的部门与人事部门之间联络人的角色，也可以让他担任其他部门的顾问；假如你们有跨部门的问题、计划，或部门之间共同关心的事情，可以让这位最优秀的员工代表你，去与其他部门的人组成一个合作的团队。

而且，如果一再地给一些杰出员工特殊的责任，或者让他参与挑战性的任务，无形中，你已经告诉大家说，你对这个人非常器重，那么其他的员工必然会注意到这种情况，受到这种情况的启发，因而奋起直追，想要获得同样的器重，如此即便没有晋升机制，也同样会起到激励员工的功效。

如此看来，管理者在通过晋升方式激励员工的过程中，不妨先尝试扩大下属的责任范围。

图书在版编目(CIP)数据

管理这么做，团队更高效 / 齐杰著.—北京：
中国华侨出版社,2015.11

ISBN 978-7-5113-5799-1

Ⅰ.①管…　Ⅱ.①齐…　Ⅲ.①企业管理–组织管理学

Ⅳ.①F272.9

中国版本图书馆 CIP 数据核字(2015)第282937 号

管理这么做，团队更高效

著　　者 / 齐　杰
责任编辑 / 文　喆
责任校对 / 王京燕
经　　销 / 新华书店
开　　本 / 787 毫米×1092 毫米　1/16　印张/20　字数/276 千字
印　　刷 / 北京建泰印刷有限公司
版　　次 / 2016 年 2 月第 1 版　2016 年 2 月第 1 次印刷
书　　号 / ISBN 978-7-5113-5799-1
定　　价 / 35.00 元

中国华侨出版社　北京市朝阳区静安里 26 号通成达大厦 3 层　邮编:100028
法律顾问:陈鹰律师事务所
编辑部:(010)64443056　　64443979
发行部:(010)64443051　传真:(010)64439708
网址:www.oveaschin.com
E-mail:oveaschin@sina.com